JN027605

坂本治也◎編著

日本の寄付を科学する

利他のアカデミア入門

明石書店

はじめに

寄付という言葉を聞いて、みなさんは何を思い浮かべるだろうか。「困っている人を助けるためには、やっぱり寄付は必要だよなぁ」と思う人はそれなりにいるかもしれない。他方で、「寄付を積極的にする人って、偽善や売名行為でやってるんじゃないの?」「寄付を集める団体って、なんかうさん臭いし、結局は私腹を肥やしているんじゃないの?」などと、寄付に対して懐疑的に思ってしまう人も結構いるかもしれない。実際、日本では寄付に対して何となく否定的なイメージをもってしまっている人が多く、他国に比べると寄付を積極的に行う人が少ない事実がある。「寄付などしないのが、日本の文化だ」という考え方にも一理あるかもしれない。しかしながら、寄付を拡充していくことは現在の日本においてすでに喫緊の政策課題となっている。

岸田文雄内閣の下で進められている「新しい資本主義」では、「民間も公的役割を担う社会を実現」という政策理念が重要な1つの柱となっている。同様の考え方は、経済同友会が提言する新しい経済社会モデルである「共助資本主義」においてもみられる。

貧困、災害、過疎化、差別、不十分な教育、孤立などの様々な社会課題の解決のために、中央・地方の政府や営利企業だけではなく、NPOなどの市民社会組織が積極的に活動し、課題解決に取り組んでいくことが強く期待されている。

市民社会組織が社会課題解決に取り組んでいく際に、寄付はきわめて重要な資金源となる。市民社会組織におけるすべての労務を無償のボランティアだけに頼ることはできないし、仮にそうしたところで活動を大規模かつ専門的に継続していくことは困難になる。また、ソーシャルビジネスのように、収益性と社会課題解決の双方を追求した事業を行っていくことも不可能ではないが、どうしても収益化が期待できないような社会課題もある。たとえば、貧困者に対する無償での生活支援や制度変革のための種々の政策提言活動などである。ビジネスとして成立しにくいが、世の中で必要とされる社会活動を下支えする資金源として、寄付がどうしても必要になってくる。寄付の拡充がなければ、「民間も公的役割を担う社会」も、「共助資本主義」も、絵に描いた餅にすぎなくなるのである。

近年、寄付の重要性に気づいた人たちが、多方面で先駆的な取り組みを始めている。日本の寄付文化をより豊かなものに変えて、寄付の活性化を広範囲に促し、日本の市民社会を強化すべく、様々な実践者たちが日々奮闘している。

他方、日本の学術界においては、寄付に関する調査研究は依然として未成熟な状態にある。もちろん、経済学、経営学、社会学、心理学、政治学、NPO研究などの研究領域において、個々の研究者によって寄付に関する重要な研究が散発的になされてはいる。しかし、その研究成果が集約されるかたちで広く一般に知られるところにはなっていない。とりわけ社会科学のアプローチによる実証研究の成果が、一般の人々に共有される機会は少ない。また、大学などの教育機関においても、寄付研究が体系的に講じられる機会もほとんどない。このように寄付に関する学術的な知見は十分世間で共有されていない。そのことが、寄付にまつわる誤解や偏見がなかなか解消されない状況につながっているように思われる。

そこで本書では、これまでに日本の社会科学において行われてきた重要な寄付関連研究の成果を一般読者にわかりやすくコンパクトに提示することをねらいとしたい。

私たち日本人は現在どれくらい寄付を行っているのだろうか。他国の人々と比べて、日本人の寄付はどのように評価することができるのだろうか。そもそも、なぜ私たちは寄付をするのだろうか。どういった要因が寄付行動を説明するのだろうか。どうすれば市民社会組織はもっと寄付を集められるのだろうか。なぜ私たちの社会には寄付が必要なのだろうか。こうした寄付に関する謎や疑問を考えていく際に、本書の内容はきっと役立つであろう。

また本書では、狭義の寄付についての研究を扱うだけではなく、寄付と密接に関連するボランティア活動、社会貢献意識、利他行動、ソーシャルマーケティング、応援消費などについての研究も扱っていく。人間は基本的には利己的な生き物であるが、時として利他的に振る舞うこともある。なぜ人間は時として、寄付やボランティアのような、自分以外の他者の利益を増進させる行動をするのか。本書は利他行動全般を社会科学的に考えていく際の入門書としても広く活用してもらえる内容となっている。

さらに本書では、日本で寄付に関する重要な実践を行っている実務者たちによる「実務者の挑戦」と題するコラムも4本収録した。これらのコラムを読むことによって、実務者たちが寄付をどのように捉え、寄付によってどんな社会課題の解決に挑戦しているかの実例を知ることができる。加えて、本書の巻末には寄付に関連したブックガイドも収録した。本書を読んだうえで、さらに寄付について色々と読み進めたい場合に活用してもらいたい。

本書の成り立ちについて説明しておきたい。一部の書き下ろし章を除いて、本書の大部分の内容は、もともと一般財団法人日本寄付財団内に設置された寄付研究センターが運営する寄付研究紹介サイトである、Academic Research on Donations（https://nippon-donation.org/academic-research-on-donations/以下、ＡＲＤと略記）に掲載された論稿を原型としている（詳細は巻末の初出一覧を参照）。

日本寄付財団は、様々な社会課題の解決を通じて世界平和と人々の幸福度向上を実現すること、および日本の寄付文化の再構築のための啓蒙活動を行うことを目的に設立された財団である。

同財団の代表理事を務める村主悠真氏と本書の編者である筆者が出会ったのは２０２２年の春頃であった。出会って早々、筆者は、日本において寄付研究をより発展させることが日本の寄付文化を変える重要なターニングポイントになること、そして、寄付研究を発展させるためには、既存の研究知見を集積し、その集積された知見を一般の人々に広く伝えていくためのプラットフォームの構築が急務であること、を村主氏に説いた。

それまで一貫してビジネスや非営利実務の世界を歩んでこられた村主氏は、一貫してアカデミアの世界で生きてきた世間知らずの筆者の語ることに真摯に耳を傾けてくださり、即座にその理路を把握し、財団内に寄付研究センターを設置することや財団としてＡＲＤの運営を物心両面で支えていくことをその場で了承してくださった。

日本寄付財団寄付研究センターとＡＲＤは、２０２２年6月に開設された。ＡＲＤでは現在までに30本以上の寄付関連研究についての論稿を世に送り出してきた。それらの記事はすべてオンライン上で無料で読めるようになっている。

本書はＡＲＤに収録された論稿のうちで、特に一般の人々に知ってもらいたい内容のものをピックアップし、一定の加筆修正を行ったうえで、書き下ろしの章も加えて一冊の書籍として編んだものになっている。紙幅の関係で本書に収録できなかったＡＲＤの各論稿も、非常に価値のあるものばかりなので、ぜひオンライン上でご一読いただければ幸いである。

寄付に関する日本初の知的集積拠点である寄付研究センターとＡＲＤを構築し、さらにその集大成として本書を世に問うことができたのは、ひとえに村主氏と氏が率いる日本寄付財団の温かいご支援があったおかげである。また、村主氏には本書の「実務者の挑戦」コラムでも執筆者として加わっていただいた。心より御礼申し上げる次第である。

村主氏との出会いは本書が成立するうえで決定的な影響を与えたが、そもそも筆者が寄付研究にコミットする過程で筆者に決定的な影響を与えたのは、認定特定非営利活動法人日本ファンドレイジング協会（以下、ＪＦＲＡと略記）代表理事の鵜尾雅隆氏である。村主氏との出会いの場を作ってくださったのも鵜尾氏であった。

正直に告白すると、多くの日本人と同様に、筆者自身も10年くらい前までは寄付についてネガティブなイメージを抱く一人であった。もちろん、それまでにも街頭募金などで深く考えずに10円、

100円単位の寄付をしたことはあったが、より明確な意思をもって1000円、10000円単位の寄付をした経験など皆無であった。寄付が社会を変える手段になるとは、理屈のうえではわかっていても、肌感覚としては全く理解できていなかった。

寄付についてその程度の乏しい認識しかもっていなかった筆者は、鵜尾氏が誘ってくださったおかげで、2015年以降、JFRAにおける『寄付白書』作成とその基となる全国寄付実態調査の設計と分析に関わるようになった。その現場において、鵜尾氏と様々なかたちで意見交換をする機会があり、寄付やファンドレイジングについて多様な気づきを得た。また、ご縁つながりでJFRAの様々な事業やイベントにも参加するようになり、JFRAに集うたくさんのファンドレイザーやNPO関係者と交流する機会をもつようにもなった。

そうした種々の経験を通じて、筆者は次第に寄付の重要性に気づくようになり、自分の研究テーマの1つとしても寄付を扱うようになった。また、自分自身が一市民として以前の何倍も、何十倍も、寄付を積極的に行うようになった。寄付を通じての満足感や幸福感も感じられるようになった。今では、寄付は政治参加、社会参加の重要な一手段であり、寄付の活性化こそ現代日本の最重要課題の1つだ、とまで認識するようになった。自分の担当する講義においても、寄付研究の知見を学生に伝えるようになった。寄付は少なくとも筆者自身のあり方を変えた。それは間違いない。

情熱的で明るく前向きでありつつも、いつも冷静に物事を考え着実に成果を出していく鵜尾氏との出会いがなければ、筆者が寄付について興味関心を抱くようになることもなかった。鵜尾氏には「実務者の挑戦」コラムで執筆者としてもご協力いただいた。いつも多くの学びの機会を与えてくださる鵜尾氏に心より感謝申し上げたい。

本書の論稿は、様々な学問分野で活躍されている多数の研究者の先生方によって書かれたものである。筆者の不躾なお願いにもかかわらず、どの先生方もご多忙の中、執筆をご快諾くださり、学術的探究のエッセンスを一般向け文章としてわかりやすく書いてくださった。編者である筆者が一番勉強させてもらった気がしている。執筆者の先生方には篤く御礼申し上げる次第である。また、ご多忙のところ「実務者の挑戦」コラムで執筆者になってくださった今井紀明氏、岸本幸子氏にも心より御礼申し上げたい。

本書の編集を担当してくださったのは、明石書店の上田哲平氏と森富士夫氏である。類例がない寄付研究の出版企画をこちらから持ちかけたところ、上田氏はすぐにその意義を認めてくださり、出版に向けてご尽力くださった。筆者が最も信頼し敬愛する編集者である上田氏との編集作業は順調かつ有意義に進んでいったが、まことに遺憾ながら、やむを得ない事情により、上田氏は初校ゲラが完成した時点で編集担当から離れることになってしまった。後を引き継いでいただいた森氏には、急な話にもかかわらず、丁寧かつ万全なサポートをいただいた。有能な2人の編集者に恵まれたおかげで、本書を無事に世に送り出すことができた。献身的な編集作業に心より感謝申し上げたい。

2023年10月

編著者　坂本　治也

日本の寄付を科学する――利他のアカデミア入門◇目次

第Ⅲ部　様々な寄付のあり方

第Ⅰ部

日本人の寄付の現状

第1章　日本人はどれくらい寄付をしているのか？

坂本　治也

要点

◦家計調査によると、日本人の1年間（2022年）での1世帯当たりの平均寄付金額は7526円である。

◦全国寄付実態調査によると、1年間（2020年）に何らかの金銭寄付を行った人は44・1％、1人当たりの平均寄付金額は1万6613円である。ふるさと納税を除けば、何らかの金銭寄付を行った人は35・2％、平均寄付金額は5614円である。

◦日本では1年間に個人寄付と法人寄付の両方を合わせて、少なくとも総額2兆円の寄付が行われている。

◦寄付先や分野によって、寄付者率や平均寄付金額は異なる。また、年齢、性別、学歴、収入、職業、婚姻状態、家族構成によって寄付行動は異なる。

◦他国の人々と比べると、日本人の寄付は低調である。

1　寄付とは何か

そもそも寄付とはどういう現象を指すのだろうか。私たちは家族や友人・知人に、お年玉やお歳暮というかたちで金銭や物品を渡すことがしばしばある。こうした行為は一般に「贈与」とみなされる。贈与とはある当事者が無償で財産を別の当事者に与えることを指す。寄付とは、この贈与の一種である。

では、お年玉やお歳暮と寄付の違いはどこにあるのだろうか。寄付は公共的ないし社会的な目的をもって活動する個人や団体に対して行われる贈与である。それゆえ、寄付は多くの場合、国や自治体、国際機関、宗教組織、学校、NPO、社会運動組織などの何らかの公共性や社会性を有する事業や活動を行っている団体・組織に対して行われる。他方、お年玉やお歳暮のように家族や友人・知人に対して私的な理由で行われる贈与は、寄付とはみなされない。

寄付はなぜ重要なのだろうか。一般的には、寄付とは「恵まれない人に施しを与える」というイメージがあるかもしれない。寄付にそうした側面があることは否定しないが、より積極的な理由で寄付の重要性を考えることもできる。つまり、寄付を投票や投資と同じように「社会をより良いものにするための手段」として捉えることができる（駒崎 2010）。

世の中には飢餓、貧困、疾病、差別、不十分な教育環境、社会的孤立、災害、環境破壊など様々な社会問題がある。国や自治体は法的規制や公共サービスの提供を通じてこれらの問題を解決しようとする。私たちはそのために国や自治体に税金を納めている。しかしながら、税金を原資とした国や自治体による政策活動だけでは、多くの社会問題は十分には解決されない。そこで、何らかの公共性や社会性を有する事業や活動を行っている団体・組織の存在が必要になる。それらの団体・組織は、社会問題の当事者や支援を必要とする人々に直接サービスを提供したり、国や自治体に政策変更を訴えたりすることで、社会問題の改善を図るべく様々な事業や活動を行っている。

寄付はそうした団体・組織を支える重要な資金源となる。私たちは、寄付をしたいと思う団体・組織を自由に選び、寄付をすることを通じてその団体・組織の事業や活動を後押しし、「この社会問題を解決したい！」、「こういう世の中になって欲しい！」という意思表示をすることができる。その意味において、寄付は投票や投資に近いアクションといえる。

たとえば、私立大学は研究・教育活動を通じて社会の発展に役立つ非営利組織の１つであるが、そもそも研究・教育活動の重要性を訴えた篤志家の寄付によって創立されたところが多い。米国の有名大であるハーバード大学も、牧師であったジョン・ハーバードの遺産によってその礎が築かれた。日常的な運営においても、大学の卒業生や企業などからの寄付が大学の研究・教育活動を支えている側面が確かにある（大学への寄付については**第12章**の議論を参照）。もし寄付が一切なければ、多種多様の魅力的な大学が世の中に存在することも難しくなる。

このように、私たちは寄付を通じて、私たちの住む社会をより良いものに改善していく事業や活動を、自分の意思で選んで後押しすることができる。今風にいうのであれば、寄付はある種の「推し活」といえるのかもしれない。そして、推し活でもそうであるように、寄付をすることで、寄付をした者自身が満足感や幸福感を得ることもできる（寄付が寄付者自身に与える影響については**第15章**の議論を参照）。寄付は望ましい社会変革につながるとともに、寄付をした者自身をも変えるアクションなのである。

2　家計調査でみる1年間の世帯当たりの寄付金額

日本人は1年間に一体どれくらい寄付をしているのだろうか。残念ながら現在、寄付に特化した公的な統計調査は存在していない。それゆえ、日本人の寄付行動の全体像を正確に把握するのは、実は結構難しい。

以下では、日本人の寄付行動を捉える際にしばしば用いられている2つの代表的標本調査[1]である総務省統計局の「家計調査」と日本ファンドレイジング協会の「全国寄付実態調査」のデータを用いつつ、日本の寄付の現状を確認していきたい。

総務省統計局の家計調査は、全国の世帯を対象として各世帯の家計の収支を詳細に調査している。その支出品目分類の1つとして「寄付金」（ふるさと納税を含む）がある。それによると、2022年の1年間での1世帯当たりの平均寄付金額は7526円となっている。

1年間の1世帯当たり平均寄付金額は、東日本大震災が発生して例外的に金額が跳ね上がった2011年（6448円）を除いて、過去20年間は概ね2000円から4000円前後の値で推移してきた。しかし、2018年以降は、ふるさと納税の普及の影響もあってか、年々金額が上昇している。

ただし、この数字はあくまで世帯単位の寄付金額である。個人単位の状況についてはわからない。また、回答者自身が「寄付金」として認識して、自ら記入したものしか捕捉されていない。寄付先や分野ごとの寄付金額について把握することも難しい。さらには、本や衣料品などを提供する物品寄付の状況についても捕捉されてはいない。

3　全国寄付実態調査でみる1年間の個人による寄付金額

家計調査の欠点を補いつつ、日本人の寄付行動をより詳細に捉えることを目的として数年おきに行われているのが、日本ファンドレイジング協会の「全国寄付実態調査」である。日本ファンドレイジング協会は、同調査のデータを用いて、日本の寄付市場の全体像を捉えるための『寄付白書』を数年おきに発行している（**実務者の挑戦②**参照）。

全国寄付実態調査は、ネット調査専用モニターを対象に行われる調査である。標本抽出に際しては、モニターの年齢や世帯年収の分布が全国の人口構成における分布に近似するように標本割付を行ったうえで実施している。しかし、そもそもの母集団がウェブモニターであるために、その標本を「日本人全体の縮図」とみなすことには自ずと一定の限界がある。

そうした標本面での欠点を有するものの、全国寄付実態調査では、家計調査では把握されていない個人単位の寄付者率や寄付金額、寄付先や分野ごとの寄付金額、物品寄付の状況などが捕捉されている。また、調査回答者はあらかじめ詳細な例示とともに示される寄付先や寄付分野を参照しながら、寄付金額を記入することができる。そのため、家計調査よりも漏れなく個人の寄付行動を把握することが可能な調査設計になっている。(2)

最新の全国寄付実態調査は2021年2～3月に実施され、そこでは2020年の1年間の回答者の寄付行動が調査されている。それによると、2020年の1年間に何らかの金銭寄付を行った人は全体の44・1％であり、平均寄付金額は1万6613円であった。金銭寄付を行った人に限定して支出した寄付金額の平均値をみてみると3万7657円、中央値は1万円であった。(3)なお、1年間に何らかの物品寄付を行った人は全体の10・1％であった。物品寄付を行った人の約7割は何らかの金銭寄付も行っていることが判明している。また、1年間でボランティア活動を行った人の割合は25・3％であった。同割合は1年間で何らかの金銭寄付を行った人限定でみると41・8％、金銭寄付を行わなかった人限定でみると12・3％となり、寄付を行う人ほどボランティア活動も積極的である傾向がみられる。

全国寄付実態調査では寄付先や分野ごとに寄付を行った人の割合やその寄付金額をみることもできる。寄付先や分野ごとの結果をまとめたものが**表1－1**である。

様々な寄付の中でも、多くの人が行い、その平均寄付金額も最も大きいのは、ふるさと納税である。ふるさと納税は全体の14・6％の人が行っており、平均寄付金額も1万9999円と高い。ふるさと納税を行った人限定でみると、支出した寄付金額の平均値は7万5156円、中央値は4万円である。

表1-1　寄付先・分野ごとの寄付を行った人の割合と寄付金額

	寄付を行った人の割合	寄付金額の平均値(回答者全体，単位：円)	寄付金額の平均値（当該寄付を行った人限定，単位：円)	寄付金額の中央値（当該寄付を行った人限定，単位：円)
全体	44.1%	16,613	37,657	10,000
ふるさと納税以外の寄付	35.2%	5,614	15,930	2,500
国や自治体（ふるさと納税のぞく）	2.1%	335	15,602	3,000
ふるさと納税	14.6%	10,999	75,156	40,000
政治献金	0.5%	48	10,037	9,000
宗教関連	4.6%	1,888	41,223	10,000
共同募金会	18.9%	194	1,025	500
日本赤十字社	8.6%	172	1,991	500
町内会などの地縁組織	7.9%	293	3,707	1,000
まちづくり	1.3%	65	4,825	1,000
緊急災害支援	5.7%	320	5,647	1,000
国際協力・交流	4.8%	760	15,698	6,000
芸術文化・スポーツ	1.5%	192	12,837	5,000
教育・研究	2.2%	454	20,299	10,000
雇用促進・支援	0.2%	14	8,779	4,000
保健・医療・福祉	2.2%	174	7,908	1,500
子ども・青少年育成	2.3%	222	9,465	3,000
自然・環境保全	2.7%	228	8,475	2,000
権利擁護・支援	0.2%	9	3,550	1,500
業界・商業団体，労組	0.3%	21	6,163	1,000
中間支援	2.4%	177	7,504	2,000
その他	0.2%	49	25,100	1,000

出所：「全国寄付実態調査」2021 年版のデータより筆者作成。

よく知られているように、ふるさと納税には自己負担額2000円を除いた寄付金額が本来納めるべき税金額から控除される（ただし、所得に応じて控除額の上限はある）という特例的な税制上のメリットがある。加えて、寄付金額の3割以下の値段で設定される様々な返礼品を受け取ることができる、というメリットもある。

それゆえ、ふるさと納税は形式的には自治体への寄付ではあるものの、実質的には無償の財産移転である贈与とはみなすことができず、そもそも寄付として捉えるのは不適切ではないか、という見方が根強く存在している（ふるさと納税については、**第13章**の議論も参照）。

そこで、ふるさと納税を除いて改めて1年間の個人の金銭寄付を集計してみると、ふるさと納税以外の寄付を行った人は全体の35・2％、その平均寄付金額は5614円となる。それらの寄付を行った人限定でみると、支出された寄付金額の平均値は1万5930円、中央値は2500円となる。

ふるさと納税以外の寄付で行っている人の割合が多いのは、「赤い羽根」のシンボルで有名な共同募金会への寄付、あるいは日本赤十字社や町内会などの地縁組織への寄付である。これらの組織への寄付は日本において伝統的ないし慣習的に行われてきたものであり、多くの人々にとっても比較的なじみのあるものといえよう。ただし、これらの組織への寄付は、金額としては少額であることが多い。だいたい数百円ないし多くても数千円の範囲で行われている寄付といえる。

他方、寄付を行う人の割合は全体の1割にも満たないが、寄付を行う際にはより大きな金額で寄付が行われているのが、（ふるさと納税を除いた）国や自治体への寄付、政治献金、宗教関連の寄付、あるいは国際協力・交流、芸術文化・スポーツ、教育・研究分野への寄付である。とりわけ宗教関連の寄付の規模は大きい。ふるさと納税を除いた個人寄付全体の約3分の1のシェアを宗教関連が占めている。

これらの寄付は、それぞれのテーマや分野に強い興味関心や利害をもつ、全体からみれば少数の人々が、何らかの目的意識をもって行っている寄付といえる。その標準的な寄付金額は、数千円から数万円の範囲で行われており、比較的高額の寄付といえる。

4　日本全体の１年間の寄付総額

日本全体でみれば、1年間にどれくらいの金額の寄付が行われているのだろうか。日本ファンドレイジング協会の『寄付白書２０２１』（日本ファンドレイジング協会編、２０２１年）では、日本全体での1年間の個人による金銭寄付の総額が推計されている。個人の金銭寄付のマクロ推計は「全国寄付実態調査」のデータを主として、ふるさと納税および共同募金会と日本赤十字社への寄付については それぞれ実際に集まった実績値の集計金額を用いて推計が行われている。

その推計によると、２０２０年の1年間での個人の金銭寄付総額は1兆２１２６億円である。このうち、ふるさと納税は総額６７２５億円であり、残りの５４０１億円がふるさと納税以外の寄付の年間総額となる。なお、ふるさと納税以外の寄付の年間総額は、２０１６年には４９１２億円であったことから、4年間で10％ほど増えていることになる。ただし、２０１４年には６７４８億円であったことから、長期的にみればふるさと納税以外の寄付が大きく拡大しているというわけではない（日本ファンドレイジング協会編 2021: 53）。

以上の個人の金銭寄付に加えて、法人による金銭寄付も行われている。法人による金銭寄付の総額については、営利企業を中心としたマクロ推計値を国税庁の「会社標本調査」からうかがい知ることができる。それによると、２０２０年度の営利企業を中心にした法人寄付の総額は約８８６１億円である。ただし、この数値には非営利法人や協同組合などによる法人寄付は含まれていないことには注意を要する。

大まかに捉えれば、日本全体で１年間に個人寄付と法人寄付を合わせて少なくとも総額２兆円ほどの金銭寄付が行われている、と推測することができる。これが日本の寄付市場全体の規模を捉える際の１つの目安となる数字である。

5　どういう人がより積極的に寄付を行っているのか

欧米での研究成果から、性別、年齢、学歴、収入、職業、婚姻状態、家族構成、信仰している宗教などの社会的属性によって寄付行動には一定の個人差があることが知られている（Bekkers and Wiepking 2011; Wiepking and Bekkers 2012）。つまり、より積極的に寄付を行う人もいれば、あまり寄付を行わない人もいる。日本ではどういう社会的属性をもつ人がより積極的に寄付を行っているのであろうか。

ここでは「全国寄付実態調査」２０２１年版のデータを用いて、２０２０年の１年間に行ったふ

図1-1　社会的属性ごとにみた1年間に寄付を行った人の割合

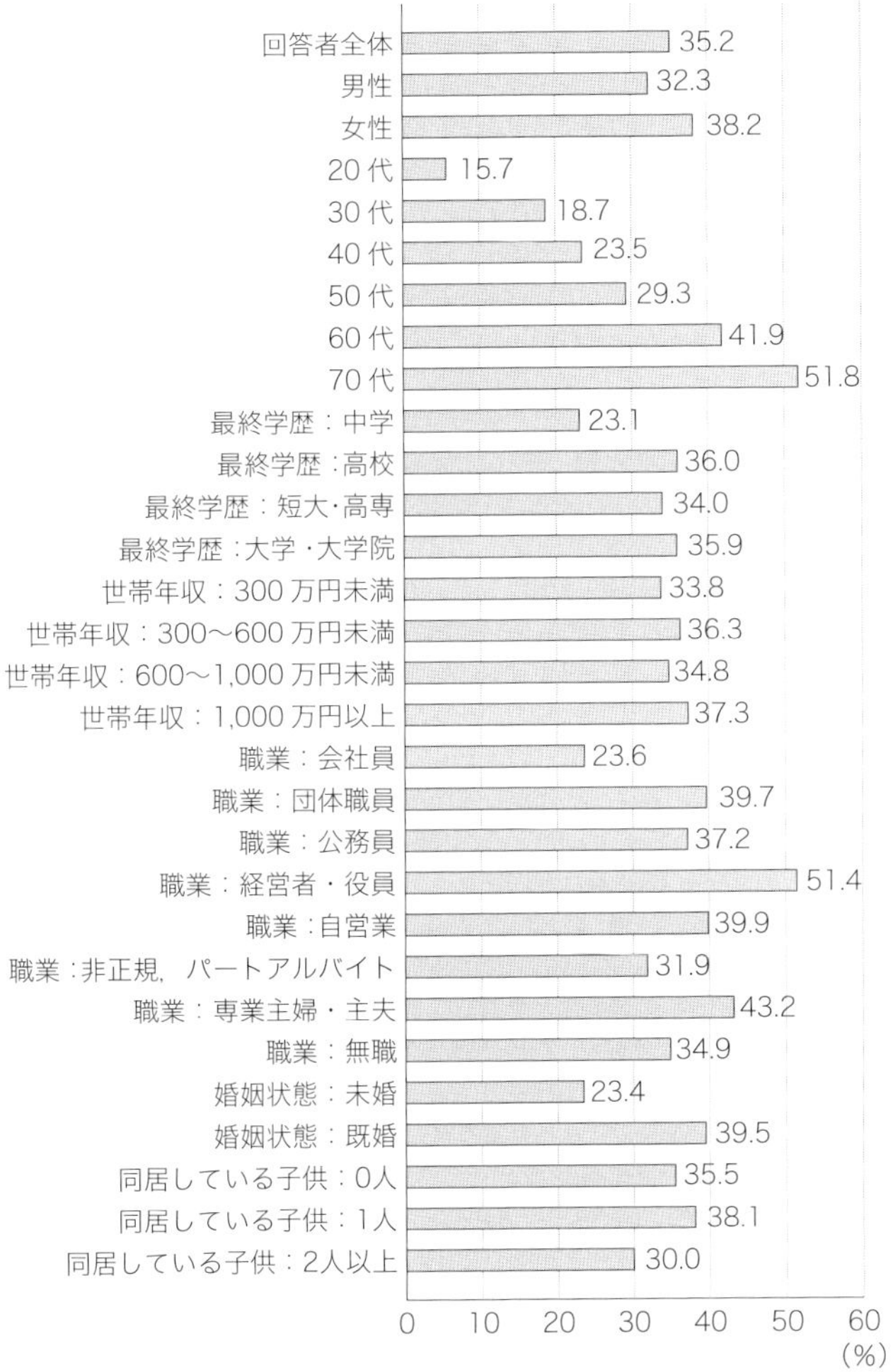

出所：「全国寄付実態調査」2021年版のデータより筆者作成。

図1-2　社会的属性ごとにみた1年間の寄付金額の平均値

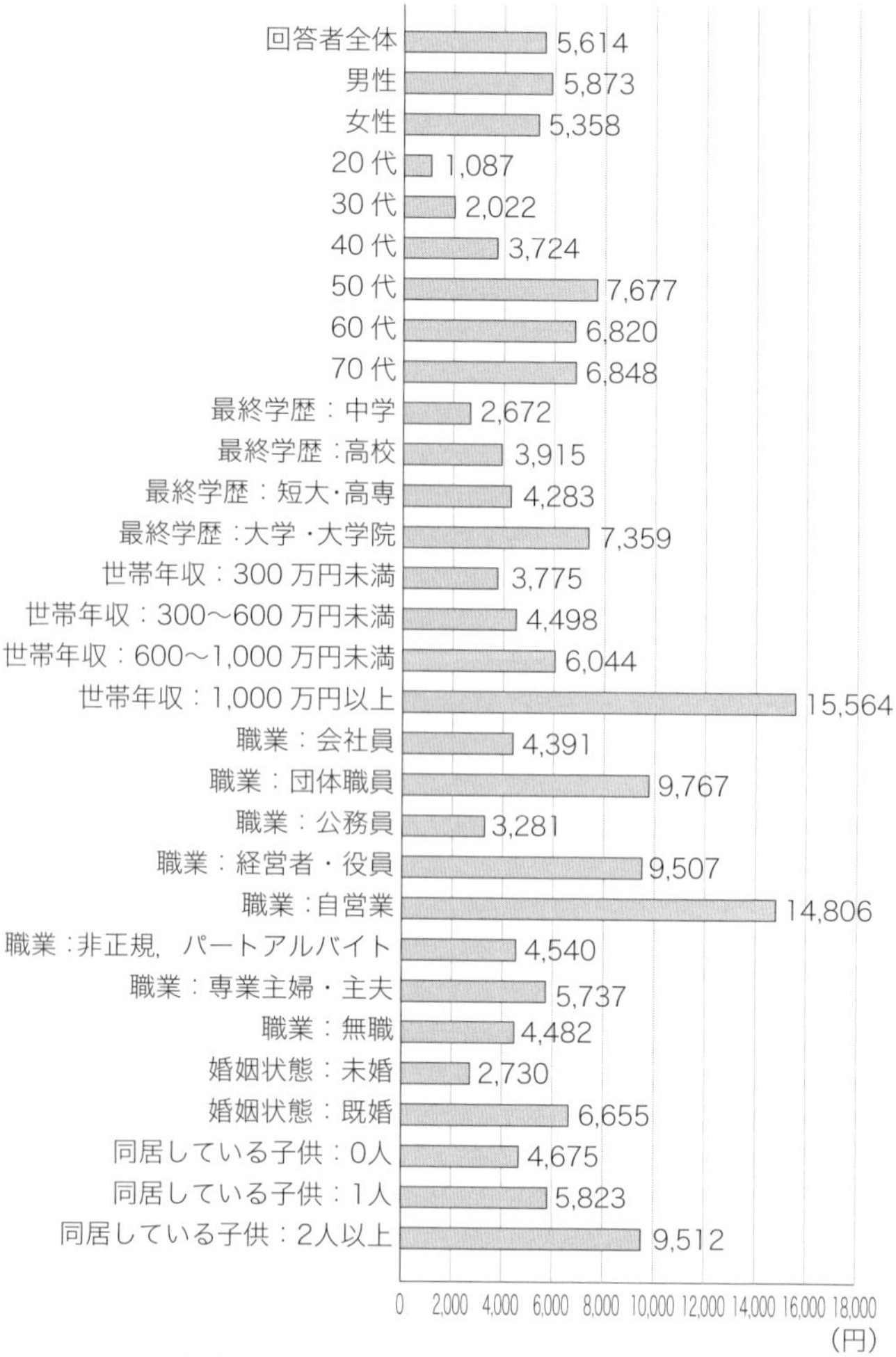

出所：「全国寄付実態調査」2021 年版のデータより筆者作成。

るさと納税以外の金銭寄付を対象に検証してみよう。図1－1にみられるように、個人の社会的属性によって寄付を行う人の割合は異なっていることがわかる。

たとえば、男性よりは女性が、若年層よりは高齢層が、会社員よりは経営者・役員や自営業者が、未婚者よりは既婚者が、より積極的に寄付を行っている。他方、最終学歴や世帯年収の違いは、一見したところ寄付行動とはあまり関係なさそうにもみえる。しかし、これらの変数は、性別や年齢と強く相関するため、その影響を受けて単純なクロス集計では寄付行動との関連がみえにくくなっているだけである。回帰分析によって性別や年齢の影響を統制してみると、やはり高学歴や高収入の人ほど、より積極的に寄付を行う傾向があることがわかる。逆に、性別や年齢の影響を統制すると、会社員と専業主婦・主夫の差は統計的に有意ではなくなる。

以上の結果は、社会的属性と1円以上の寄付を行っている人の割合の関係をみたものである。別途、社会的属性と1年間の寄付金額の関係をみれば、異なる傾向が観察される。図1－2に示されるように、1年間の寄付金額の平均値でみれば、女性よりは男性の方が、60代以上よりは50代の方が、寄付金額の平均値は大きい。また、高学歴や高収入の人、あるいは団体職員、経営者・役員、自営業者、既婚者、同居している子どもの数が多い人ほど、より高額の寄付を行う傾向がみられる。

6　日本人の寄付は他国に比べて活発なのか、低調なのか

日本人の寄付は、他国に比べて活発なのだろうか。それとも、低調なのだろうか。以前ある場所

で、「日本人が1年間に寄付している額の平均値は、ふるさと納税を含めて約1万6000円です」と説明したところ、「高い税金と社会保険料を払ったうえで、さらに1人ひとりがそれだけの額を1年間で寄付していたら、もうそれで十分ではないか」といわれて面を食らったことがある（実際には、日本の税金や社会保険料の負担率は西欧諸国と比べてむしろ低い方である）。

寄付はそれぞれの人の意思で自発的に行われるものである。それゆえ、それが多いのか、少ないのか、ということを外野からとやかくいうこと自体、本来はおこがましいことなのかもしれない。しかしながら、厳然たる事実としてここで押さえておきたいのは、他国の人々は日本人よりも活発に寄付を行っている、という点である。

日本人の寄付の低調さをいくつかのデータから確認してみよう。イギリスのNPOであるチャリティズエイド財団が2016年に発行したレポート（Charities Aid Foundation 2016）では、各国の対GDP比でみた個人寄付総額の割合が推計されている（**図1−3**）。日本の個人寄付総額は対GDP比でみれば0・12％であり、調査対象の24か国の中で17位である。最上位の米国は、じつに日本の12倍の個人寄付がある「寄付大国」である。上位には旧イギリス植民地の国々が並んでいるが、韓国が5位に位置しているのは印象的である。韓国の対GDP比寄付総額は0・50％であり、日本の約4・2倍の規模となっている。

以上のデータはあくまで国単位のマクロデータである。米国で個人寄付総額が多いのは確かとしても、それはビル・ゲイツのようなごく一部の富豪が巨額の寄付を行っているためではないか、平均的な米国人はそれほど寄付をしていないのではないか、という疑念が生じてもおかしくはない。

図1-3　各国のGDPに占める個人寄付総額の割合

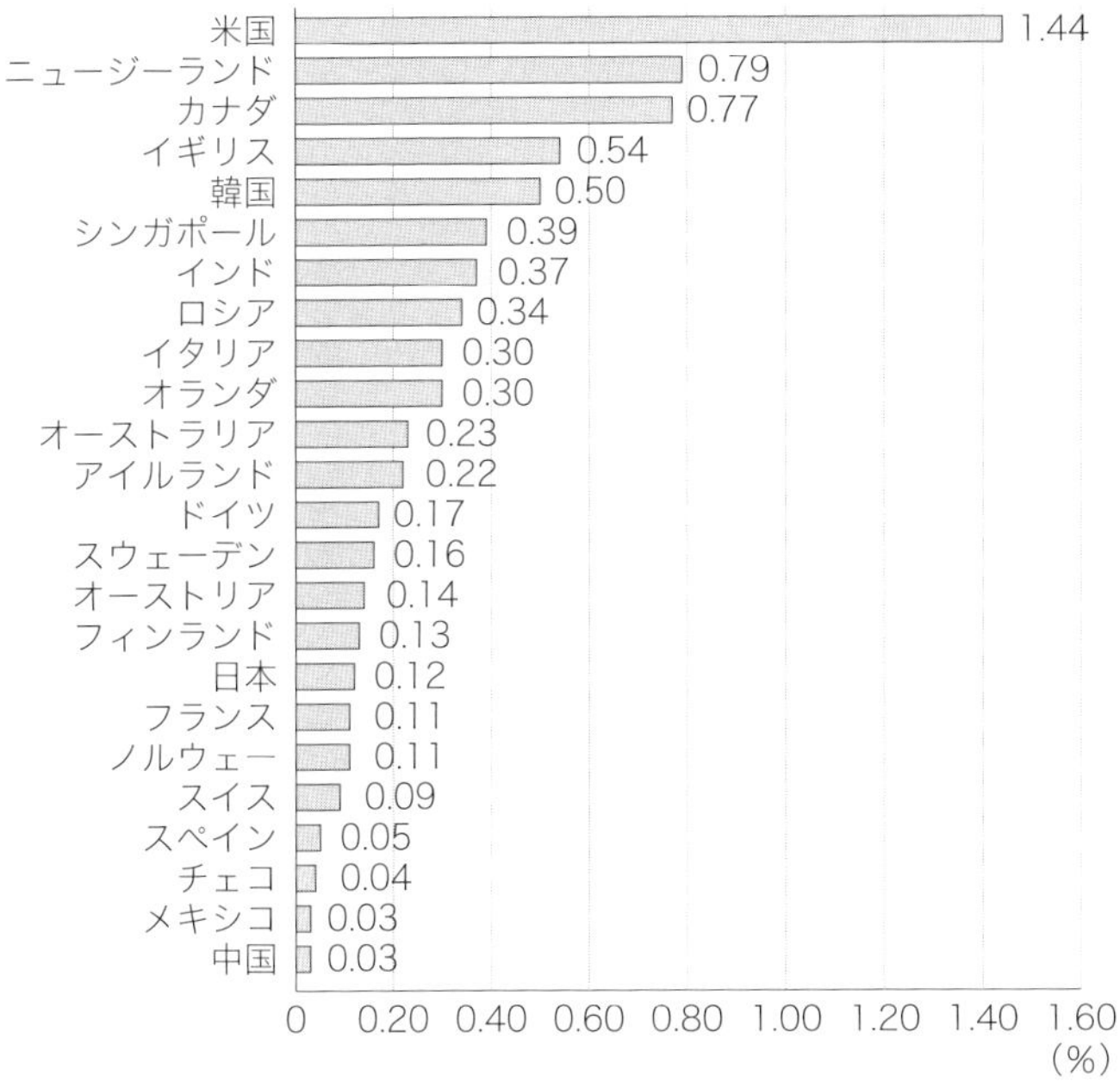

出所：Charities Aid Foundation（2016: 7, Figure 1）。

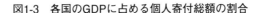

しかしながら、実際には平均的な人々で比較してみても、米国人は日本人よりも高額の寄付を行っている。

米国で調査されたPhilanthropy Panel Study 2015のデータ[4]によると、1年間で何らかの寄付をした米国人世帯の割合は46・0％であり、1世帯当たりの年間平均寄付金額は1082ドル（2014年のレート換算で約11万円、家計調査でみた日本の2014年の1世帯当たり年間平均寄付金額3660円の約31倍）、加重平均でみると世帯年収の1・6％の額を寄付している。寄付をした世帯に限定してみてみると、年間平均寄付金額は2351ドル（約25万円）、寄付金額の中央値は800ドル（約8万5000円）となり、世帯年収の2・4％の額を寄付していることになる。

そして、世帯年収が2万ドル以下の低所得者世帯に限定してみても、1年間で何らかの寄付をした世帯の割合は18・2％、年間平均寄付金額は157ドル（約1万6000円）、世帯年収の1・5％の額を寄付している。同様に、世帯年収が2～4万ドルの世帯でみても、何らかの寄付をした世帯の割合は32・6％、年間平均寄付額は332ドル（約3万5000円）、世帯年収の1・1％の額を寄付している。富豪ではない平均的な米国人も、日本人と比べれば、より高額の寄付をしていることは明らかである。

他方、寄付の頻度という観点では、より多くの国で比較可能なデータが存在している。チャリティズエイド財団が毎年発表している「世界人助け指数（World Giving Index）」では、「過去1か月の間に慈善団体（charity）に金銭寄付をしましたか?」という質問で世界119か国の人々の寄付行動を調査した結果が掲載されている（**表1－2**）。

表1-2　世界人助け指数のスコアとランキング（抜粋）

	慈善団体に寄付をした		見知らぬ人を人助けした		ボランティアに参加した		総合評価
国名	割合	順位	割合	順位	割合	順位	順位
インドネシア	84%	1	58%	76	63%	1	1
ケニア	55%	20	77%	7	52%	2	2
米国	61%	9	80%	4	37%	7	3
オーストラリア	64%	6	69%	34	33%	20	4
ニュージーランド	61%	10	66%	46	34%	14	5
ミャンマー	73%	2	55%	83	28%	36	6
イギリス	65%	5	52%	97	24%	55	17
オランダ	68%	3	43%	114	26%	42	29
ロシア連邦	42%	35	71%	31	24%	53	30
中国	35%	51	65%	49	28%	35	49
スウェーデン	58%	16	51%	101	17%	81	50
ドイツ	48%	28	54%	91	20%	72	55
韓国	36%	45	53%	96	16%	89	88
フランス	30%	70	38%	116	29%	32	100
日本	18%	103	24%	118	17%	83	118
カンボジア	24%	84	23%	119	10%	114	119

出所：Charities Aid Foundation（2022）のデータより筆者作成。

２０２２年度版「世界人助け指数」のデータによると、日本の過去１か月間の金銭寄付を行った人の割合は18%であり、調査対象の１１９か国中１０３位となっている。同割合の全体の平均値は35%である。ランキング１位のインドネシアでは同割合は84%、２位のミャンマーでは73%、３位のオランダでは68%となっている。多くの国の人々は明らかに日本人よりも高い頻度で寄付を行っている。

なお、「世界人助け指数」の調査では寄付行動以外にも、過去１か月間で見知らぬ人を人助けした人の割合やボランティアに参加した人の割合も調べているが、それら２つにおいても、日本は「見知らぬ人の人助け」は118位、「ボランティア」は83位と低位である。それゆえ、「世界人助け指数」の総合評価ランキングでも、日本は最下位のカンボジアに次いで119か国中118位と、残念ながら世界の中で「最も人助けに冷淡な国」の1つに位置付けられてしまっている（Charities Aid Foundation 2022）。

以上のように、日本人の寄付は他国の人々と比べて決して活発とはいえず、むしろ明らかに低調といえる。しかしながら、日本人の寄付は、もしより発展させようと願うのであれば、まだまだ伸びる余地がある、と積極的に捉えることもできよう。世界の平均的な国々と同程度までには寄付がより活発になる潜在力が日本人には秘められている。

では、日本人の寄付に関する潜在力を十全に発揮させるためには、一体何が必要なのであろうか。その点を考えるためには、まず現在の日本人の寄付の低調さの原因を突き止める必要がある。寄付の低調さの原因を把握することによって、初めて改善策の方向性もみえてくる。そこで、次章では「なぜ日本人は寄付をしないのか」を検討していきたい。(5)

注

（1）その他の標本調査として、内閣府が実施する「市民の社会貢献に関する実態調査」もある。同調査では、個人のボランティア活動やＮＰＯ・公益法人に対する認識や行動を尋ねるとともに、寄付についても様々な角度からの質問がなされている。

（2）家計調査や全国寄付実態調査、あるいはここでは紹介しなかった全国家計構造調査まで含めて、日本の寄付統計の調査方法の現状と課題を総合的に検討したものとして、佐々木・奥山（2023）の議論を参照。

（３）これらの数値は、住民基本台帳を用いた抽出調査である内閣府の「令和元年度市民の社会貢献に関する実態調査」（内閣府 2020）で調べられている数値と近似している。同調査では、２０１８年の１年間に何らかの金銭寄付を行った人は全体の41・３％であり、平均寄付金額は１万４７００円であった。金銭寄付を行った人に限定して支出した寄付金額の平均値をみてみると３万９５６９円、中央値は３０００円であった。それゆえ、全国寄付実態調査はウェブモニターを用いた調査ではあるが、そのサンプルバイアスはそれほど大きな問題ではないと判断できる。

（４）データの出所は、Osili, Una, Otoni-Wilhelm, Mark and Xiao Han, Philanthropy Panel Study, 2015: fam 2015 cr298A_v01b Merge Extract.dta, Ann Arbor, MI: Inter-university Consortium for Political and Social Research［distributor］, 2017-12-18, https://doi.org/10.3886/E101264V1-11208 である。

（５）本章は関西大学経済・政治研究所の研究費支援、２０２３年度関西大学研修員研修費、ＪＳＰＳ科研費（20H01588; 22H00598）を受けて行った研究の成果からなっている。

第2章　日本人はなぜ寄付をしないのか？

坂本　治也

要点

- 日本人は寄付行動に限らず、政治参加や社会参加全般で消極的な姿勢がみられる。
- 多くの日本人は社会貢献意識や他者を思いやる共感力をもっているが、寄付に対する強い不安感があるために、なかなか寄付行動に踏み出せない現状がある。
- 日本人は寄付を集める慈善団体や宗教組織に対する信頼感が低い。そのことが寄付に対する強い不安感や寄付の低調さにつながっている。
- 自己責任意識が強い人ほど寄付意欲が弱い傾向がある。

1　公共に背を向ける日本人

なぜ日本人はあまり寄付をしないのだろうか。どうすれば今以上に寄付をするようになるのだろうか。

これらの問いに答える前に、まず押さえておきたいのは、日本人が低調なのは寄付行動だけではない、という事実である。**第1章**でも紹介したように「世界人助け指数」において、見知らぬ人への人助けやボランティア活動という観点でみても、日本は他国に比べれば低水準であった。寄付だけではなく、慈善的行動全般に消極的な姿勢がみられる。

また、投票参加、請願書への署名、公職者へのロビー活動、デモ参加、インターネット上での政治的意見表明、政治集会への参加、ボイコット、ストライキといった政治参加の観点でみても、自由民主主義の国々の中で日本の参加水準は最低クラスである（蒲島・境家 2020）。さらには、政党、労働組合、宗教組織、環境保護団体、スポーツ・文化団体、慈善団体、職業団体といった様々な団体・組織への加入率の観点でみても、日本の参加水準は先進国と比べればやはり低い（善教 2019）。加えて、現在の日本人の政治参加や社会参加の水準は、過去の日本人と比べても低下している（坂本 2010; ＮＨＫ放送文化研究所編 2020; 蒲島・境家 2020）。

確かに日本人は勤勉で自分の仕事は一生懸命するし、家族や友人との関係性は大事にしているのかもしれない。しかし、職場や私生活の範囲を超えて、公共的要素のある政治活動や社会活動に積極的に関わることはできるだけ回避しようとしている。他国の人々と比較すると、そのような日本人の全般的な消極的姿勢が浮かび上がってくる。

以上をふまえると、問題は寄付行動だけにあるのではないことは明らかである。政治や社会との関わり方全般で日本人が消極的になっていることの原因を本来は突き止める必要がある。しかし、そのテーマを論ずるのは本書の分析範囲を大きく超えるので、ここでは深入りはしない。以下では寄付行動に焦点を絞って、日本人の低調さの原因を探求していく。とはいえ、日本人は寄付に限らず全般的に政治参加や社会参加に消極的である、という事実自体は、重要な議論の背景としてまず押さえておきたい。

2　寄付に対する不安感

実は多くの日本人は社会のため、困っている他者のために、何らかの社会貢献をしたいとは思っている。つまり、なかなか行動には現れないだけで、気持ちの面では寄付をするポテンシャルが現状でも十分にある。

この点をデータから確認してみよう。内閣府の「社会意識に関する世論調査（令和４年12月調査）」（内閣府政府広報室 2023）で「日頃、社会の一員として、何か社会のために役立ちたいと思っている」と答えた人は64・３％であった。しかも、こうした社会貢献意識をもつ人の割合は、１９８０年代に比べれば現在の方が明確に多くなってきている。

図2-1　寄付に対する不安感の現状

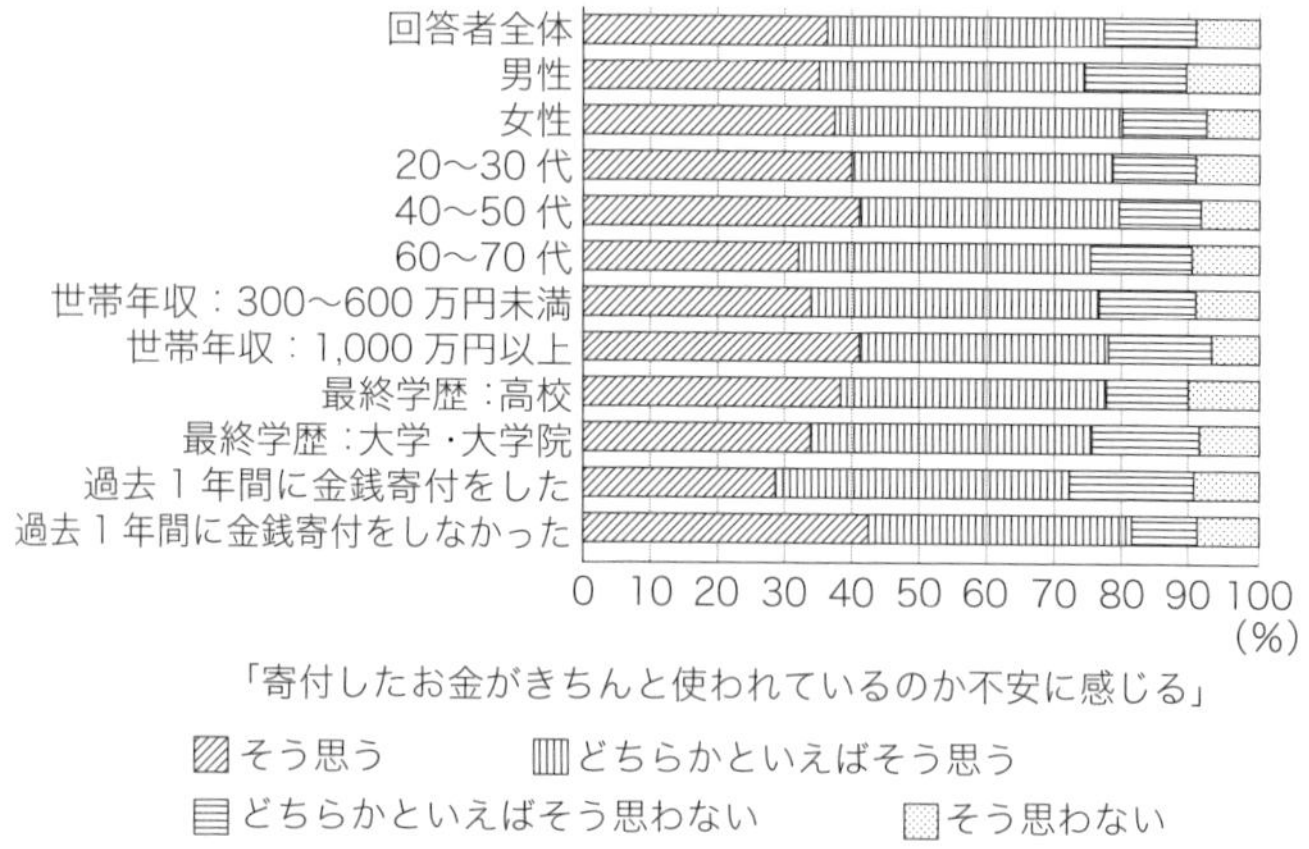

出所：「全国寄付実態調査」2021 年版のデータより筆者作成。

また、他者を思いやる共感力の水準を国際比較した調査（Chopik et al. 2017）によると、日本の共感力は63か国中26位であり、他国と比べて決して低い水準ではないことが判明している。日本の順位は韓国（同6位）や米国（同7位）の順位には及ばないものの、日本よりも寄付が盛んとされるニュージーランド（同41位）、オランダ（同42位）、イギリス（同47位）の順位を上回っている。

以上をふまえると、日本人が寄付を積極的に行わないのは、そもそも社会貢献したいという気持ちや他者を思いやる共感力が根本的に欠如しているから、というわけではなさそうである。むしろ、本来はもっと寄付をしてもいいと思っている人が潜在的には数多く存在している。しかしながら、実際に寄付行動をとる人は少ないのである。

では、一体何が寄付行動の阻害要因となっ

ているのだろうか。１つの大きな原因として考えられるのが、寄付に対する強い不安感である。**図2－1**は、「全国寄付実態調査」２０２１年版の設問にある「寄付したお金がきちんと使われているのか不安に感じる」という意見についての賛否の回答分布を示したものである。回答者全体での集計をみると、77・２％の人が寄付したお金が寄付先できちんと適切に使われているのかについて不安を感じている。これはかなり強い不安感といえる。

属性別に寄付に対する不安感をみてみると、属性による差はわずかなものであり、どういう属性においても7割以上の人が寄付に対する不安感をもっていることがわかる。とりわけ、過去１年間に金銭寄付をした人の間でも、７割以上が不安感をもっているのは見逃せない。現に寄付を行っている人の間でも寄付に対する不安感はかなり強い。

「適切に使われるのであればもっと寄付をしてみたいが、寄付先の団体できちんと適切に使われるか不安でなかなか行動に踏み出せない」というのが多くの日本人の本音ではないだろうか。この寄付に対する強い不安感を取り除くことなしに、日本で寄付を拡げていくことはなかなか難しいと思われる。

3　慈善団体に対する不信感

寄付に対する強い不安感は、寄付を集める側である慈善団体や宗教組織に対する不信感の現れでもある。日本では慈善団体や宗教組織に対する信頼感が他国に比べて明らかに低い。以下では、ま

図2-2　慈善団体に対する信頼感の国際比較

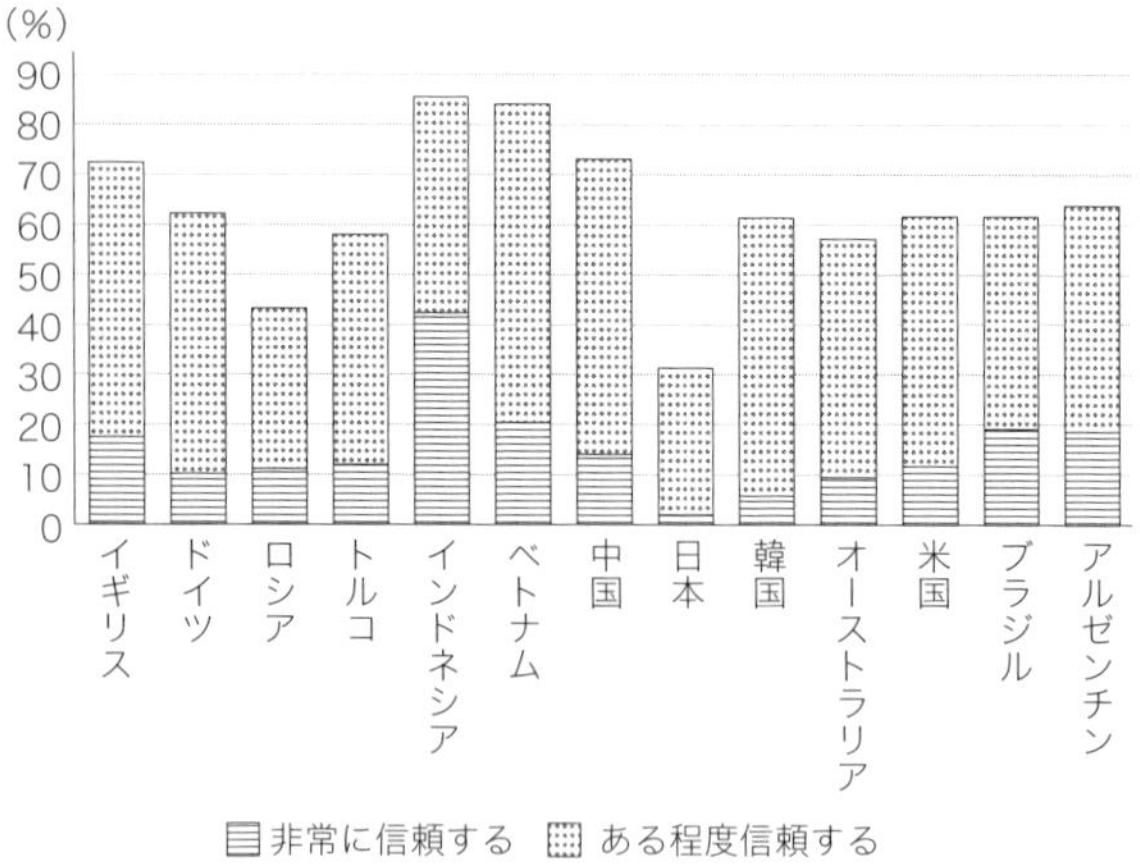

出所：世界価値観調査第7波調査（2017-2020年）のデータ（Haerpfer et al. 2022）より筆者作成。

ず慈善団体についてみていこう。

図2-2は国際比較意識調査である世界価値観調査（World Values Survey）の第7波調査（2017-2020年）における「慈善団体（charitable or humanitarian organizations）」に対する信頼感の回答を示したものである(Haerpfer et al. 2022)。

日本では慈善団体に対して「非常に信頼する」との回答が2・2%、「ある程度信頼する」との回答が29・1%となっている。約3割の人々しか慈善団体を信頼していないという日本の状況は、他国とは大きく異なっている。他国と比べて日本では慈善団体が現状では十分信頼されていないことがわかる。

慈善団体について、別の角度からのデータもみてみよう。**図2-3**は筆者が2020年3月に実施した意識調査[1]において調べた

図2-3　諸組織に対する信頼感

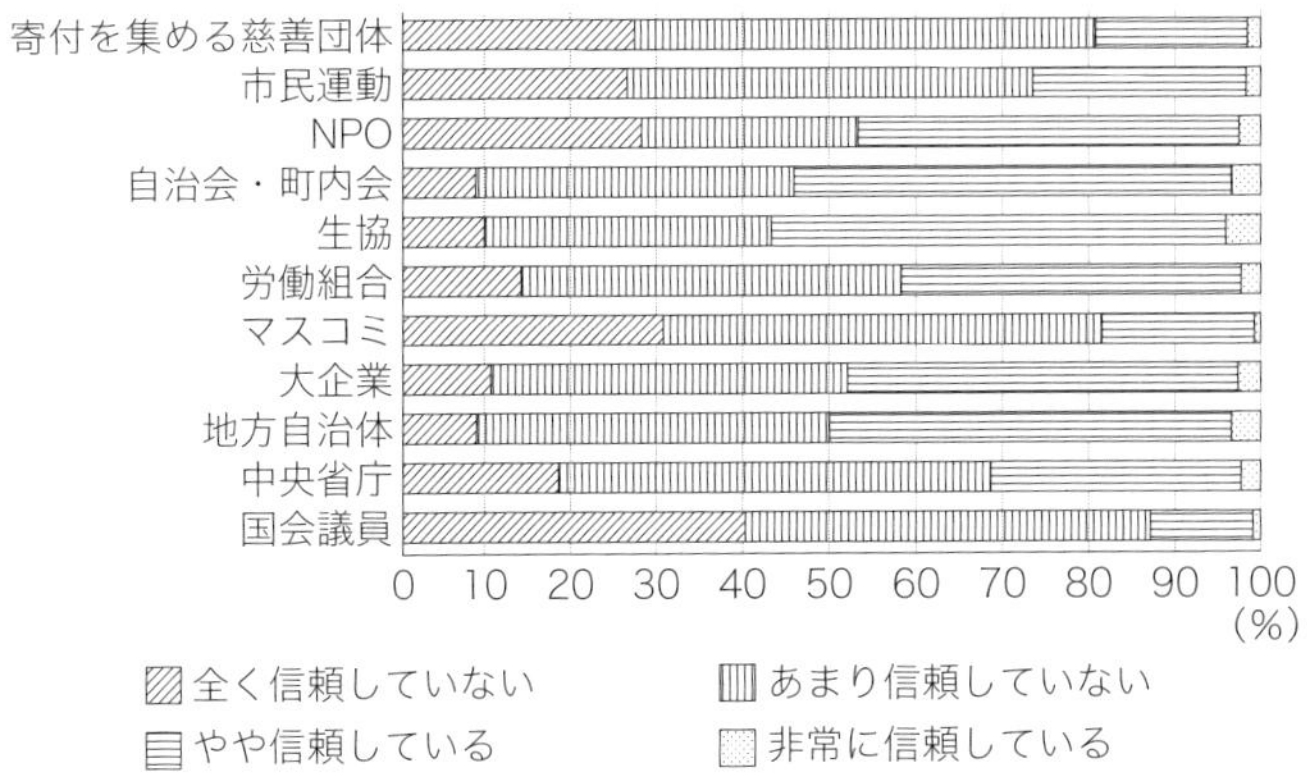

出所：関西大学経済・政治研究所自助・共助研究班「日本の市民社会に関する意識調査」2020年３月のデータより筆者作成。「答えたくない／わからない」の回答を除いて集計。

諸組織に対する信頼感の回答結果である。「寄付を集める慈善団体」を信頼していない（「全く信頼していない」と「あまり信頼していない」の合計）人の割合は81・0％である。

寄付を集める慈善団体に対する不信感は、国会議員やマスコミへの不信感に次いで高い。市民社会の諸組織の中でも、生協、自治会・町内会、ＮＰＯ、労働組合に対する不信感はそれほど高くはなく、寄付を集める慈善団体に対する不信感が特に際立っている。

興味深いのは、実態としてはほとんどの場合、「寄付を集める慈善団体＝（広義の）ＮＰＯ」であるにもかかわらず、表現の仕方の違いで両者の間で不信感の水準が30％ポイント近くも異なってしまう、という点である。団体が「寄付を集める」という行為自体に対して、強いマイナスのイメージが付与されている、と考えられる。

筆者が別途行ったサーベイ実験の研究（坂本ほか 2020）においても、「多額の寄付を集めている」団体は、「ボランティア参加を重視」している団体に比べて、「参加したい」対象団体として選ばれる確率が約18％ポイント低くなることが明らかとなっている。

こうしたマイナスイメージの背景には、寄付を集める慈善団体は「募金詐欺をしている」、「本来の目的とは違うことに寄付を流用している」、「寄付で私腹を肥やしている」、「結局は偽善だ」などの偏見がある。確かに一部の団体で寄付をめぐって犯罪行為や不祥事が発生してしまっているのも事実である。しかしながら、全体からみればごく少数の事例から、世の中の多くの慈善団体をすべて「信頼できない組織」と決めつけるのは、あまりにも早計といわざるを得ない。

4　宗教組織に対する不信感

つぎに、宗教組織に対する不信感についてみていこう。よく知られているように、寄付と宗教は密接に関連している。米国で行われる寄付の約27％は宗教組織に対して行われているとされる（Giving USA Foundation 2022）。**第1章**でみたように、日本でもふるさと納税を除いた個人寄付全体の約3分の1のシェアを宗教関連が占めている。また、宗教組織に参加している人や宗教的態度をもっている人ほど、宗教関連の寄付も、非宗教的な寄付も、どちらもより積極的に行う傾向があることが知られている（Brooks 2003; Bekkers and Wiepking 2011）。

寄付を集める組織として、また人々の宗教的態度を育てて向社会性を身につけさせる組織としても、宗教組織の存在は寄付にとってきわめて重要である。しかしながら、日本では宗教組織に対する信頼感もきわめて低い。世界価値観調査の第7波調査（Haerpfer et al. 2022）では、教会・寺社などの宗教組織に対する信頼感を尋ねているが、日本では教会や寺社などの宗教組織を信頼する人の割合は全体の1割にも満たない。他方、他国では宗教組織を信頼する人は3～6割程度いるのが普通である。日本人の宗教組織に対する不信感は突出している。

宗教組織への不信感の高さは、そもそも日本では宗教心をもつ人自体が少なく、世界の中でも最も世俗化された国の1つであることが影響している。世界価値観調査の結果からも、日本では他国と比べて無宗教の人の割合が多いこと、また自分自身を信心深いと考える人、生活の中で宗教を重要なことだと考える人、宗教の基本的意義を「他人のために善行をすること」と捉える人の割合が少ないことが明らかとなっている。宗教組織への不信感の高さ、およびそもそもの宗教心の弱さが、日本人の寄付の低調さを説明する一要因になっているのは確かであろう。

5　不信感を払拭するための方策

以上みてきたように、日本では寄付を集める慈善団体や宗教組織に対するイメージが現状では相当悪い。慈善団体や宗教組織を信頼できないからこそ、「寄付がきちんと使われているか不安に思う」人が多数になってしまうのであろう。本当は困っている人のためにもっと寄付をしたいと思っている人が多数いるにもかかわらず、寄付先となる団体・組織が信頼できないために、実際に寄付を行うことには躊躇してしまっている。そうした現状があることが推測される。

では、どうすればこの状況を打破できるのであろうか。まず必要なのは、過度なまでに「悪しき存在」として誤解されてしまっている慈善団体や宗教組織の実態、およびそれらが行っている様々な社会貢献活動の実情を多くの人々に正しく理解してもらうことである。

そのためには、各々の慈善団体や宗教組織が自団体の信頼性を高めるためのPR活動や財務情報を中心とした情報公開をより積極的に講じていく必要がある。同時に、寄付で集まったお金がどのような事業に充てられ、どのような成果を生み出しているのかについても、今まで以上に寄付者に対して丁寧に説明していく努力が団体側には求められる。

また、教育現場において寄付と慈善団体の意義と実態を正しく理解させるための教育プログラムの開発とその普及も喫緊の課題である。たとえば、日本ファンドレイジング協会が推進している「社会貢献教育」プログラムの取り組み（https://jfra.jp/ltg/）は重要な先行事例として参考になる。同様に、宗教組織が行っている社会貢献活動の意義と実態を正しく伝えるような調査研究（代表例として、稲場・櫻井編 2009; 白波瀬 2015）が今以上に活性化され、その知見が多くの人々に共有されていくことも必要である。

慈善団体や宗教組織の実態がよく知られていないために、「寄付をしてみたいが、どの団体に寄付をしたらいいのかよくわからない」という人も案外多い。そうした人々への適切な情報提供のために、第三者機関による信頼性が高い団体・組織の認証評価の仕組みも必要である。たとえば、日本非営利組織評価センターが行っている「グッドガバナンス認証」制度（https://jcne.or.jp/evaluation/

good_governance/）は、そうした認証評価の仕組みの好例である。

また、人々から広く寄付を集めて、集まったお金を適切な事業を行う団体に提供する市民ファンドやコミュニティ財団のような中間支援組織のさらなる発展も求められよう（具体例として、**実務者の挑戦**④の議論を参照）。こうした中間支援組織が信頼できる存在としてより発達していれば、人々は福祉や環境問題など自分が支援したいテーマについて、1つひとつの団体のことをつぶさに調べる必要はなく、中間支援組織に寄付を行うことを通じて、間接的にそのテーマに取り組む諸団体を後押しすることが可能となる。

以上のように、寄付をしたいと考えた人ができるだけコストをかけずに自らの選好に合致した信頼できる寄付先を手軽にみつけ出せる環境のより一層の整備が望まれる。

6　自己責任意識と寄付の関係とは？

なぜ日本人は寄付をしないのか。その原因を考える際に、別途考えなければならないのが自己責任意識の影響である。

よく知られているように、対GDP比の一般政府支出額や人口当たりの公務員数でみる限り、日本は世界有数の「小さな政府」の国である（前田 2014）。「小さな政府」志向の保守政党である自民党が長らく政権党の地位を占めていることも影響して、日本ではしばしば「自分が抱える問題はできるだけ自助努力と自己責任で解決すべき」という考え方が強調され、政府が提供する公共サービ

図2-4　自己責任意識と寄付意欲の関係

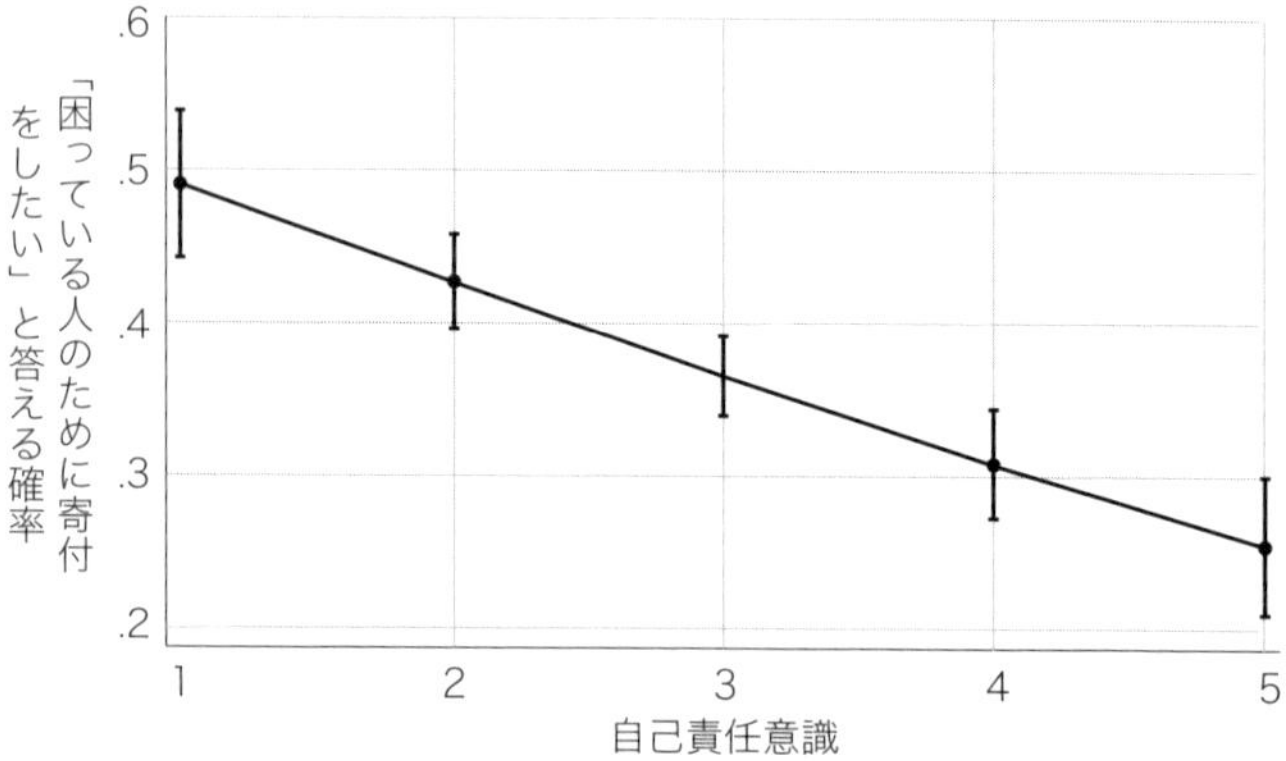

出所：関西大学経済・政治研究所自助・共助研究班「日本の市民社会に関する意識調査」2021年2月のデータを用いて筆者作成。エラーバーは95%信頼区間，統制変数を平均値に固定したうえでの推定結果。

スが貧弱であってもそれを甘受する傾向が続いてきた。国際比較意識調査であるＩＳＳＰ２０１６「政府の役割」調査の分析結果においても、日本は他国と比べて「失業者の生活保障は政府の責任だ」と考える人の割合が少なく、失業問題を自己責任と捉える人が多いことが報告されている（村田 2019）。

筆者が行った研究（坂本 2021）では、こうした自己責任意識が強い人ほど、寄付や市民活動などの共助活動に参加したがらない傾向があることが明らかになっている。本章でも改めて自己責任意識と寄付意欲の関係をデータから確認してみよう。

図２－４は、「困っている人のために寄付をしたい」との寄付意欲を従属変数とする二項ロジスティック回帰の結果から推定した、寄付意欲に対する自己責任意識の影

響力を示したものである。独立変数は「A：自分のことは自分で面倒をみて責任をとるような世の中が望ましい」「B：人々の間で支え合うような世の中が望ましい」という2つの意見を提示して、どちらの意見により近いかを答えてもらった回答から指標化した「自己責任意識」である。「自己責任意識」変数はAの意見により近いほど値が大きくなるような5件尺度で測定されている。統制変数には性別、年齢、学歴、世帯収入、職業、左派政党支持、一般的信頼感を投入している。つまり、それら統制変数の影響はコントロールしたうえでの、寄付意欲に対する自己責任意識の影響力を**図2－4**では示している。

図2－4の推定結果によれば、「自己責任意識」が最小の1の場合は「困っている人のために寄付をしたい」との寄付意欲をもつ確率は49・2％であるのに対し、「自己責任意識」が最大の5の場合には同確率は25・7％にまで低下する。自己責任意識が高まれば高まるほど、寄付をしたい気持ちが弱まっていく関係性がみてとれる。

このように自己責任意識が強ければ強いほど、「小さな政府」志向になるだけではなく、「小さな寄付」志向にもなるのである。日本における寄付の低調さの淵源として、こうした日本特有の自己責任意識の強さが影響している可能性がある。「自分の抱える問題はできるだけ自助努力と自己責任で」という考え方を改めていくことによって、日本における寄付が今後大きく推進されるかもしれない。

以上、本章で示してきたように、「寄付をしない日本人」の姿を変えていくためには、私たちの心の中にある寄付に対する不安感、慈善団体や宗教組織に対する不信感、自己責任意識をいかにして取り除いていくのかが重要である。[2]

注

（1）関西大学経済・政治研究所自助・共助研究班で2020年3月に実施した「日本の市民社会に関する意識調査」である。同調査結果は、楽天インサイトの登録モニター（日本全国の18～79歳までの男女）から年齢、性別、地域の分布が国勢調査の分布と一致するように事前割り付けを行ったうえで回収した2096サンプルからの回答によって構成されている。

（2）本章は関西大学経済・政治研究所の研究費支援、2023年度関西大学研修員研修費、JSPS科研費（20H01588; 22H00598）を受けて行った研究の成果からなっている。

第3章　日本人はなぜ寄付やボランティアを冷笑するのか？

仁平　典宏

要点

- 日本で「ボランティア」と呼ばれる行為を捉える上で次の2つを区別する必要がある。第1に立場の異なる他者に対する活動で、第2に所属集団のメンバーに対するアンペイドワークである。
- 日本では、第1のタイプの活動に対しては冷笑の対象になってきた一方、第2のタイプの活動は低水準な社会保障を補うように社会の様々な領域に埋め込まれていた。
- ところが近年は、社会の流動性の高まりとともに、自明視されてきた第2のタイプの活動が「やりがい搾取」と呼ばれ批判されるようになっている。
- 日本では、社会保障と他者への自発的贈与の水準がともに低い「二重のリスク」を抱えた状態にあるが、流動化が進む中で、第1のタイプの活動に対するシニシズムが解除され、肯定されるようになるかが問われている。

1　意識高いね

２０２２年の安倍晋三銃撃事件以降、旧統一教会をはじめとして、宗教組織のあり方に厳しい目が向けられるようになっている。現状の様々な問題に関する解明・批判は徹底的に行われるべきだが、思わぬ所に副作用が出ないか心配だ。それは通常の非営利の活動まで、「うさん臭い」というイメージが強くなってしまうことである。筆者は以前、ボランティアに対するマイナスイメージのパターンを明治時代まで遡って調べたことがある。社会課題解決のために尽力するのを「偽善」とみなして冷笑するのは今のＳＮＳ時代の専売特許ではなく、日本では伝統芸能のように続いてきた（仁平 2011a）。今は「意識高いねｗ」という揶揄の言葉があるが、昔も「奇特なことでｗ」という似たような意味を伝える言葉があった。言葉は変わっても、シニカルなトーンは変わらない。

映画評論家の佐藤忠男が、１９５９（昭和34）年に面白いことを言っている。「実は、日本にとっては、隣人愛というものは最も表現しにくい思想の一つなのではあるまいか。白樺派、赤い羽根、救世軍ｅｔｃ真顔で隣人愛を語る奴は、よほどお人好しか偽善者に違いない、というのがむしろ庶民の一般的なイメージだ」。「『慈善』はすなわち『偽善』だと意識できるものはインテリにかぎらず、庶民にとっても慈善家くらい嫌な奴はいない」（佐藤 1962: 15　ただし傍点は引用者）。ここで「真顔で」というのがポイントだ。佐藤によると、日本で「人情的な助け合い」を表現するためには、「よほどセンチメンタルなオーバーな身ぶりをともなうか」、あるいは「よほど道化た身ぶりをともなうかしなければならない、というきまりがある」。

ここで佐藤が注目するのは表情や「身ぶり」、つまり内容以前の形式面である。今はさすがに「センチメンタルなオーバーな身ぶり」が求められることはない。でも「真顔で隣人愛を語」れば引かれるという状況は変わっていないのではないか。たとえば「自分の成長につながる」とか「いろんな経験をしてみたいから」とか、どこか「利己的」な「動機」をあえて垣間みせながら語らないと「理解」されにくい。悪いことをしているわけでもないのに、妙に言い訳がましくなってしまう。だからといって、「ナイーブに」チャリティをしてるとみなされると、有名人でも売名、自己満足、お花畑などと叩かれる。寄付やボランティア活動は金銭的・時間的なコストなだけでなくリスクすら伴う。そんな社会でボランティアやチャリティをやりたくなるだろうか。

2　低水準の参加と信頼

このような状況は統計にも現れている。World Giving Indexという助け合いや寄付の度合いを指標化したランキングで、日本は全対象国119位中118位だった（Charities Aid Foundation 2022）。また世界価値観調査という国際比較のデータで、国ごとのチャリティ・人道団体（Charitable or humanitarian organizations）への参加の割合（横軸）と信頼の平均値（縦軸）をプロットすると、**図3－1**のように日本はどちらも最低に近い。(1)

日本で信頼を得られていないのはチャリティ・人道団体だけではない。**図3－2**は2012年に

図3-1　チャリティ・人道団体に対する参加の割合と信頼の平均値

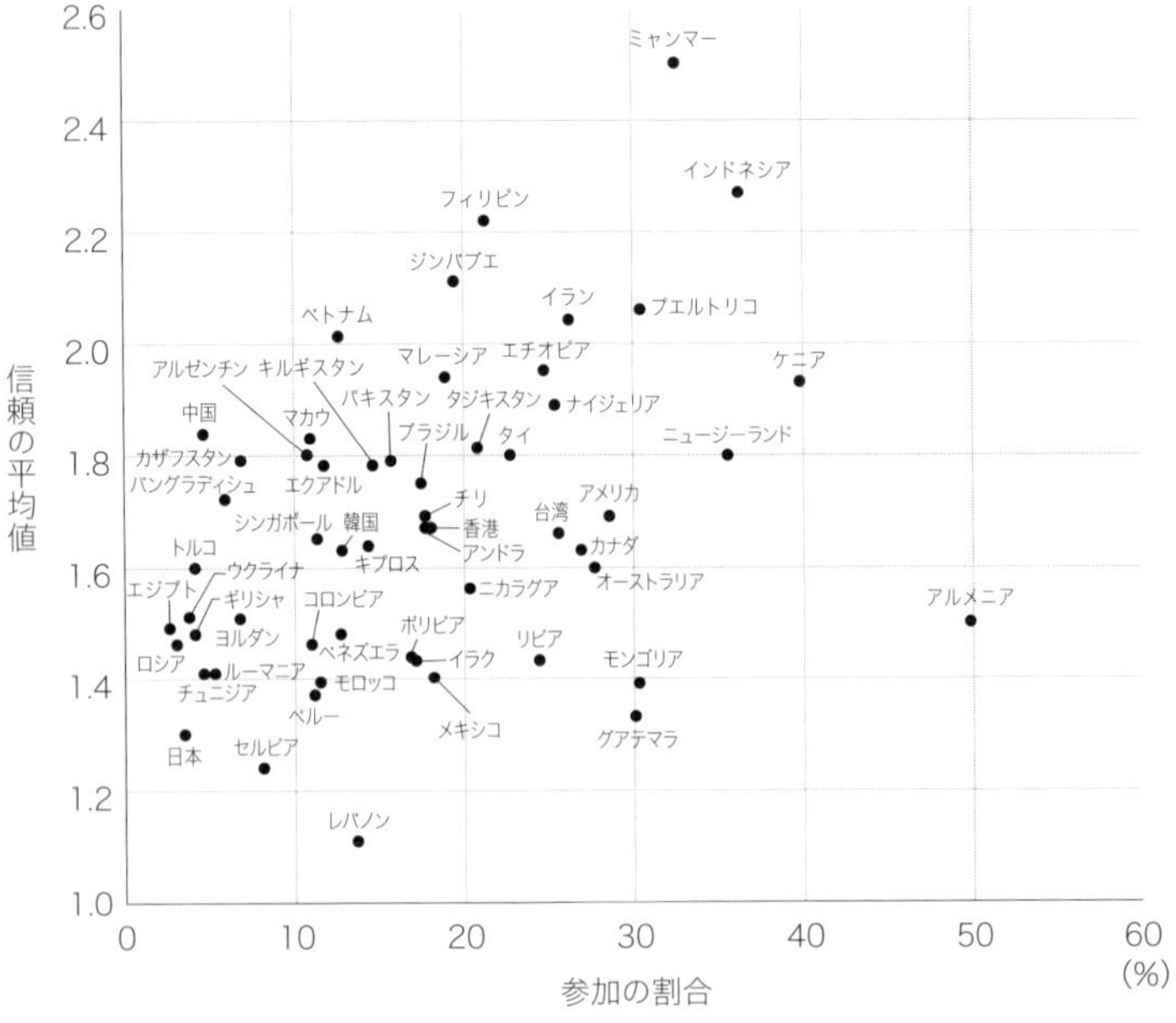

出所：World Value Survey: Wave7 をもとに筆者作成（相関係数 0.382389）。

図3-2　次の立場の人に対する信頼の度合い

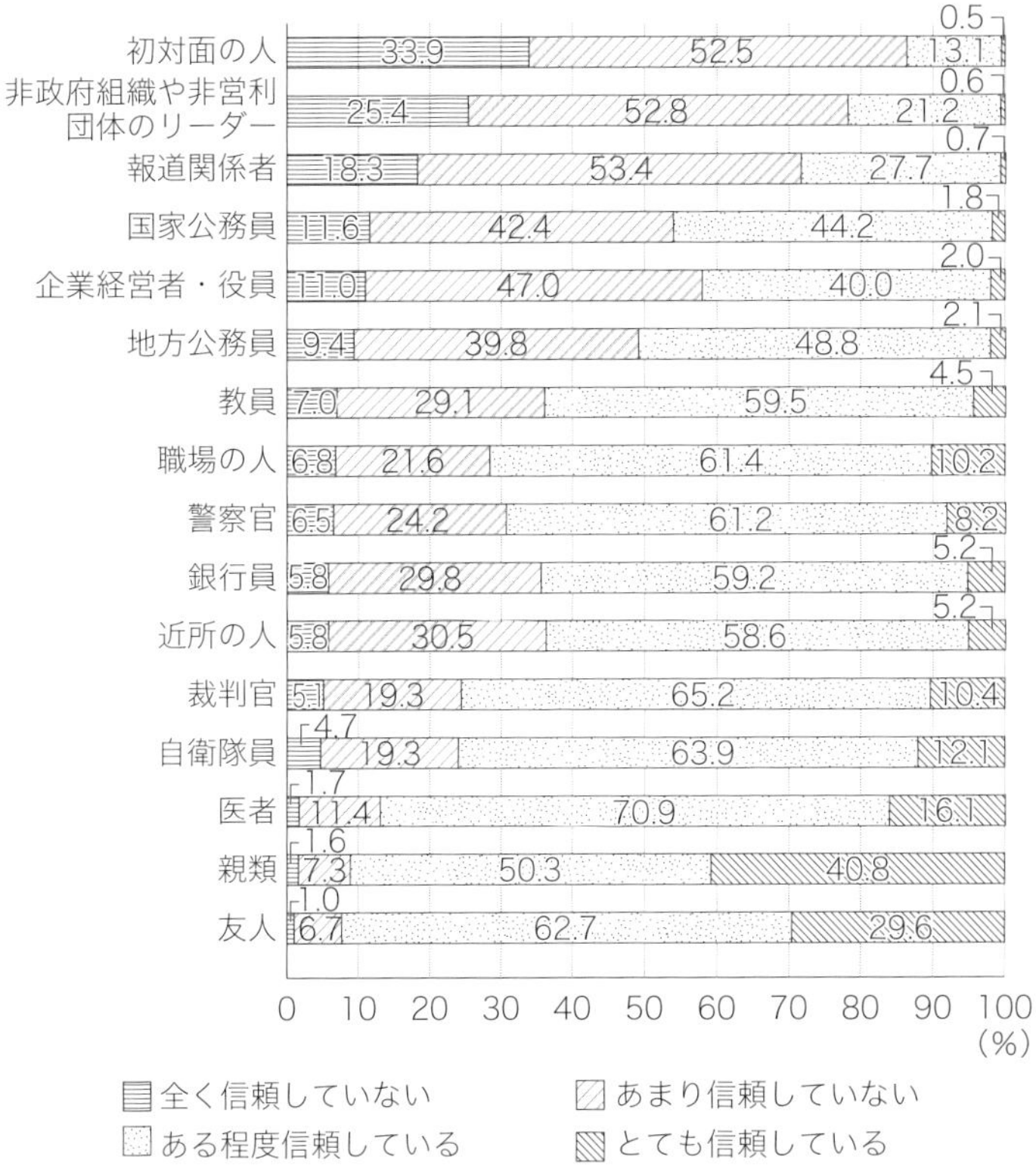

出所：筆者作成。「全く信頼していない」が多い順にソート。

国内で実施された調査データ（JGSS2012）の結果である。様々な立場の人に対する信頼度を比較して、「全く信頼していない」という回答の割合が多い順に並べてみると、「非政府組織（NGO）・非営利組織（NPO）のリーダー」は「初対面の人」についで信頼されない傾向がある。(2)

3　そこそこ盛んな地域の活動

散々な結果である。だが、そんなに気にしなくてもいいという考えもある。第1に、「やりがい搾取」が問題となる中で、あまり無償の活動を持ち上げるべきでないというものだ。第2に、ボランティア活動の経験率に注目すると日本も低いとはいえず、悲観的になる必要はないというものである。

この2つは実はある部分でつながっている。まず2点目からみてみよう。総務省の社会生活基本調査では5年ごとに過去1年間のボランティア活動の経験率を聞いている。**図3－3**の通り2021年はコロナの影響もあって活動率が激減しているが、2016年までは26％程度ある。この数字はたしかに、世界の国々と比べてとりわけ低いというわけでない。この結果は一見、チャリティ団体への参加率が世界最低レベルの**図3－1**の結果と合わないようにみえる。その矛盾は、活動形態に注目することで解消できる。**図3－3**の総数以外の線はどのようにボランティアに参加しているか示したものだが、多いのは「地域社会とのつながりの強い町内会などの組織」を通じた活動であり、NPOや市民団体などを通じて活動をしている人の割合は小さい。活動内容をみても、

図3-3　過去1年間にボランティア活動に参加したことのある人の割合および参加形態の割合の推移

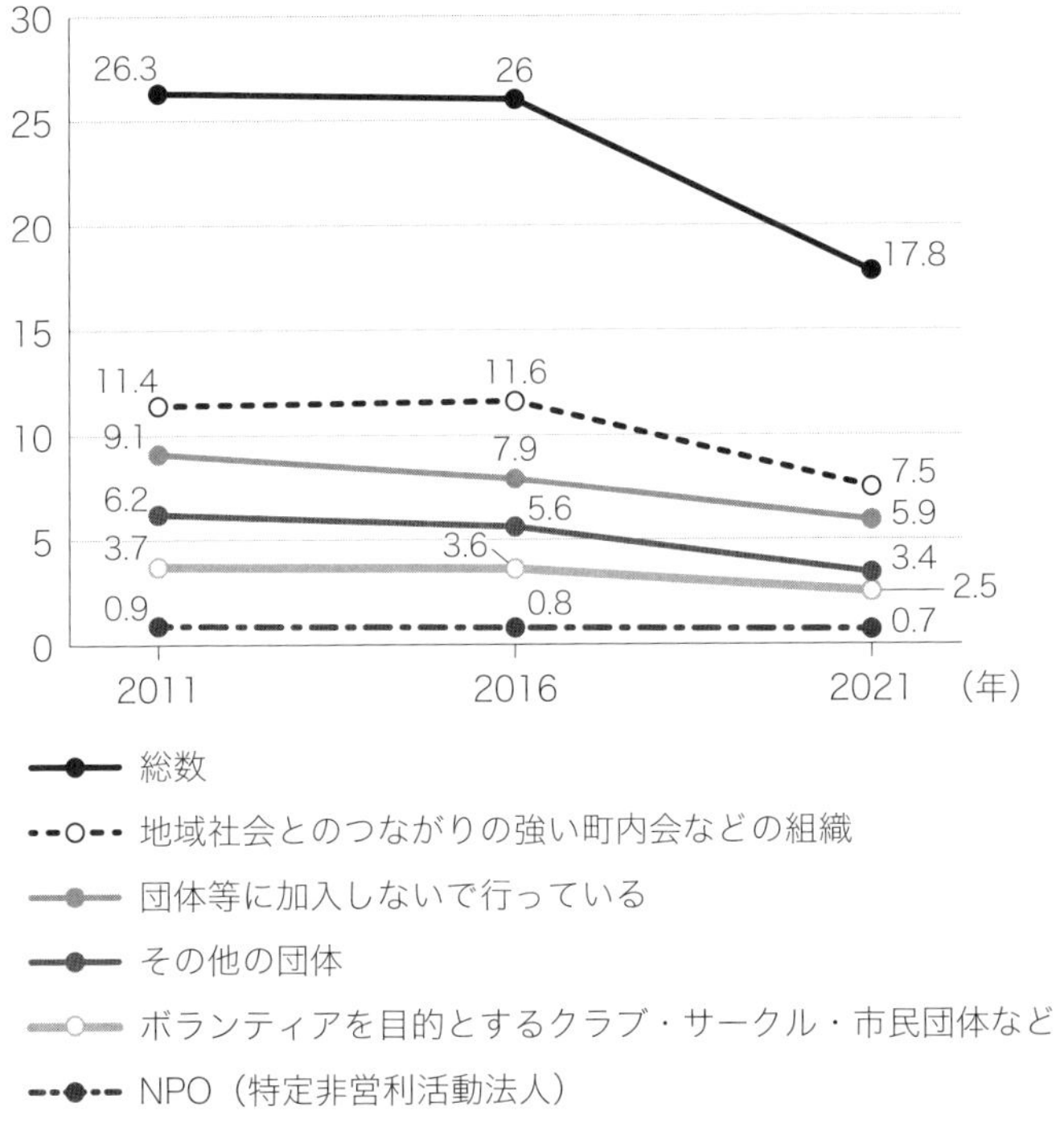

出所：総務省「社会生活基本調査」。

「まちづくりの活動」「安全な生活のための活動」など地域に関する活動が上位を占め、「障害者を対象にした活動」「国際協力に関係した活動」など国内外の弱い立場に置かれた他者に対する活動の割合は低い。都市部では形骸化しているものの、戦後を通じて町内会などの地域組織は、行政と協調しながら地域生活の維持に重要な役割を果たし、様々な活動を行ってきた。日本人の社会活動経験の多くを占めるのがこのタイプだ。これは「偽善」云々の話にはなりにくい。週末張り切って地域の清掃活動に参加したり、逆に「めんどくさいけど近所付き合いもあるしな」とブツブツ言いながら「駆り出される」というのは、日常の一コマでもあった。

4　やりがい搾取

しかし近年、この種の地域活動のあり方を問い直しに開く言葉が広がっている。「やりがい搾取」である。ここで先ほどの1つ目の論点と重なる。これはもともと、精神的報酬ばかり強調して十分な待遇を与えない賃労働に対して使われていた概念だったが、2016年にTBSで放映されたドラマ『逃げるは恥だが役に立つ』で主演の新垣結衣が、プロポーズで家事を求められた時にこの言葉で返し、広く知られるようになった。ヒロインは、地域商店街の活性化の取り組みに無報酬で参加することを求められた時にも、同じ言葉で異議を唱えている。リアル社会でもその後、五輪ボランティア募集をめぐる批判の中で盛んに使われた（仁平 2020）。つまり「やりがい搾取」という言葉は、賃労働、家事労働、地域活動、ボランティア活動など、様々な領域に埋め込まれていたアンペイドワークを共通の枠組みで捉え、可視化・問題化するために用いられているのだ。

確かに日本はアンペイドワークが様々な領域で活用されてきた（仁平・山下編 2011）。家庭内の家事・育児や地域での諸活動は公的支出の抑制と結び付けられ、政府から「含み資産」とみなされてきた。企業ではサービス残業は言うに及ばず、業務外の様々な活動（ＱＣサークルから社内運動会まで）に労働者が自発的に従事することが求められ、それが日本企業の強さと結び付けられていた時期もある。

今思えばこれらが受け入れられていたのは、企業・家族・地域などの集団が安定的で、そこでの関係性が長く続くというリアリティがあったからだと考えられる。たとえば定年まで同じ会社にいることが前提なら、短期的には「不払い」部分が目立っても、長期的には雇用の保障や年功賃金といったリターンで相殺できるという理解は成り立つ。これを「見返り型滅私奉公」と呼ぶ研究者もいる（山口 2008）。同様に、地域コミュニティの中に根を張って暮らすのなら、近所の人たちとまちづくりの活動に取り組むことを「搾取」とは経験されにくい。

ところが社会の流動化が進み、今ある関係性が永く続くというリアリティがなくなってくると、そこから得られるものを長期的な視野で考えにくくなる。関係の収支は短期決済で捉えられるようになり、かつては甘受できていたことも理不尽に感じるようになってくる。アンペイドワークに対する許容度の閾値が変わりつつあるのだ。その変化が２０１０年代に入って「やりがい搾取」という見方を説得的なものにしていったと考えられないだろうか。

だから「やりがい搾取」という見方が広がった社会において、かつては自明視されていたボランティア活動も、「なんのためにやるのか?」「本当に無償でないといけないのか?」といった問いに開かれるようになる。それにきちんと説明できない限り、「生活も厳しいのに、これ以上『タダ働き』させる気?」という疑念が先に立つのは正当な反応でもあるともいえる。

5　二重のリスク

では、ボランティアやチャリティが低調なのは放っといていいのだろうか。この問いに答える前に、先ほどの2つの区別に注目したい。日本で特徴的とされてきたのは所属集団（企業・家族・地域社会など）内部でのアンペイドワークであり、ボランティアも「住んでる地域での環境整備や交通安全活動」などが典型的だった。他方で、**図3－1**でみた通り、チャリティや人道支援のように異なる立場の他者に対する支援活動は世界で最も低調であり、シニカルなまなざしも受けやすい。前者は集団の内側に向けた活動、後者は集団の外側に向けた活動といえる。後者の活動が弱いということは何を意味するだろうか。

アメリカの社会心理学者のニック・ベリガンらは、世界価値観調査におけるチャリティ・人道団体への参加の要因を階層的マルチレベル分析という手法で分析した。その結果、個人主義的な社会（個人の利害が内集団の利害よりも優先される社会）では他者一般に対する信頼が高くなり、それがチャリティ・人道団体への参加を促すのに対し、集団主義的な社会（集団の利害が個人の利害よりも優先される社会）では他者一般に対する信頼が低くなり、それがチャリティ・人道団体への参加を低調にしていた（Berigan and Irwin 2011）[3]。

この結果は、よく指摘される日本の特徴とも整合的だ。日本の生活保障システムは普遍主義的ではなく、所属する集団や立場によって受けられる恩恵が異なる仕組みをもつ（仁平 2019など）。これが自分が所属する集団へのコミットメントの高さと、外部に対する冷淡さの背景になってきた。そんな中で、「標準」とされるカテゴリから外れ、制度からこぼれる人たちを下支えしてきたのが、NPO・NGOによる人道支援活動だった。だからそれらに対する社会の支持が弱いと、マイノリティはより脆弱な立場に追い込まれる。ドイツの経済学者のフランツ・ハックルらは、やはり世界価値観調査データを用いた分析から、政府の社会支出や再分配機能の小さい国ほど市民の参加活動が活発であり、大きい国ほど参加が低調な傾向があることを示した（Hackl et al. 2012）[4]。しかし日本は、高齢化に伴い年金と医療の支出規模こそ大きいものの、公的な社会的包摂や再分配の機能は小さい。それが貧困や社会的排除を生み出してきた。つまり社会保障制度が不十分なまま、市民社会の支援やアドボカシーも十分でないというわけで、二重のリスクが存在することになる。

この文脈で特に気になるのが高階層の動向である。生活が苦しい人々にボランティア活動や寄付を求めるのは酷だ。既存の社会から恩恵を受けている高階層の人こそチャリティやボランティア活動を率先して行うべきというのは、ノブレス・オブリージュの規範として知られている。しかし日本では、近年、高階層がボランティア活動から手を引く傾向がみられる（三谷 2016; 仁平 2011bなど）。確かに、日本ではボランティアや寄付を「下手に」行うと、逆に批判されかねないというねじれた言説空間がある。しかし制度的な再分配機能が脆弱な中で、寄付などを通じた贈与的再分配

図3-4　「慈善団体」への信頼に関する回答割合の推移

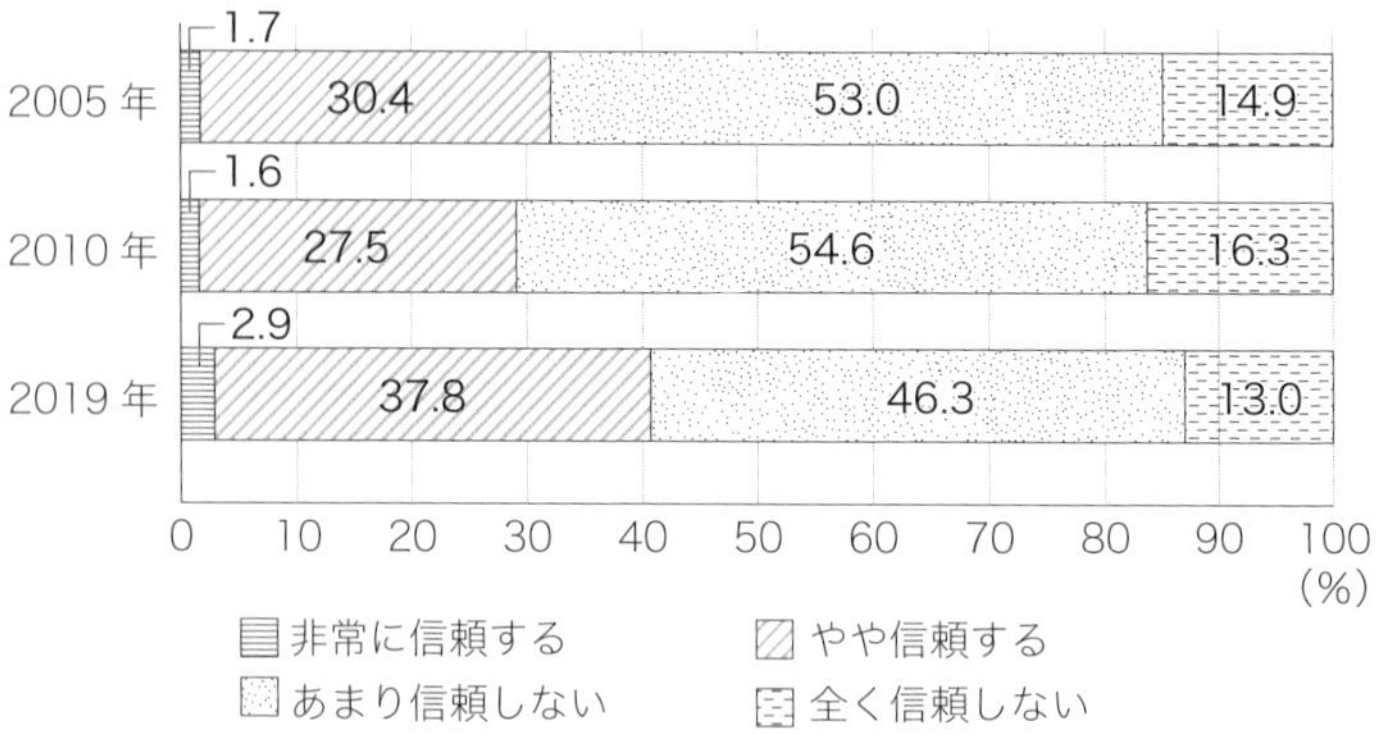

出所：World Value Survey: Wave5～7，日本，をもとに筆者作成。

までも行われないとしたら、それは二重のリスクをなぞることになるだろう。

6　変わりゆく社会の中で

現在日本社会は変動期にある。かつて個人に保障と制約を与えていた強固な中間集団（企業・家族・地域）がゆらぎ、個人がそこから析出されていく。公的な諸制度は20年以上その変化に翻弄されているが、市民社会も同様である。かつて安定した関係性のもとで自明視されていた集団内部のアンペイドワークは、その正当性が精査されるようになってきている。しかしもしそうなら、異なる立場の人々を支援する活動に対するシニカルなまなざしも、弱めていく必要があるのではないか。斜に構えて冷笑するのは一見クールにみえて、実はものすごく古臭い「身ぶり」なのだ。変化の兆候はわずかながらある。世界価値観調査における日本のデータを通時的にみると、慈善団体を「信頼する」と答える人の割合は――国際的にはまだ低いものの――2019年に上昇している（図3－4）[5]。

この動きは今後、どういう取り組みの中で加速していくだろうか。ここまでの議論をふまえて2点ほど粗描したい。1つは、正当化されないアンペイドワークを社会からなくしていくことである。慣習や権力や同調圧力でタダ働きさせることはやめ、支払うべきものには支払う。必要性や正当性についての説明を吟味して、納得できる活動なら自発的に参加する。ここが明確になるだけで、ボランティア活動を「搾取」だと反射的に警戒するような反応は減っていくだろう。もう1つは、自集団を越えて他者とつながることを肯定することである。公的な保障制度に加えて、市民の支え合いの公共圏を拡げ強靭にすることは、リスクが増大・不透明化していく中で誰にとってもメリットがあるはずだ。その意味でボランティアや寄付は自己犠牲ではなく、1つの社会的な投資として考えるべきなのかもしれない。

注

（1）世界価値観調査のデータは2017年～2022年に実施されたWave7を用いている。日本の調査は2019年に実施されている。参加は積極的な参加と消極的な参加を合わせた数値である。信頼の平均値は、「全く信頼しない」0、「あまり信頼しない」1、「やや信頼する」2、「非常に信頼する」3として算出した。その際、「わからない」の回答および無回答は除いてある。

（2）より詳細な分析は仁平（2021）を参照。日本版General Social Surveys（JGSS）は、大阪商業大学J

ＧＳＳ研究センター（文部科学大臣認定日本版総合的社会調査共同研究拠点）が、東京大学社会科学研究所の協力を受けて実施している研究プロジェクトである。二次分析に当たり、東京大学社会科学研究所附属社会調査・データアーカイブ研究センターＳＳＪデータアーカイブから〔「日本版 General Social Surveys〈JGSS-2012〉」（大阪商業大学）〕の個票データの提供を受けた。

（３）ここで用られている世界価値観調査のデータは２００５〜２００９年にかけて実施された Wave5 である。国ごとの個人主義／集団主義のスコアには Hofstede 係数が用いられ、レベルは国／個人である。

（４）このトレードオフ関係を敷衍して市民社会と新自由主義が共振すると考える議論もある。この論点については仁平（2017）などを参照。

（５）「慈善団体」という語は世界価値観調査の日本の調査票で用いられているワーディングで「チャリティ・人道団体」に該当する。各年のケース数は２００５年：８７８、２０１０年：１７００、２０１９年：１０４３。χ二乗値は41・０４６（$p<0.001$）である。なお高齢化の効果による疑似相関の恐れもあるため、信頼度を従属変数、調査年、年齢層、性別、階層、教育段階を独立変数とした重回帰分析も行ったが、年齢層を統制しても２０１９年の信頼度が高いことが確認できた。

第4章　日本人の社会貢献意識は低いのか？

松本　渉

要点

- 過去半世紀の間、日本人の社会貢献意識は高まってきていると予想される。ただし、表面的に現れているほど高まっているわけではなく、少し控えめに考えた方が良い。
- 日本の社会貢献意識は、その差の程度については疑問があるが、基本的には米国のそれよりも低いものと予想される。
- 社会貢献意識の中身は、米国と日本・韓国ではやや異なる。米国における社会貢献は、個人の自発性が伴うことが重要とされるが、日本や韓国における社会貢献は、公共の利益にかなうことが重要であって自発性はそれほど必要とされていないのではないか。

1　日本人の社会貢献意識は高まってきているのか

日本人の多くは寄付行動に対しては消極的であるにもかかわらず、社会貢献したいと思っていると理解されている（**第２章**参照）。このように理解されている根拠は、内閣府の「社会意識に関する世論調査」において「日頃、社会の一員として、何か社会のために役立ちたいと思っている」と回答した人の割合が増えてきていることにある。

この回答割合は、１９７３年度（１９７４年2月）に実施された最初の調査では35・４％であったが、[1] 多少の上下変動をしながらも増加し続け、２０１９年度（２０２０年1月実施）の調査では63・４％で、もう一方の選択肢である「あまり考えていない」と答えた者の割合（33・６％）を大きく上回っている（**図４―１**の実線）。特に、１９８０年代半ば以降には、（役立ちたいと）「思っている」という回答割合が、もう一方の選択肢である「あまり考えていない」よりも一貫して高い結果が示されている（内閣府大臣官房政府広報室 2020）。

内閣府の世論調査は、無作為抽出に基づく科学的・統計的な調査であり、基本的には日本人の世論を投影している調査であると考えられるので、この結果から、過去半世紀の間、日本人の社会貢献意識は高まってきたものと理解するわけである。ただし、（多くの世論調査・社会調査と同様に）長期的に回収率が低下傾向にあることには注意がいる。回収率とは、調査への回答を依頼した人々（調査対象者）のうち、実際に回答を集めることができた人々（回答者）の占める割合のことであり、前出の「社会意識に関する世論調査」の回収率については、１９７０年代には８割近くあったが、２０２０年１月の調査においては54％にまで落ち込んでいる。

調査に協力した人々とそうでない人々との間に違いがないのであれば、何の問題はない。しかし、よくよく考えてみてほしい。内閣府の世論調査に協力する人とそうでない人の間で「何か社会のために役立ちたいと思っている」割合が同じということがあるだろうか。何か社会のために役立ちたいと思っている人は、内閣府の世論調査ともなれば、できるだけ協力しようと前向きに考えてくれそうである。逆に、社会のために役立ちたいとあまり考えていない人は、そもそも世論調査にすすんで協力しないかもしれない。

そこで、少し極端であるが、調査対象者のうち回答を得られなかった人々全員が、社会貢献意識が低いために回答しなかったと仮定し、もし調査に参加していたとしても、「あまり考えていない」か、答えられずに「わからない」のいずれかで、（役立ちたいと）「思っている」の回答人数はこれ以上増えないと想定してみよう。その場合、社会貢献意識を示すと考える割合は、「（役立ちたいと）思っている」の回答率×回収率」で計算される。[2] これは、社会貢献意識の最も低く見積もった場合の推計といえる。この数値の推移を示すと**図４－１**の点線のようになり、長期的に増加傾向にあった表面的な社会貢献意識の数値（調査回答者における「思っている」の回答割合）と違って、半世紀の間、大きく変わっていないようにみえるのである。実際、各回の調査対象者１万人のうち「思っている」と回答した人数自体でいえば、１９９１年度が最も多く、調査対象者の46％になるが、２０１９年度は34％にとどまっている。

図4-1　社会貢献意識の推移

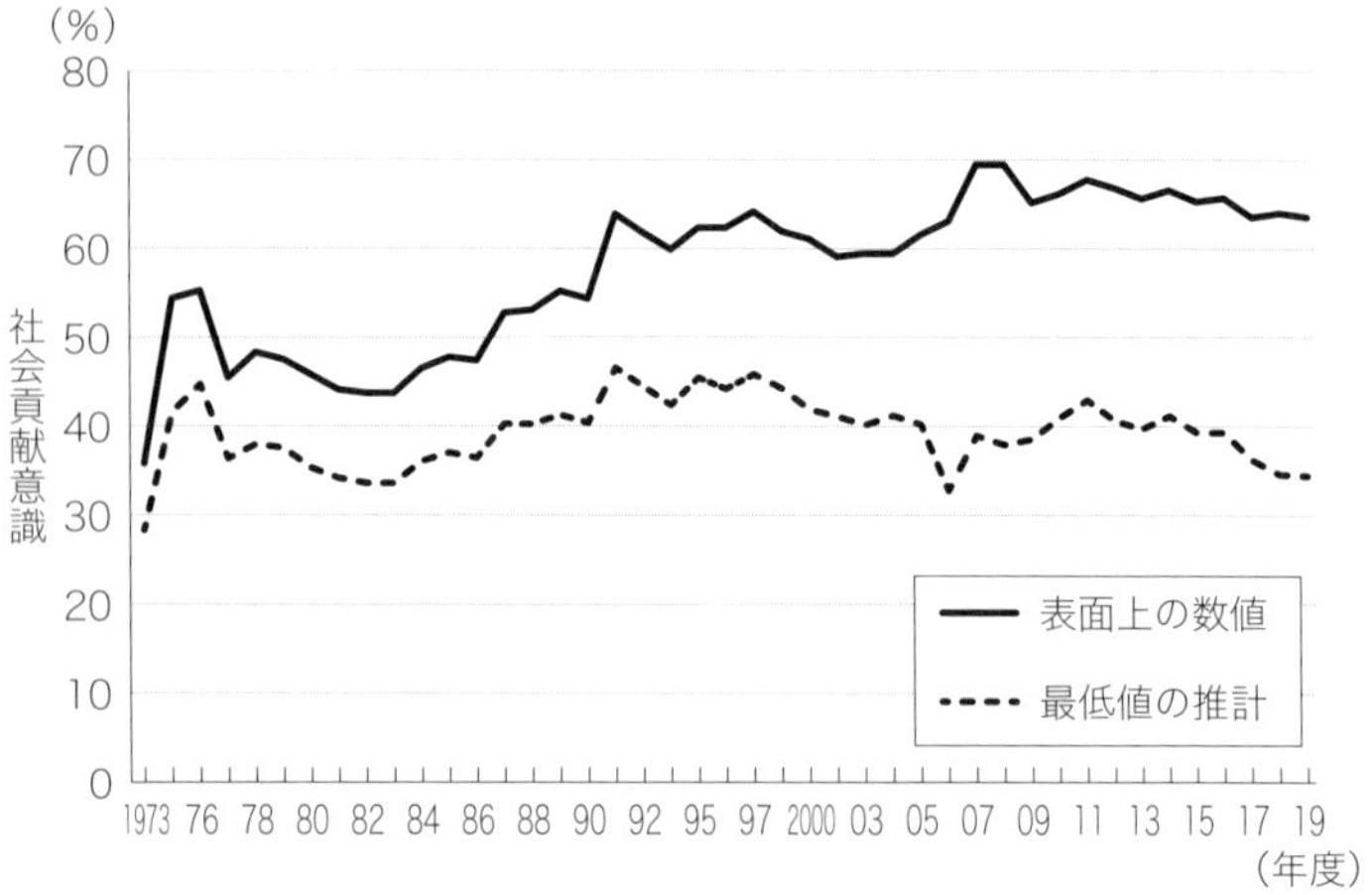

出所：内閣府大臣官房政府広報室の公表する「社会意識に関する世論調査」の各回のデータをもとに筆者作成。

無論、最低値の推計は、極端な場合である。調査に回答しなかった背景には、たまたま不在で調査対象者に接触できなかったケースも多いし、政府不信などで協力しなかったケースもありえるので、調査の回答者にならなかった人の中にもある程度は社会貢献に意欲的な人々がいたと考えられる。

また、全国社会福祉協議会が把握しているボランティア総人数（全国社会福祉協議会地域福祉部／全国ボランティア・市民活動振興センター 2022）をみれば、1980年ごろ約160万人だったのが、2022年には670万人近くになっている。東日本大震災のあった2011年の約870万から多少減ったとはいえ、実際の人々の行動からは、長期的に増加傾向が観測されている。この点も考慮すれば、社会貢献意識が横ばいだったとはさすがに考えにくい。表面的な数値と最低値の推計の間のどこかを推移してきたとみるのが穏当なところであろう。

結局のところ、日本人の社会貢献意識は、過去半世紀の間、どう推移してきたのかは厳密にはわからない。増加傾向がある程度続いてきたとみて差しつかえなさそうではあるが、それは表面的な数値として現れているほど高まっているわけではなく、やや控えめなものと理解しておく必要がある。

2　日本人の社会貢献意識は、国際的に比較するとどうなのだろうか

日本人の社会貢献意識は国際的に比較した場合、どうなのだろうか。思い起こせば、２０１１年３月の東日本大震災の際、当時の海外メディアは、物資不足の中、略奪などを起こさず、譲り合いながら、忍耐強く整然と行動する人々を絶賛していた。略奪等が横行したとされる２００５年のハリケーン「カトリーナ」の際の米国の状況との比較から、高く評価したのである。この事例から推察すると、日本の方が米国よりも高いのではないかと期待したくなる。これを確かめるにはどうすればよいのだろうか。

もし、前出の内閣府の「社会意識に関する世論調査」に米国版調査があれば、「日頃、社会の一員として、何か社会のために役立ちたいと思っている」割合の比較により、社会貢献意識を比較できそうに思える。しかし、残念ながらそういったものはない。また仮にあったとしても、意識の国際比較は、簡単ではない。翻訳が同一かどうかといった問題もあるが、そういったことに加えて、

調査の環境が国によって異なり、比較可能性に疑念が生じないように条件を揃えることは困難だからである。たとえば、日本の世論調査においては伝統的に面接調査が重視されてきた。「社会意識に関する世論調査」も（コロナ禍が始まるまでは）長年調査員が調査対象者を訪問して個別面接の方法がとられている。これに対し、米国の世論調査では電話調査が早くから普及してきたという経緯がある。

しかし、面接調査と電話調査では、一般的に電話調査の方が調査への協力率が低く、総じて回収率が低い。電話の方が断りやすいためと考えられる。そのため面接調査では、少々疑り深い人であっても調査に協力しているかもしれないが、逆に電話調査では、お願いされたことに協力的な人が高い割合で残っている可能性があり、結果として、面接調査よりも電話調査の方が、社会貢献に前向きな人の割合が高く出てしまう可能性があるのである。

筆者は、２００７〜２００９年度にかけて、日本、米国、韓国の3か国における国際比較調査「市民社会調査」[3]を行った。この調査でも、日本と韓国では面接調査を実施できたが、米国では電話調査にせざるを得なかった。ただし、日本では面接調査に加えて、電話調査も実施することとしている。面接調査の日韓比較、電話調査の日米比較、日本における面接調査と電話調査の比較を連鎖的につなぐことで、3か国を比較できるようにしたのである。**図４−２**は、各調査の実施概要（年度・回収標本サイズ）とともに国際比較の全体像を示した図である。

この調査においても社会貢献意識を直接的に測定する質問はないのだが、ボランティアに関する意識や行動についての質問があることから、その結果を用いて２０００年代後半ごろの社会貢献意

図4-2　日米韓の連鎖的な国際比較

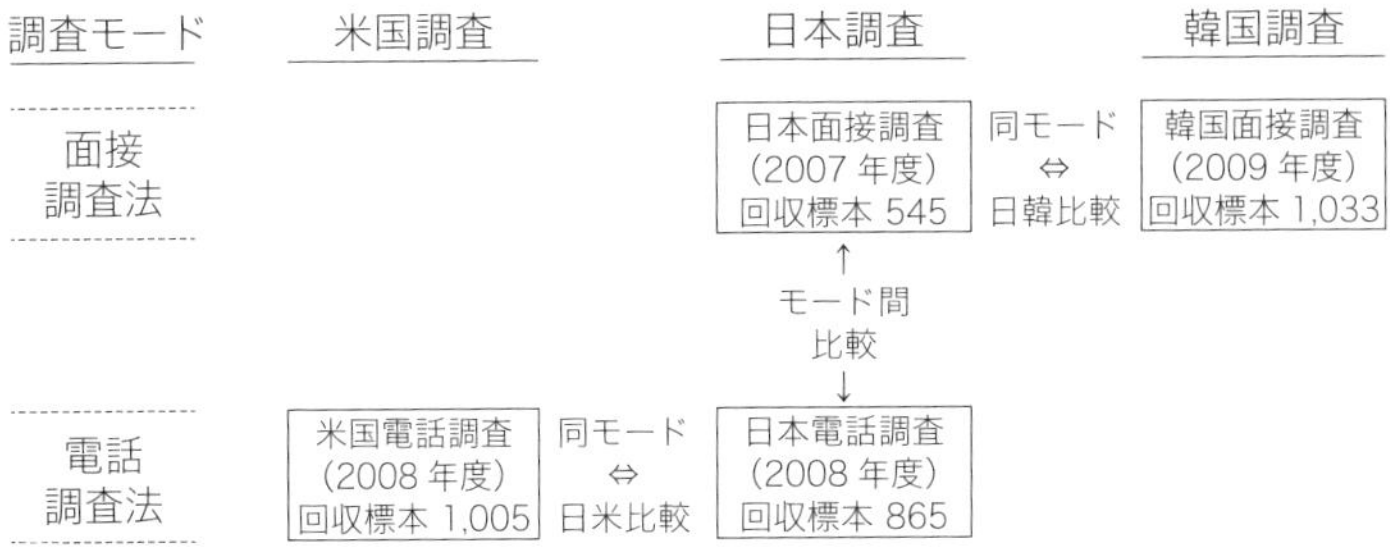

出所：松本（2016）。

識の状況を国際比較の観点で間接的に検討していくこととしよう。

具体的にはまず、ボランティア活動へのイメージ（図では、ボランティアイメージ）と初対面のボランティアへの信頼の2つの意識項目と、ボランティア活動への参加状況についての回答を比較した結果をとりあげる。全体像をわかりやすくするために、結果を要約した図をあらかじめ示しておこう（**図4−3**）。

1つ目のボランティア活動へのイメージとは、「ボランティア活動に対するあなたのイメージは、次のどちらに近いですか。もちろん、場合によって違うでしょうが、あえて言えば、どちらに近いでしょうか」（日本調査での表現）と質問し、「1 ボランティア活動は、何か偽善的な感じがする」「2 ボランティア活動は、心から尊敬できる」の2択でいずれかを回答させる質問である。2つ目の初対面のボランティアへの信頼とは、「あなたがボランティア活動などに参加したとして、そこで初めて出会ったボランティアの仲間を

図4-3　4種類の調査結果の要約

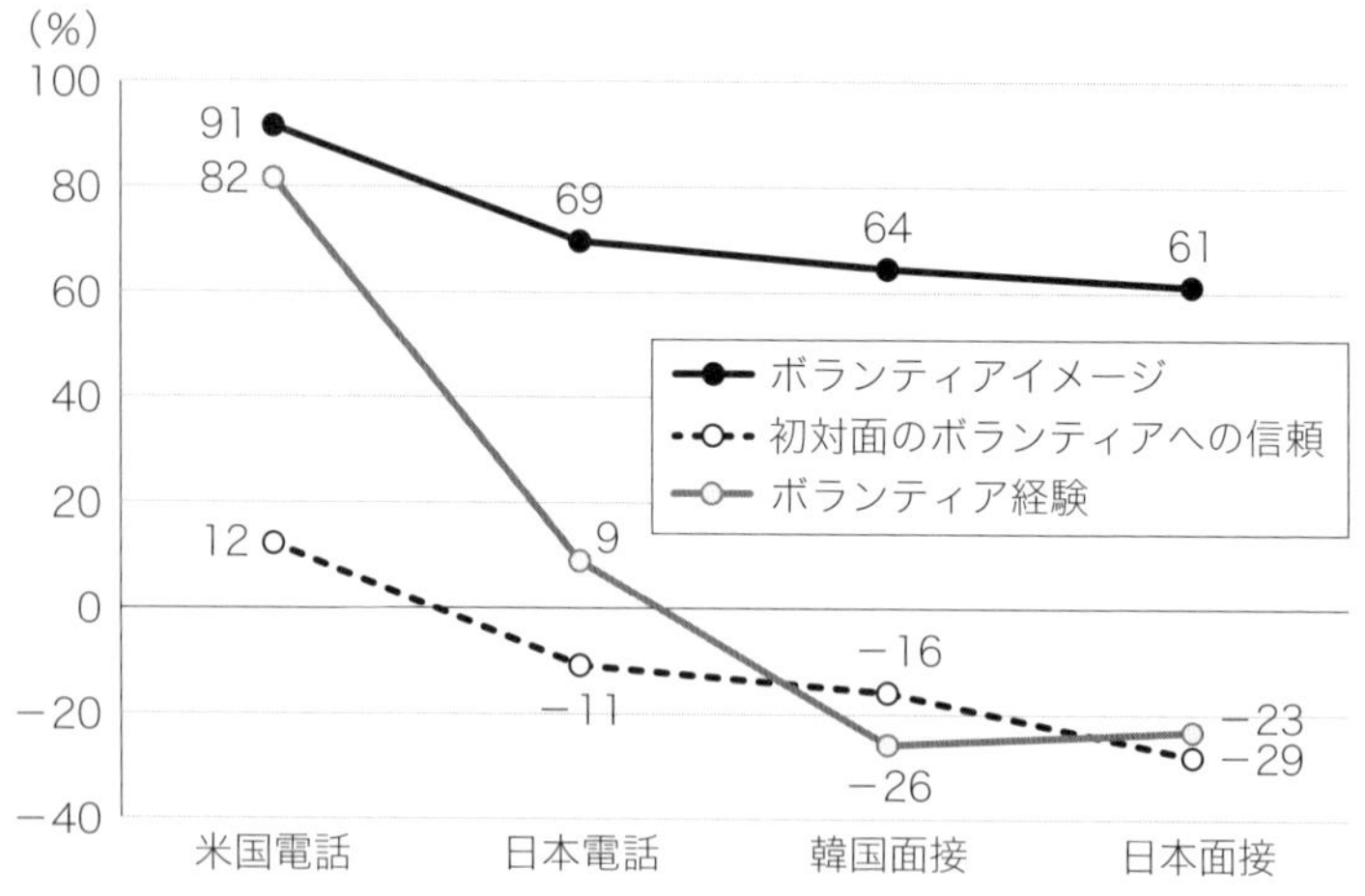

出所：「市民社会調査」（松本 2011）より筆者作成。

信頼できますか。それとも初めて出会った人は用心した方が良いですか」と質問し、「1 ボランティア活動に参加している人は、初対面の人でも信頼できる」「2 ボランティア活動に参加している人でも、初対面の人は用心した方が良い」の2択でいずれかを回答させる質問である。

どちらの質問も無回答（わからない）が生じており、2つの回答割合を合計しても100%にはならない。そこで、**図4−3**では、肯定的な回答（前者の質問の「尊敬できる」、後者の質問の「信頼できる」）の%から否定的な回答（前者の質問の「偽善的な感じ」、後者の質問の「用心した方が良い」）の%を差し引いた値を4つの調査ごとに示している。

ボランティア経験の有無については、

意識ではなく行動を尋ねる質問であるが、参考までに示している。調査によって少し尋ね方が異なるため、詳細は省略するが、経験ありの%から経験なしの%を差し引いて示している。

なお、日本調査の結果を、電話調査の場合と面接調査の場合を比較すると、3項目とも電話調査の方が肯定的な傾向が強く出ている。回答を断りやすい電話調査では、社会貢献意欲の低い人ほど調査から漏れやすいため、社会貢献に肯定的な回答が過大に出やすいのである。この点に注意を払いつつも、順に結果を確認しよう。

ボランティアイメージについての%の差は、米国調査で91%と大きい。日韓両国のどの場合よりも目立って大きい。電話調査ゆえに米国の結果が高めに出ている可能性はあるが、電話調査同士の比較で日本を上回っていることから、日本におけるボランティアに対するイメージの良さは米国ほど高くないことがわかる。一方、日本の電話調査は、面接調査である韓国調査の数値を上回る結果となっているが、日本の電話調査は、日本の面接調査との間ですら明確な差が生じているほどであり、同じ面接調査である日本面接調査と韓国調査の比較では明確な差がない。結局日韓との比較では、はっきりした差が見出せない。

初対面のボランティアへの信頼についての%の差は、米国調査のみが正の値（12%）で「信頼できる」の方が上回っており、それ以外の日韓の調査ではどれも「用心した方が良い」が上回っていた。これについても電話調査同士の比較において、ボランティア活動に参加している初対面の人に対しては信頼できると考える人の割合が日本よりも米国の方が大きいことが確認できる。日韓との比較についいては、ボランティアイメージ同様、日本電話調査であれば韓国よりも高めに出るが、面接調査同士では日本の方が低めに出る。はっきりしたことをいうのは難しそうである。

ボランティア経験の有無の％の差についても、米国が圧倒的に日韓より大きい。電話調査同士の比較でも明らかであり、行動面での差が如実に表れている。日韓比較に関しては、面接調査同士でも日本が上回っているものの明確な差が出ているとまではいえない。

以上、ボランティアイメージ、初対面のボランティアへの信頼、ボランティア経験といった３つの質問項目の国際比較を考えてきた。これらはどれも直接的に社会貢献意識を測定するものではないが、社会貢献意識が低ければ、高まりにくく、間接的に反映するものではある。その点を考慮すると、数値として現れる差は大げさかもしれないが、日本の社会貢献意識は、米国よりも低いと予想せざるを得ない。また韓国との比較も断定的なことはいえないが、それほど変わらない水準にあると予想しても差し支えなさそうである。

3　日本人の社会貢献意識の性質

日本人の社会貢献意識は、ここまでの検討から、長期的には増加してきたこと、そしてその水準は（２０００年代後半において）韓国とは際立った違いが予想できないが、米国と比べると低い水準にあるとうかがえる。日韓両国に比べて、米国の多くの人々は、ボランティアを尊敬し、初対面のボランティアであっても信頼できると考えており、実際にボランティアに参加した経験者が多い現状からそう予想されたのである。

図4-4　公共の利益と個人の権利

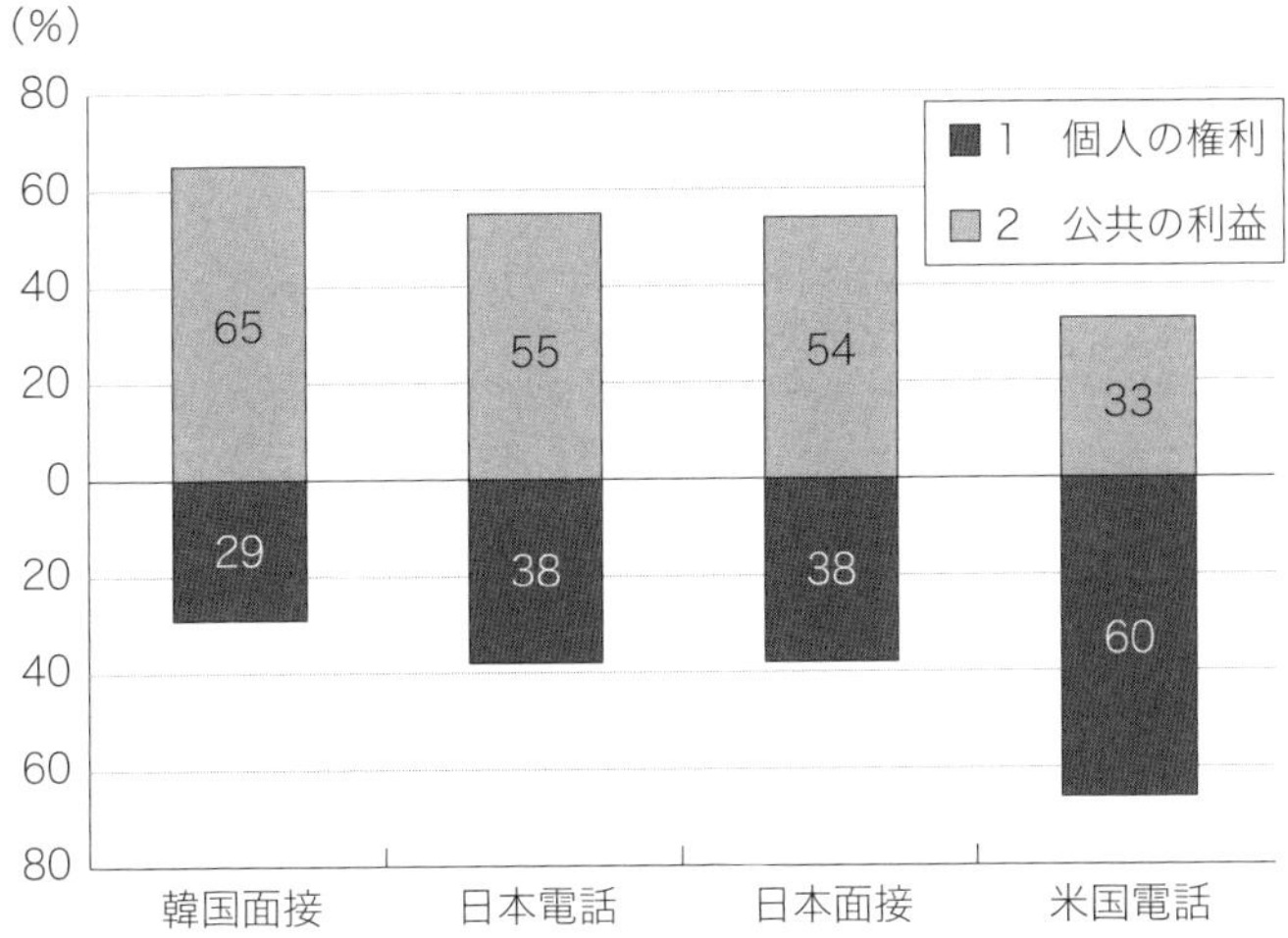

出所：「市民社会調査」の結果をもとに筆者作成。

ただし、この内容の理解には注意が必要であろう。というのも、個人の権利と公共の利益の関係についての質問（２択）では、日本や韓国では、「２公共の利益のためには、個人の権利が多少犠牲になることがあっても、しかたがない」が「１個人の権利をみとめるためには、公共の利益が多少犠牲になることがあっても、しかたがない」を上回っていたが、米国では逆で、個人の権利が公共の利益よりも優先される傾向がみられたからである（**図４−４**）。

図４−３の結果と考え合わせると示唆的である。質問文における公共対個人という文脈で、英語の public interest がどのように理解されるかは個人差もあるだろうが、少なくとも米国における利他的・慈善的行為は、あくまで自

発的な（ボランタリーな）ものこそ尊重されることを表しており、日本や韓国における社会貢献は、公共の利益にかなえばよいのであって自発性を伴うことは二の次としてそれほど意識されていなかったと思われるのである。

社会貢献の意味は、幅広く、人によってその実現の仕方が異なっていることが影響していると考えた方がよさそうだ。過去に筆者は、自分自身と職場とを一体視しない人々の方が、職場とは別の場所で社会貢献を実現したり、利他的な行動をとったりする可能性が高まるメカニズムの存在を指摘している（松本 2007）。日本人の社会貢献意識は、本当は高いのだが、実際に社会貢献を実現する手段としては、「ボランティア」のような形態ではなく、やりがいのある仕事を通じてなど、別の形が好まれるということなのではないだろうか。

注

（1）初回だけ異常に低く、第2回、第3回は5割台半ばとなっている。調査が実施された1974年2月はオイルショックによる混乱が始まった直後であり、例外とみるべきだろう。

（2）「社会意識に関する世論調査」の計画標本サイズ（＝調査対象者人数）は、2019年度まで各回1万人と一定であるので、（役立ちたいと）「思っている」の回答人数を1万で割った値と一致する。

（3）ニックネームのようなもので、「市民の政治参加と社会貢献に関する世論調査――市民社会の国際比較」という正式名がある（松本 2011）。

実務者の挑戦①

日本寄付財団――村主悠真

日本寄付財団での活動を通じて、日本から世界平和を実現するべく、日々世界を回っている。様々な国の首脳たちと対話を重ねながら、その国々への支援を続けている。

近年、世界の中で日本のプレゼンスが下がり続けている、との指摘は多い。しかし、世界の現場を歩いていると、日本人というだけで目を輝かせてくれる親日の国がいまだに多く存在していることに気づかされる。大戦の頃の記憶、日本が地道に続けてきたＯＤＡ支援、根強く残るサムライ人気、日本の新たな代名詞となりつつあるポップカルチャーやアニメ文化、日本製の自動車や家電製品に対する信頼など、日本のポジティブな側面や日本が誇るコンテンツが意外にも世界で浸透していることを日々感じている。

これから訪れる大きなパラダイムシフトの中で、人々の価値観は変容していき、覇権国家のあり方やそれが提供する価値の姿も移り変わっていくと考えられる。そうした中で、日本国として、また日本人として、どのように振る舞うべきかが問われている。

私自身は地球から戦争と貧困を根絶することを目指して日々活動している。そういった問題の現場の最前線にいることが多いので、宗教紛争、領土問題、イデオロギー対立、エネルギー問題など、解決すべき課題の難易度がきわめて高いことを実感している。

数千年にわたって特定地域を奪い合う状態が続いていたり、人種・民族間での争いが繰り返されたりするなど、様々な事情が複雑な歴史と折り重なって積み上がっているので、解決方法も一筋縄ではいかない。

課題解決は遠くから抽象的に考えているだけではうまくいかない。それゆえに、世界の現実を自分の目で直視し、問題の現場にいる人々の生の波動や空気感を体感し、課題認識の解像度を高めたうえで、深く思考することが何よりも大切であると考えている。

最近特に私が力を入れているのが、途上国における教育支援である。世界にはまだ3億人の子どもたちが教育を受けられない状態にある。その数を将来的にゼロにすることを目指している。そのためには、やはり多数の支援者の方の協力が不可欠である。そこで、日本の皆様に現地を実際にみていただくためのドネーションツアーを毎月複数開催している。ツアーを通じて、世界中の学校の現状を直接学んでもらい、支援が必要な学校に対して実際に寄付で協力する仕組みを構築している。

日本にいるとなかなか思いもよらないが、世界の子どもたちの中には、劣悪な環境の中で教育を受けざるを得ない子たちがいる。たとえば、生徒が３００人以上いる規模の学校なのにトイレがなかったり、上下水道が完備されてなかったり、雪国で平均気温がマイナス数十度なのに暖房がなくて生徒も先生もダウンジャケットを着て教室で過ごすのが当たり前だったり、生まれて初めて遊具を体験できて泣きながら喜んでくれたり、といった子どもたちを私はみてきた。こうした世界線で生きざるを得ない子どもたちに、少しでも良い教育環境を提供するべく、寄付を通じた教育支援の拡大を喫緊の課題としてとらえ、活動をしている。

これからの社会では、AIを筆頭にテクノロジーが加速度的に発展していき、人々の余暇時間は増えていく、と予想される。そうした時代の中で、人々はエンターテインメントの充実を今まで以上に求めるようになるはずである。現在でも、スマートフォンを通じたYouTubeやTikTokの隆盛、Netflixを筆頭にした動画配信サービスの発展、キャンプやサウナなどのブーム、といったかたちで、エンターテインメント志向の傾向は観察される。文化やスポーツに興じる人々は、SNSなどを活用してコミュニティを作り、自分だけでなく、仲間と共に遊び、そこで満足を得ている。

しかしながら、そうしたエンターテインメントのコミュニティで閉じた余暇には、早晩「飽き」がやってくるはずである。人は、自分や狭い仲間内で遊ぶだけでは、決して満足できない。そこで新たに求められる時代の潮流が「他者貢献」や「利他精神」ではないか、と私は考えている。労働時間が減少し余暇時間が増えてくることによって、人々は利他行動を今まで以上に積極的に求めていくのではないか。実際、近年ではクラウドファンディングを活用した寄付やふるさと納税が徐々に拡がっている。自分のためではなく、他者のために思考し行動できる人間の価値が、これからは高まっていく。そうした中で、新しい時代に即した新しい寄付のかたちやムーブメントが起こってくるのではないか、と予想している。

自分はどんなジャンルの支援をしているのか。老人介護支援なのか、ペットの殺処分なのか、子ども支援なのか。一口に子ども支援と言っても、障がい者の子ども支援、孤児支援、片親支援、不登校児童支援、里親制度など色々な支援のかたちがある。そうした様々な支援のうち、自分はどれに興味関心をもち、コミットしているのかを、自己紹介の際に一般の人々が自然と口にする。そんな社会貢献や利他が当たり前に行われる時代が、そう遠くない将来に到来する、と私は期待している。

自分のお金や時間、つまりは自分の命の一部を、困っている他人のために直接的に捧げる。そうした利他行動の本当の意味や価値が再評価される時代を少しでも早くたぐり寄せるべく、私は日本寄付財団を通じてこれからも様々な活動を続けていきたい。

第II部

寄付の効果的な集め方

第5章　NPOはどのように寄付を集めているのか？

石田　祐

要点

- 市民活動をベースとするNPO法人の多くが寄付を集められているが、寄付金収入が0円の団体も散見される。
- NPO法人に対する会費・寄付金・助成金などの社会的支援の総額は増加している。
- NPO法人全体でみると、経常収入合計に占める会費・寄付金収入比率は低まっている。
- 長期間活動を継続している団体の多くで会費・寄付金収入が減少している。

1　はじめに：NPOが寄付を必要とする理由

NPOは、活動の性質上、寄付を必要とする団体である。寄付は見返りのない資金提供であることから、提供するサービスとは直接的には関係しないものである。そのように捉えると、寄付は、営利企業がもつ基本的な資金獲得戦略には登場しない財源である。企業は、財やサービスを販売するマーケティング収入を主とし、活動予算を獲得する。NPOも企業同様、財やサービスを供給し、その対価を得る活動を行っているが、NPOが掲げるミッションやそれに基づく活動は、マーケティングによる収入だけでは成立しないことが多い。人々や人々を取り巻く環境が直面している問題を解決しようとするとき、その費用をその渦中の人々が支払う能力をもたなかったり、支払う意思をもたなかったりするからである。

その点では、政府や自治体は、支払い能力にかかわらず、社会が公共財や公共サービスとして必要とするものを供給することができる。別の言い方をすると、政府や自治体は、排他性（料金を支払わないと利用できないこと）や競合性（誰かが消費すると消費できなくなること）をもたず、利潤を生みだせないが、国民や市民が公共として必要としているものを税金等の徴収により供給する。ただし、政府や自治体が対象とできる範囲やスピーディーな対応には限界がある。税金による行政対応を求めるとき、平等や公平という基準に鑑み、一定規模の社会課題や地域課題となっていることが求められがちである。とはいえ、個人や小さなコミュニティで対応しきれない問題もある。

また、社会に対して主張する声が小さかったり、届ける方法が限られていたりして、ニーズが拾われないこともある。

そこにＮＰＯの活動スペースが現れうるというのが、公共財理論に基づくＮＰＯの存在意義に関する説明である。企業や政府・行政が供給しきれないものをＮＰＯが供給することになるが、それはＮＰＯが徴税という仕組みをもたずに、かつ利潤を生み出しにくい市場に参入することを意味している。たとえば、ホームレスや子どもの貧困に関する問題、自然環境や衛生環境の問題を解決するための活動を展開しても、その活動への対価を受益者から受け取ることは望みにくい。そうすると、費用がかかる活動を持続することが難しくなる。ＮＰＯが実施する事業であっても、サービスに直接必要となる備品や消耗品、光熱費や通信費をはじめ、その事業を推進する人材に投じる費用が必要である。ＮＰＯは民間組織であるので、営利企業と同様に、事業にかかる費用を上回る収益がなければ、事業の継続は難しい。

収益を考慮しないで済むように、「ボランティアで実施すればよいのではないか？」という疑問が出るかもしれない。もちろん、ボランティア団体を作って活動する人々もいる。それでうまくニーズに対応できることもある。しかし、事業継続の視点からは、ボランティアの自発性という性格上、サービスが継続しない可能性が高まる。また、資金をかけた事業計画を立てたり、専門的な知見やスキルを活用した支援を行うことも難しい。事業内容によってはそれに見合う資金が必要となる。すなわち、人件費が無償であっても、実施事業に備品や消耗品、旅費や通信費などの費用がかかれば、そのための資金獲得なしには活動が実現しない。つまり、ボランティア団体であったとしても事業にかかる資金を検討しなければならないのである。

「ボランタリーの失敗（Voluntary Failure）」と呼ばれる議論がある（Salamon 1987）。市場や政府が失敗することがあるように、自発的行動やミッションを主とするボランティアグループやＮＰＯもうまくいかないことがある。サービス供給の担い手としての未熟さを抱えたり、共感や資源・資金を得るためのスキルが十分でなかったり、対象とするニーズが小さいゆえに小規模な団体運営に陥りやすかったりする。それらの課題を克服するには、規模を拡大したり、スキルのある人を雇用したりできる事業を展開することが求められる。

したがって、非営利セクターがスキルを活用したサービスを供給する主体として、持続可能性を高めるためには、何かしらの方法で十分なヒトとカネを獲得する必要がある。たとえば、活動に賛同し、ボランティアとして時間を提供してくれる人や、活動や組織を運営する寄付金を提供してくれる人を探すことができる。近年、その依頼方法と提供方法のいずれもが多様化しているが、活動に共感した人々から支援をしてもらえるというＮＰＯの特徴は変わっていない。一方、アウトリーチなく、寄付が勝手に振り込まれる可能性は低い。活動を知ってもらうための広報や、資金提供の依頼や交渉を行うことも必要である。

実際には、「寄付を十分に集められない」という声も多い。そこで本章では、市民活動をベースとするＮＰＯ法人を取り上げ、どれくらいの寄付を獲得しているかを明らかにする。それをもとに今後の非営利セクターと寄付の関係を探りたい。

2　分析データの構築

ＮＰＯ法人の寄付収入をみる方法はいくつかあるが、内閣府の「ＮＰＯホームページ」(https://www.npo-homepage.go.jp）の中に「ＮＰＯ法人ポータルサイト」があり、全団体の一覧や団体ごとの情報をみることができる。特定非営利活動促進法の第29条においてＮＰＯ法人は、事業年度ごとに1回、事業報告書等を所轄庁に提出しなければならない。また、同法第30条において、その事業報告書等を公開することが示されている。

研究するには不便なところもある。現時点では、団体ごとのＰＤＦファイルをダウンロードしなければ分析データを作ることができない。また、定まったフォーマットで記入されていないので、統一可能な項目に集約しながらデータセットを作る必要がある。それでもＮＰＯ法人会計基準の参考様式に準じて作成している団体が多くなったため、時間をかければ、多くの団体の比較分析が行えるようになった。

本研究では、そのように作成したデータセットを利用して分析を行う。このデータセットの原型は大阪大学において構築され（山内ほか 2007）、２００３年度の事業報告書をもとに全国の１万２５０９団体の財務書類をデータベース化することにより、初めてＮＰＯ法人の全体像を示した（山内ほか 2008）。そのデータによる分析によって、財源多様性や財務的持続性の指標や組織の評価に関する議論も展開された（石田 2008; 田中ほか 2010; 馬場ほか 2010）。現在ではＮＰＯ法人の認証数も5万を超えており、全国のＮＰＯ法人の事業報告書を網羅する財務データベースを更新することが難しくなっている。

そこで本章では、宮城県あるいは仙台市を所轄庁としているNPO法人の2019年度事業のデータセットを作成した。1999年に最初のNPO法人が認証されて以来20年になる。2019年度事業の書類の提出を確認できた566団体のデータを用い、2003年度と比較する。2003年度データでは219団体が対象である。2時点のデータには、当時から継続している団体、2019年までに解散した団体、2004年度以降に新たに誕生した団体が含まれている。このデータを用い、非営利セクターの寄付獲得の動向を捉えることにしたい。

3　比較分析：2003年度と2019年度

（1）セクターとしてみる変化

表5-1は、宮城県あるいは仙台市所管のNPO法人の2003年度と2019年度事業の収入の合計である。2003年度は、219団体で約23億円の経常収益であり、22億を支出している。2019年度は566団体でそれぞれ約146億円と143億円となっている。16年が経過する中で、活動金額でみると、NPO法人はセクターとして6倍以上の成長を遂げている。また、団体数が2.6倍になっていることを考慮すると、団体の収入は平均で2.4倍大きくなっている。セクターとしても、一団体としても、社会に与えるインパクトがそれだけ大きくなっている。

個別の項目でみると、会費収入の平均は、2003年度が72万円であったのに対して、2019

表5-1　宮城県のNPO法人の収入内訳

	2003年度事業（n=219）			2019年度事業（n=566）		
	合計	平均値	中央値	合計	平均値	中央値
会費（円）	157,110,589	717,400	110,000	290,297,599	513,801	70,000
寄付金（円）	91,082,610	415,902	0	520,084,239	920,503	0
助成金（円）	283,376,230	1,293,955	0	1,461,125,020	2,586,062	0
事業収益（円）	1,621,744,336	7,405,225	163,630	12,085,943,011	21,391,050	2,261,834
その他収益（円）	193,470,739	883,428	18	212,892,847	376,136	243
経常収益（円）	2,348,590,679	10,724,158	1,727,464	14,570,341,369	25,788,215	5,710,000
経常費用（円）	2,224,700,781	10,158,451	1,661,842	14,266,412,770	25,205,676	5,619,219

出所：筆者作成。

年度は51万円であり、減少している。寄付金の平均をみると、42万円から92万円に増えている。平均値でみると、助成金は2倍、事業収益は3倍ほど増えている。結果、経常収益の平均値も1・1千万円から2・6千万円と2倍以上になっている。

全団体を確認すると、収入が0円の団体が多数いると同時に、5億円以上の収入の団体も存在する。そこで、それぞれの年度の中央値を**表5－1**に併せて示している。項目別にみると、寄付や助成金の中央値は0円である。会費の中央値は、11万円から7万円と減少しており、会員の減少傾向がうかがえる。事業収益の中央値は16万円から226万円に伸びている。収入全体でみても、中央値が1・7百万円から5・7百万円と増加している。一定の人件費を支払うことのできる規模の団体が増えたといえる。

図5-1　経常収益における項目別比率

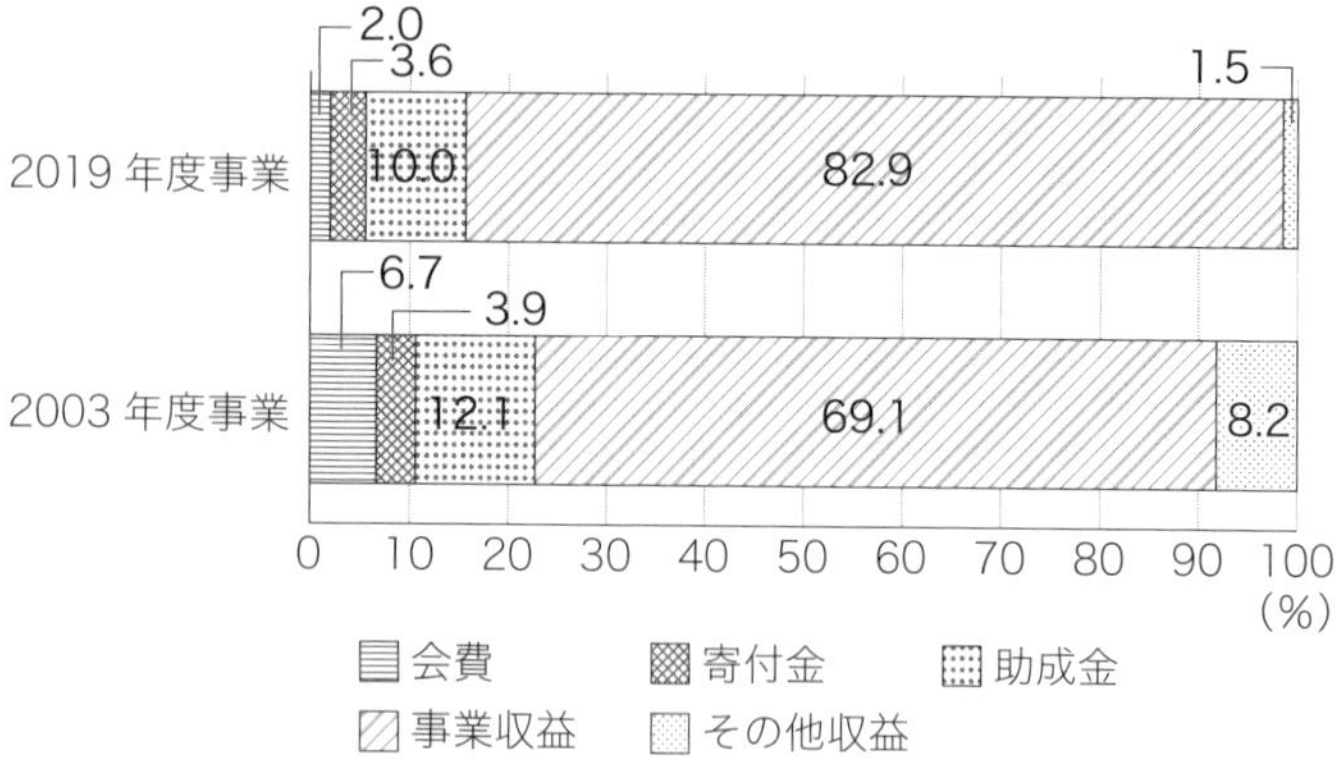

出所：筆者作成。

セクター全体としてみても増加している。平均値や中央値が小さくなっている会費でも、1・6億円から2・9億円へと2倍近くに増加している。寄付も9000万円から5・2億円に増加し、5倍以上に拡大している。助成金も2・8億円から15億円へと約5倍の拡大である。非営利セクターを支援する個人、財団、企業、そして行政のNPOに向ける財源が大きくなっていることがうかがえる。16億円から121億円の事業収益の拡大には行政や企業からの委託事業が含まれている。内訳の金額を抽出できないものの、実態に鑑みるとNPOの収入に大きな影響を与えている。

図5−1は、2003年度と2019年度の宮城県あるいは仙台市が所轄となっているNPO法人の合計でみる項目別の収入比率である。最も大きく変化しているのは事業収益である。2003年度に69％であったものが83％となっ

ている。その結果、社会的支援収入と位置付けられる、会費、寄付金、そして助成金が、それぞれ6・7％から2・0％、3・9％から3・6％、12・1％から10・0％へと比率が低下している。会費と寄付と助成金3つの項目を合計してみると、22・6％から15・6％に減少している。

（2）個別団体の変化

次に、2時点の財務情報が揃う団体に注目し、その変化を比べてみたい。2003年度と2019年度の両方において活動計算書を提出している団体の会費と寄付金収入の合計額を算出し、その分布と変動を比較する。

図5－2は、会費と寄付金の収入合計額を、2003年度の事業収益の大きさ順に左から右に並べたものである。2003年は事業収益規模の大きな団体において会費・寄付金収入額が200万円から600万円当たりに分布している。それらのうち多くの団体が2019年には200万円未満に減少している。かたや、事業収益規模がそれほど大きくない団体（20～30番、200～500万円程度）において100万円から300万円ほどの寄付を得ている団体が散見され、活動資金の多くを会費と寄付金で賄っている様子がうかがえる。全体をみると、中には1000万円を超える寄付を集めている団体も存在する。

図5－3は、2003年度と2019年度でどの程度会費・寄付金収入が変化したかを比率で表し、それを同じく2003年度の事業収益の大きさ順に並べたものである。0％のラインは会費・寄付金収入額に変化がなかったことを示しており、マイナス100％は0円に、100％は

図5-2　2003年度および2019年度のNPO法人の会費・寄付金収入（宮城県，n=75）

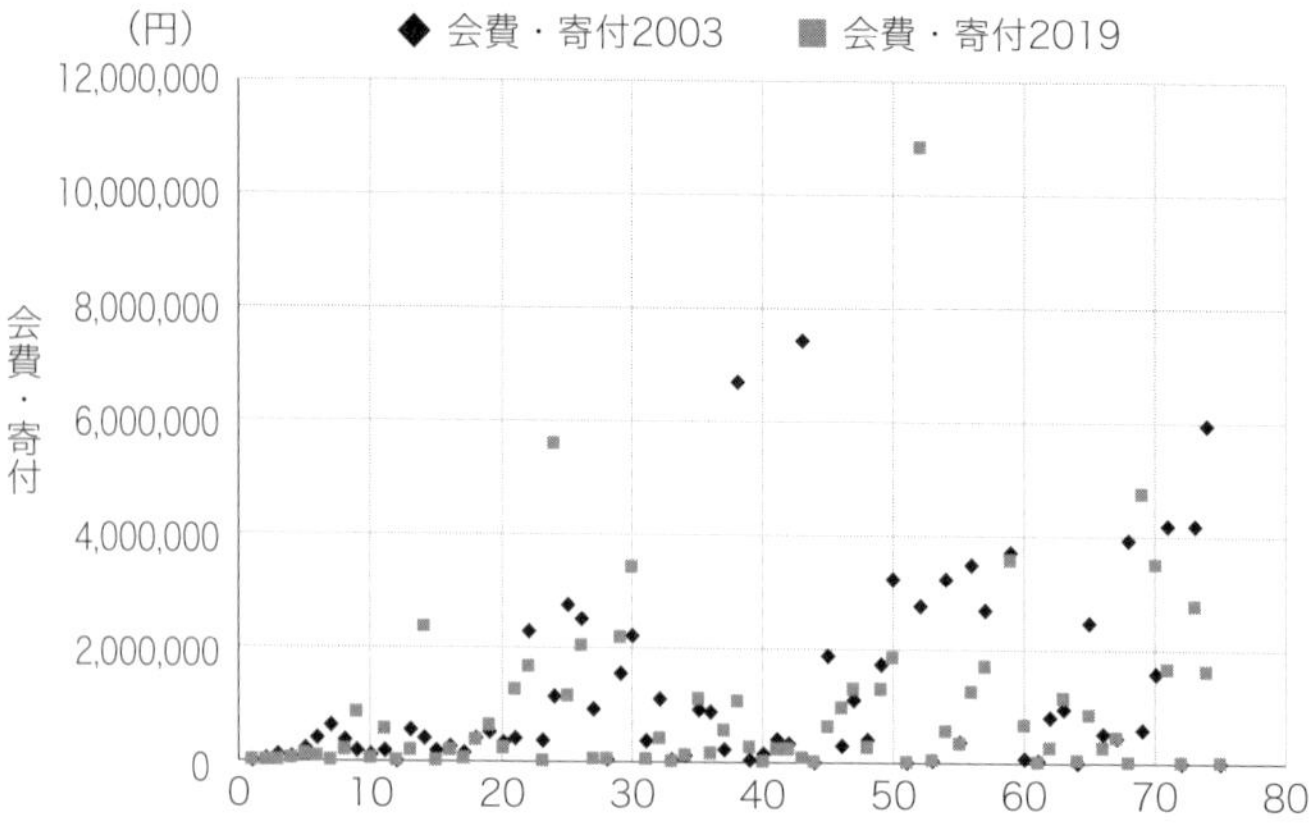

出所：筆者作成。

２００３年度の2倍になっていることを示している。経常収益合計の大きさにかかわらず、２０１９年度のその収入額が２００３年度よりも少なくなっている団体がほとんどであることがわかる。増加しているのは、69団体のうち19団体（27・5％）である。最も伸びている団体では9倍以上の大きさとなっている。

4　非営利セクターにとっての寄付金収入の課題と展望

最後にＮＰＯにおける寄付獲得の課題と展望について整理したい。**表５－１**の中央値からわかるように、寄付金を獲得できている団体は、２００３年度も２０１９年度も半数に満たない。共感や応援の要素が強く、寄付の性格を有するＮＰＯの会費は、中央値が０円ではないものの、平均値と中央値のいずれも

図5-3　NPO法人の2003年度および2019年度の会費・寄付金収入の変化率（宮城県，n=69）

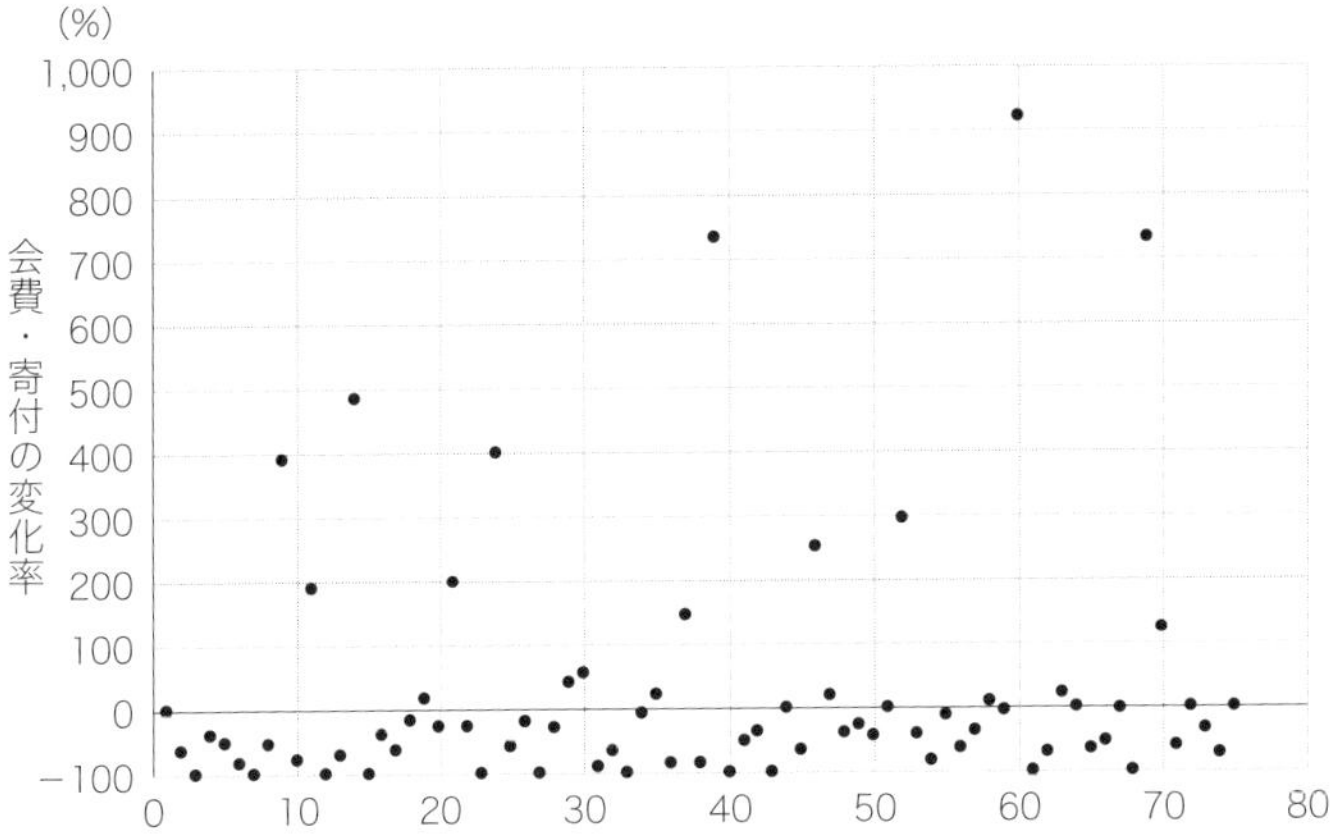

出所：筆者作成。75団体のうち，5団体は2003年度および2019年度の寄付収入が0，また1団体は2003年度が0であったため，変化率には含まれていない。

減少している。つまり、NPOにとって有利な財源であり、NPOを特徴づける寄付という社会的支援を受けながら活動できている団体は多くない。ここでは寄付を受けられている団体と受けられていない団体の背景に迫ることはできないが、団体の活動や運営の理解者であり、支援者である正会員や賛助会員を確保できていなかったり、個人や企業に向けたファンドレイジングが十分に展開されていないことが推察される。

一方、今後のさらなる発展が期待される面もある。**表5－1**の通り、会費の合計金額と平均金額が増加しており、社会が非営利セクターを支援する傾向がみられる。団体の経常収益も正規職員を雇用できる規模になりつつある。正規職員の存在は、専門スキルを活用した事業実施や経営につながる。

本章では宮城県・仙台市のNPO法人を対

象としたが、全国のNPO法人や他の法人格のNPOを加えてみると、寄付総額はもっと多くなる。首都圏や大都市圏には、一団体で数十億円から百億円水準の寄付を集められる、ファンドレイジングに長けたNPOもある。それ以外にも、少額ではあっても継続的に寄付を集められている団体もあるし、キャンペーンやクラウドファンディングを活用して短期で数百万円や数千万円の寄付を集められる団体もある。一方、効果的なファンドレイジングが行えていない団体や、寄付獲得にそもそも乗り出せていない団体もある。

寄付を募るツールやチャネルも多様になっている。ICTやSNSなどのデジタルの活用、ファンドレイザーやプロボノを活かした資金調達や広報戦略などが進んでいることに加え、「ソーシャル」を重視する傾向がCSRやSDGsの普及もあってビジネスセクターでも強まっている。また、市民や学生らの社会貢献意識も強くなっているし、ボランティアや寄付の行動にも現れている。それらを考慮すると、非営利セクターを支援する潜在的な財源はまだ開拓の余地がある。さらには、支援したい人と支援を必要としているNPOのマッチング方法も進んでいるが、地方や目立たない団体には十分に届かないことも多い。さらなる仕組みの開発や団体のアウトリーチ活動によって、寄付を活用した社会課題解決や価値創造を推し進めることができるだろう。

第6章　どうすれば共感ベースの寄付を増やすことができるのか？

瀬上　倫弘

要点

- ○ファンドレイジングは社会課題への理解や共感を通じての財源獲得のことである。
- ○ファンドレイジングの共感メカニズムには４つの構成概念が考えられる。
- ○共感を伴わない寄付も考えられる。
- ○カントは「義務の動機」からなされた寄付こそが道徳的な価値をもつと考えた。
- ○寄付者の６割が抱く「社会の役に立ちたい」という思いは共感的な内面の現れである。

1　ファンドレイジングとは

ＮＰＯ法人等が、活動のための資金を個人・法人・政府などから集める行為を総称してファンドレイジングという。一般的には寄付や会費、助成金など支援性資金の獲得を指すが、狭義では寄付集めのみを指し、最広義では事業収入や融資など財源獲得全般を含める。

日本語訳では資金調達とされることも多いファンドレイジングであるが、企業における通常の資金調達の意味とはやや異なる。企業における資金調達は、株式の発行による資本（自己資本）による調達と、社債の発行や金融機関からの借り入れなど負債（他人資本）による調達と解される。一方、ファンドレイジングでは、単なる資金集めの手段という意味を超え、社会課題への理解や共感を通じての財源獲得と解されている。活動資金の調達という結果のみならず、その手段において自団体の活動が解決を目指す社会課題への理解・共感といった要素が特徴的といえる。社会課題への理解やその解決へのコミットメントなしに、闇雲に活動資金を調達することはファンドレイジングとはいえない。ＮＰＯ法人等におけるファンドレイジングはフィランソロピー的要素をもった経済活動であり、単なる資金調達とは異なるのである。

2　ファンドレイジングと共感メカニズム

図6-1　共感の組織的モデル

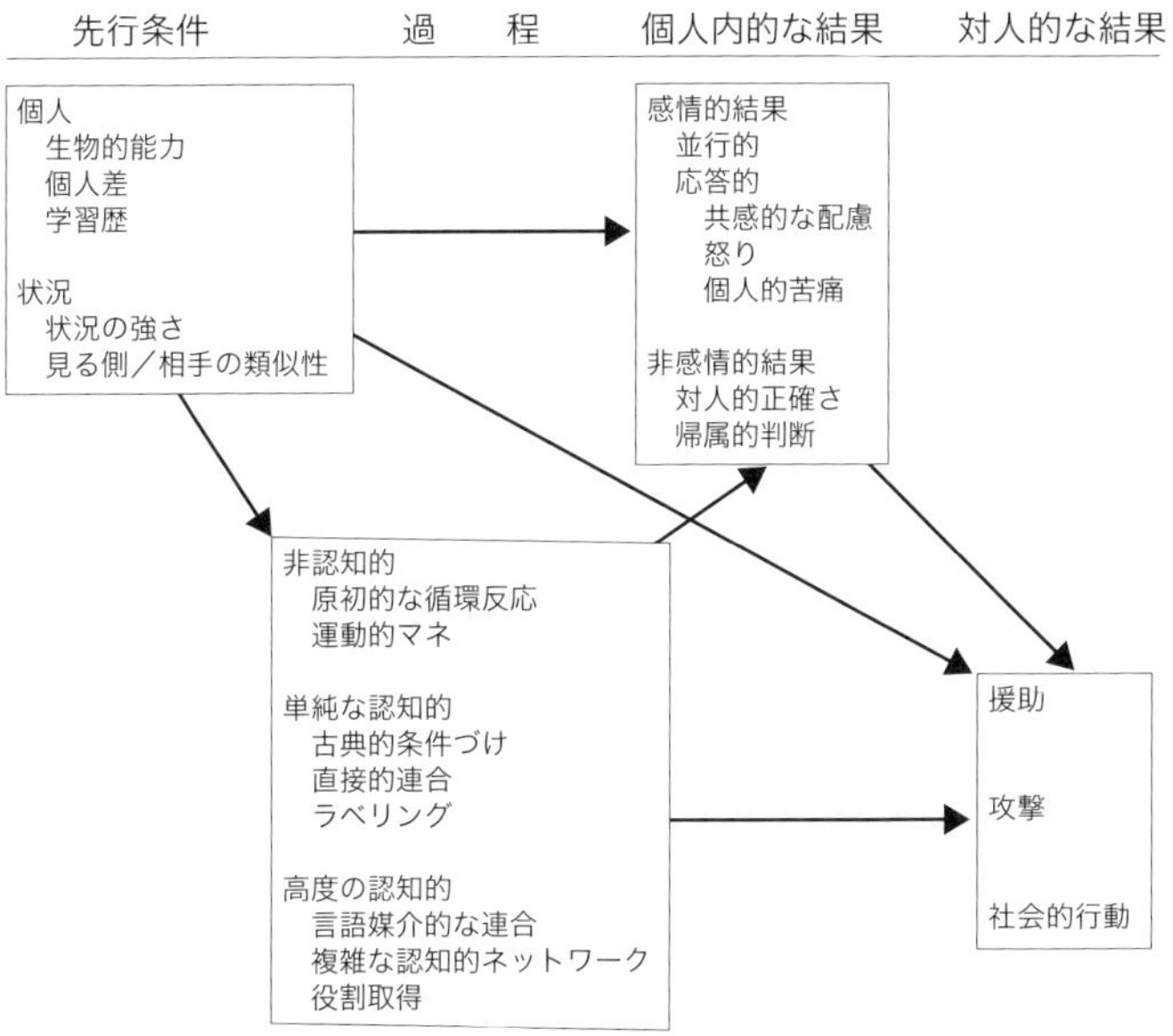

出所：Davis（1996: 14）図 1.1「組織的モデル」。

ファンドレイジングの特徴的要素である共感という点について、もう少し掘り下げて考えてみたい。

ファンドレイジングにおける〈共感〉についてその構造（メカニズム）を検証するために、共感についての研究者であるマーク・H・デイヴィスによる組織的モデルを参照する（Davis 1996）。デイヴィスは、社会・性格心理学の視点から、現在の共感研究についての集約を行い、共感の定義について先行研究を整理し、問題点を抽出して、共感の定義を概念的な枠組みに分類して組織的モデルを導いた。こ

図6-2　寄付と共感メカニズム

〈先行条件〉
見る側の共感能力，見る側に反応を
引き起こす状況の強さ，見る側と相手の類似性

↓

〈過程〉
共感的な結果が生み出される特定のメカニズム

↓

〈個人内的な結果〉
個人内的な結果としての共感的な配慮

↓

〈対人的な結果〉
相手に向けられる行動的反応としての寄付

出所：筆者作成。

れまでの研究による理論的文脈（先行研究の経緯）を組織的文脈（整理・統合）に落とし込み、概念的な枠組みに分離した（モデル化）。その要旨だけを記すと、他人の経験について個人が抱く反応を、みる側の内部で起きる過程と、感情的・非感情的な結果からなる４つの構成概念に分類し、その構成概念の間の結びつきを強調して、共感の組織的モデルを導いたのである（**図６−１**）。４つの構成概念とは、〈先行条件〉、〈過程〉、〈個人内的な結果〉、〈対人的な結果〉と説明される。

　デイヴィスの研究を敷衍してファンドレイジングにおける共感のメカニズムを整理すると、**図６−２**のような経路で、ファンドレイジングの結果としての寄付が行われると考えることができよう。

3　共感メカニズムの具体的事例

抽象的な概念操作が続いたので、ここで具体的事例を紹介して共感メカニズムを解説してみよう。筆者が監事を務める認定NPO法人こまちぷらすは、横浜市戸塚区で、「子育てをまちの力でプラスに」をコンセプトに、子育てが「まちの力」で豊かになる社会を目指して活動する。孤立した子育てをなくし、それぞれの人の力が活きる機会をつくることをミッションとし、まちの中で我が事として子育てに関わる人を増やすこと、対話の場と出番をつくることに取り組んでいる。こまちぷらすが営む事業の中心であるこまちカフェでは、特に孤立しやすい出産直後の赤ちゃんから未就園児の子どもをもつ親がリフレッシュできるよう、地域のボランティアによる見守りつきのランチを提供している（図６−３、図６−４）。

図6-3　こまちカフェ

出所：認定NPO法人こまちぷらす提供。

こまちぷらすが実施するファンドレイジングに「恩送りカード」というものがある。これは、南イタリア・ナポリのカフェで１００年ほど前に始められた「恩送りコーヒー」からヒントを得て始めた仕組みである。送り主が指定した条件を満たしているカードを選んで、カフェ来店者がドリンクを送り主の厚意で１杯飲むことができる。手順としては、①送

図6-4　見守りボランティア

出所：認定 NPO 法人こまちぷらす提供。

図6-5　恩送りカード

出所：認定 NPO 法人こまちぷらす提供。

り主が1000円でカードを1枚購入、②プレゼントしたい相手の条件を指定、③条件に該当する来店者はその券を使い無料でドリンクを飲める、④送り主へ返事を書く、⑤店内に配架、という流れになる。こまちカフェの恩送りカードは寄付付きとなっており、寄付の部分はこまちぷらすの活動資金となる。こまちカフェ内には、この恩送りカードが利用され送り主への返事が掲載されたカードが掲示されている。恩送りカードの利用者が、さらに恩送りカードを贈ることもある。恩送りカードを使った利用者が、さらに恩送りカードを購入して次の人につないでいくことで（ペイフォワードの発想）、送った人も送られた人も幸せな気持ちになってもらえるという仕組みである（瀬上・米田 2022）（**図6－5**）。

ある恩送りカードには、次のような条件とメッセージが書かれていた。「（条件）受験生を持つお母さんへ（メッセージ）コロナでは休校が続き、学校説明会がたてこんで、本人はこの半年に対して不安を持っている……のはわかっているのに優しくなれない。受け止められる母親になりたいです」この恩送りカードによる寄付を、先述のファンドレイジング

図6-6　恩送りカードと共感メカニズム

〈先行条件〉
受験生を持つ母親

〈過程〉
恩送りカードを購入することによって，その場にはいない人と，
カードとその利用によるドリンクの提供を介して，つながることができる

〈個人内的な結果〉
同じような状況・立場にある人と気持ちを共有し，また励ましたいという思い

〈対人的な結果〉
恩送りカードの購入によりドリンクを贈り寄付する

出所：筆者作成。

における共感メカニズムの観点からみてみよう。恩送りカードの送り主は、「受験生を持つ母親」という特性をもっている（みる側と相手の類似性としての〈先行条件〉）。恩送りカードを購入することによって、その場にはいない人と、カードとその利用によるドリンクの提供を介して、つながることができる（共感的な結果が生み出される〈過程〉）。そして、同じような状況・立場にある人と気持ちを共有し、また励ましたいという思いから（〈個人内的な結果〉としての共感的な配慮）、恩送りカードの購入によりドリンクを贈り、寄付したのである（〈対人的な結果〉としての寄付）（図6－6）。

どうだろうか、こまちぷらすの恩送りカードには、ファンドレイジングにおける共感メカニズムを見出すことができるのではないだろうか。

このように、ＮＰＯ法人等において実践されているファンドレイジングを検証してみると、

その構造には共感メカニズムを見出すことができる。そこから演繹的に考えると、ファンドレイジングには共感を生み出すような要素を盛り込んでいくことが必要となろう。繰り返しになるが、社会課題への理解やその解決へのコミットメントなしに、闇雲に活動資金を調達することはファンドレイジングとはいえず、共感がファンドレイジングにとっては何より重要である。その点を十分念頭に置いてファンドレイジングを実践する必要がある。

4　共感なき寄付

ファンドレイジングには共感を生み出すような要素を盛り込んでいくことが必要であるとして、寄付と共感という点に焦点を当てて考えてみると、「共感なき寄付」にみえる寄付も考えられるのではないだろうか。当該社会課題を解決することへの共感なく寄付をしているようにみえる場合である。読者の皆さんも読み進める前に少し考えてみてほしい。

たとえば「ふるさと納税」はどうだろうか。ふるさと納税とは、自分の選んだ自治体に寄付（ふるさと納税）を行った場合に、寄付額のうち2000円を超える部分について、所得税と住民税から原則として全額が控除される制度である。

「納税」という言葉がついているが、実際には都道府県、市区町村への寄付である。このふるさと納税に対する返礼品をめぐっては議論がある。寄付をした自治体から高額なお礼品が届くことがあり、それが地域の名産品にとどまらず日用品にまで及んでいる。そうすると、自分の住んでいる自治体以外の自治体を支援するという目的から外れ、中には返礼品目当てでふるさと納税を、すなわち寄付をする人もいるのではないかとも考えられる。自分の望む返礼品のためだけに寄付をするのであれば、これは「共感なき寄付」ではないだろうか。

寄付とは対価性のない任意の金銭・物品の提供である。一方で、ふるさと納税は返礼品という対価が事実上認められており、本来の寄付とはいえないと解すべきであろう。

5　義務からの寄付

現在のふるさと納税から一転し、次に哲学的な観点から「共感なき寄付」を考察してみたい。18世紀を代表する近代哲学の祖で知られるイマヌエル・カントの「道徳的な人間嫌い」(1)の考えからすれば、「義務の動機」からの利他的な行動、すなわち「義務の動機」からなされた寄付こそが道徳的な価値をもつことになる。そうすると、共感なき「義務の動機」からの寄付もあるのではないか。

共感は、字義的には他人の意見や感情などに「その通りだ」と感じることと解釈されている。困っている人（あるいは社会課題）の話を聞き、同情や思いやりといった共感から、その人（社会課題）を助ける（解決する）ために寄付をする。その場合には、共感が動機となって寄付行動がなされている。しかしカントによれば、ここには道徳的な価値はないことになる。利他的な人間の思いやりは称賛と奨励に値するが、尊敬には値しないとされるのである。

ここでカントが言う道徳的とは、行動がもたらす結果ではなく、その行動を起こす意図に依るのであり、自己が定めた法則に従って、自律的な行動をとることとされる。自律的とは、目的そのものを目的そのもののために選択することである。他者を助けるという善行をなすことで喜びを感じるという傾向性からの動機ではなく、ひとえに義務の動機から（そうすることが正しいから）の行動にのみ道徳的な価値が付与されることになる。可哀そうな人は助けるように教育されたから助けるとか、そうすることによって相手によく思われたいから施すのではなく、そうすることが正しいのでそうすべきという法則（定言命法）に従って行動することにのみ、道徳的価値が見出されるとカントは説くのである（竹田 2010）。そして道徳的な行為についての義務を、「なさなくても別段非難されないが、逆になせば功績となる義務」（不完全義務）として、「なせば非難されるが、なさなくても別段称賛されない義務」（完全義務）と峻別する（中島 1997）。

他人を助けることは義務だと考えていれば、そこに喜びや満足感といった傾向性が介在していたとしても、カントのいう道徳的な価値は損なわれないことになる。カント的考察からは、寄付には①共感からの寄付、②義務からの寄付、③共感と義務からの寄付、の3類型が考えられることになる。カントによれば②は道徳的価値をもつが、①にはそれがないことになる。そして、共感なき寄付として②義務からの寄付が存することになる。

観念的な話が続いたが、では具体的にどういった場合が、共感なき②義務からの寄付に当てはまるのであろうか。

「困っている人は助けるべき」、「社会課題は解決すべき」など、そうすることが正しいという義務感には、多くの場合は思いやりや同情の感情が併存するが、そうではなくても、つまり「可哀想だから助ける」といった傾向性がなくても、「そうすべきだから助ける」との自律的な義務からなす寄付が、共感なき寄付として考えられることになる。きわめて限定的な場合のように思われるが、たとえば、会費的な要素をもつ寄付（共同募金や町内で集められる義捐金など）が近い性質をもっているかもしれない。当該地域の社会的慣習なので町内会費（あるいは義捐金）は払うが、共感しているというわけではなく義務だからやっている、といったケースである。これらは多分に政策的な要素ももち合わせる。

また、②義務からの寄付については、規範に沿っていることで行動せざるを得ないという動因にはなるが、自らの思想信条や価値観からの同意はない。これは、共感にはあてはまらないことになる。ファンドレイジングにおける共感とは、他者の感情状態を共有する感情的な反応であり、能動的な感情移入と考えられる（瀬上 2021）。共感は、ある一定の価値判断への同意を意味し、価値観（～が美しい、～が正しい、～が美味しくない）であるがゆえに、同意に基づき、感情が伴うことになる。同意できるので、感情も刺激される。規範に沿っているからというだけでは、他者の感情を共有しているわけではない。また規範に沿っているから行動するというだけで能動的に他者へ感情移入しているわけでもない。ある社会のルールを必要なルールだと思っていたとして、自分の思想信条や価値観から同意していない場合には、その社会のルールに基づいた判断に従っても、そこに共感はないのである。つまり、道徳や倫理は理性の機能であり、共感は感性の機能であって、互いに相容れない。カントの場合における義務からの寄付は理性の機能であり、共感を動因とするファンドレイジングは感性の機能であって、両者は異なるのである。

共感なき寄付については、カントの哲学的特徴としての理性中心の思想が色濃く反映されており、理性ありきの議論となっている。また、カントは、道徳的であるとは自律的な行動をとることとするが、通常道徳的とは、思いやりや倫理観といった内容を伴うものと一般的には解されている。つまり、カントにおける共感なき寄付の議論は、感性を排除した理性中心の議論であり、道徳的であることも独自の定義がなされている。

共感＝憐憫・同情といった傾向性がないようにみえても、そこには心の動きはあるはずである。心の動き、感性が影響を与えているはずである。カントの言うように理性一辺倒に、自分の定めた規律に従い自律的に行動しているようにみえても、そこには感性が影響を与えた心の動きがあるはずである。その点で、カントのいう理性のみの道徳的な寄付は想定が難しい。理性のみの一元的構成には限界が感じられ、感性の、あるいは感性と理性の二元的構成が寄付の動因となっていると考えられるのではないか。先の分類でいえば、②義務からの寄付も、①共感からの寄付や③義務と共感からの寄付のいずれかに還元されることになる。

6　「社会の役に立ちたいと思ったから」

寄付行動には多くの場合傾向性、すなわちその人の性質としてたとえば習慣的に思いやりある行動をとるといった傾向が介在する。カントが想定する共感なき義務からの寄付は、きわめて例外的な場合である。そうであるならば、寄付を集めるファンドレイジングを考える上では、傾向性に働きかける手法を検討すべきだと考える。つまり、効果的なファンドレイジングを検証する上では、寄付とはどうあるべきかや、美しい寄付とは何かが重要なのではなく、どのようにすれば寄付が集まるのかが検証すべき要素となる。その点では、実際に寄付をした人たちの寄付の理由を参考とすべきであろう。

この点、寄付を行った人へその理由を調査した結果（内閣府 2018）によれば、寄付を行った人のうちの約6割の人が「社会の役に立ちたいと思ったから」と回答している。では、この「社会の役に立ちたい」という思いは、どう解釈すべきか。

人は社会的な存在として社会との交点で自分の行動を正当化している。役に立ちたいとの思いは、社会の中での自己正当化であるかもしれない。あるいは、社会の役に立つということが自分のあるべき姿、なすべき行動であるとして自己実現の現れであるかもしれない。本人の内面的な要素としては、マズローの欲求5段階説(2)における承認欲求であるかもしれないし、あるいは自己実現欲求であるかもしれない。一方で、社会の役に立ちたいということの外面的な要素としては、市民社会における種々の社会課題・問題に対して、寄付という形で間接的に貢献し、解決することに関わるということである。そこには、社会課題に対する理解と共感が大いに関係すると考えられる。この外面的な意味合いから内面的な意味合いを照射すると、「役に立ちたいので」という理由は、役に立つことが正しいことであるからというよりは、共感的な内面の現れであると解することが素直であろう。寄付は感性の領域であり、そこでは共感が重要なファクターなのである。

注

（1）たとえば、利他的な人間が人間性への愛を打ち砕かれるような不運に遭遇したとする。彼は人間嫌いになり、同情も思いやりもなくす。ところが、この冷血漢が普段の無関心さを脇に置いて、他人を助けに向かう。助けたいという思いは全くないが、「ひとえに義務のため」に。このとき初めて、彼の行動は道徳的な価値をもつ（Sandel 2010）。

（2）アメリカの心理学者アブラハム・マズローが提唱した理論で、人間の欲求は5段階のピラミッド（第一階層「生理的欲求」、第二階層「安全欲求」、第三階層「社会的欲求（帰属欲求）」、第四階層「承認欲求」、第五階層「自己実現欲求」）のように構成されていて、低階層の欲求が満たされると、より高次の階層の欲求を欲するとされる。

第7章　ギビングサークルとは何か？

細海　真二

要点

- ギビングサークルは、個人の寄付をプールし、自分たちが支援したいNPO等に寄付をする市民フィランソロピーの団体である。
- 米国には2500団体のギビングサークルがあり、15万人が関与し、寄付総額は13億ドルに達する。
- 財団によるフィランソロピーには様々な類型があるが、その実践には偏向がみられるケースがある。
- NPOは資金面での支援を受けるだけでなく、市民の関与と連帯という無形の財を得ることができる。
- 日本では認知度が低く黎明期にあるギビングサークルの活動は、効果的利他主義の実践である。

1　寄付のサークル活動

社会課題の解決には税金が投入されてしかるべきだろう。ところが現実には税金が投入されるまでの政策形成に相当な時間を要していることがわかる。問題に直面し当事者が声をあげ、市民活動家やＮＰＯが問題を取り上げ、活動を本格化させてから実際に制度として定着するまでには長い年月がかかる。

待機児童の問題が世間の注目を集めた「保育園落ちた日本死ね」というＳＮＳの投稿から、保育園整備が国民的関心事項になったことは記憶の片隅に残っているだろう。また性暴力やＤＶ被害者女性を一時保護するシェルターが開設され、その後ストーカー規制法[1]が制定されたことなどの事例もある。これらは長期間にわたる市民運動が端緒である。問題の発生から社会制度の定着までの期間、活動の財務面を支えるのは、寄付や会費、ボランティアなどの民間資源である。ニートや引きこもり、ヤングケアラーや医療ケア児、さらにＬＧＢＴＱ、同性パートナーシップ制度など、現代社会には多種多様な課題があるが、これらに対応する制度設計、またその前段階となる課題の認識と社会全体での共有、コンセンサスの醸成に至る道のりは長く、活動にはリソースを必要とする。

私を含めて多くの人は、「赤い羽根」や「緑の羽根」共同募金に寄付をしたことは一度や二度ではないだろう。しかし、寄付の使途がどのようになっているか関心をもっている人はどの程度いるだろうか。寄付をすること自体が目的となり、その行き先への関心は必ずしも高くはないと考えられる。そのような中で、グループを形成しＮＰＯや福祉施設に支援を行っている人たちがいる。個人の寄付をプールし自分たちが支援したい団体に寄付をするサークル、これがギビングサークルである。もとは１９９０年代アメリカにおいて自然発生的に始まった活動が端緒とされ、２００４年時点で全世界に約２００の組織が確認された。フィランソロピー・トゥゲザーというサイト(2)によれば、米国に２５００団体のギビングサークルがあり、15万人が関与し、寄付総額は13億ドルに達するという。ギビングサークルの活動は、コミュニティ基金や政府、地方自治体の主導で組織される場合もあり、成長の可能性を秘めている。ギビングサークルは寄付行動をより意義深いものにし、個人の寄付を組織的かつ効果的に活用する手段として注目されているのである。

２　ギビングサークルの特徴

ギビングサークルは、ＮＰＯへの寄付を通じて社会貢献活動を支援する新たなフィランソロピーの形態である。このサークル活動は、ギビング（分かち与える）というプロセスを通じて社会への貢献にコミットするものであり、その特徴はメンバー同士の連帯感の深さにある。

個人単位での寄付に比べて、ギビングサークルの活動は多様な視点を生み出し、持続的な取り組みによって安定的な支援活動を行うことができる。関係者の中には、サークルでの交流が非常に楽しいという理由から活動に参加している人もいる。地域社会への支援を目的とするだけでなく、人々が生涯にわたって続く絆を築くために集まっているという点でも、ギビングサークルは魅力的な存在といえる。また、アカデミアの注目も高まっている。

◦ベアマンは、ギビングサークルを地域社会の問題に対する市民の関心と支援の仕組みと述べている (Bearman 2007)。

◦ジョンは、ギビングサークルを相互に関心を寄せる組織を支援するためのリソースをプールすることと定義している (John 2017, 2018)。

ジョンはまた、ギビングサークルの目的がＮＰＯに対する間接的なサポートや能力構築支援であり、個人の活動をスケールアップさせるためには、企業や財団が触媒としてバックアップすることの重要性を強調している (John 2014)。

3　フィランソロピー財団の寄付の問題点

公共サービスの提供において、低品質なサービスが供給されることは「政府の失敗」の一例とされている。一方で、規制を大幅に緩和し市場に委ねることにも弊害が指摘される。市場は、私的財の効率的な提供に適しているが、公共財の提供には適していない。市場では効率的に提供されない可能性が高い「市場の失敗」の事例は多岐にのぼるが、このような「政府の失敗」、「市場の失敗」が、民間非営利組織による財の供給の正当性を主張する論拠となっている。では、非営利組織にも失敗は存在するだろうか。ここで注目したいのは、非営利組織の資金供給元の１つであるフィランソロピー財団（以下、財団）である。米国には10万を超える財団が存在するが[3]、その資金支援には大きな偏りがあることが指摘されている。

耳慣れない表現だが、カラーブラインド・フィランソロピーという言葉がある。これは、人種や民族性に関係なく、すべての人に平等に慈善活動を行うことを指すが、一方でマイノリティが直面する構造的な問題に目を向けず、彼らの声を無視する可能性があることが指摘されている。黒人やヒスパニック系のＮＰＯ等への支援はきわめて少ないことは、カラーブラインド・フィランソロピー[4]が実際にはなされていないことに一因があるとみられる。

多くの国で、政府は財団の活動を支援するために税制上の優遇措置を設けている。一般的に、財団は所得税や贈与税などの一部の税金が免除される。このような免税措置は、財団が資金を集めやすくし、その資金を公益活動に充てることが期待されているからである。ところがその財団から振り向けられる資金に偏重がみられることは看過できない。財団の運営における透明性の確保が課題とされる所以である。このような偏向を少しでも是正することができる市民フィランソロピーの活動が注目されているのである。

図７－１は、フィランソロピーの概念の相違についてまとめている。以下に財団の活動理念を整理しておきたい。

社会正義のフィランソロピー（Social Justice Philanthropy）は、資源や機会の不平等や社会的な問題に対処するために、富や資源を分配する際に社会的な正義や平等性を重視するアプローチである。

図7-1　財団，個人，グループによるフィランソロピーの概念

フィランソロピー財団の活動理念	個人のフィランソロピー	個人がグループとして活動するフィランソロピー
社会正義のフィランソロピー	ボランティア活動	ギビングサークル 寄付を通じて社会的な変化を実現し，メンバー同士のつながりやコミュニティの形成を促進する役割を果たす
触媒的フィランソロピー	専門知識を提供するプロボノ	
創造的フィランソロピー	個人寄付	
ベンチャーフィランソロピー	セレブなど著名人によるフィランソロピー（セランソロピー）	

出所：筆者作成。

社会正義のフィランソロピーは、マイノリティや社会的弱者の権利や利益の向上を追求するものである。

触媒的フィランソロピー（Catalytic Philanthropy）は、社会変革を促進するために、資金提供だけでなく、イノベーションや協働、ネットワーキングなどの手段を利用するアプローチである。フィランソロピストが単に資金を提供するだけでなく、組織やコミュニティと連携し、持続可能な変化を実現するための能力構築やリソースの開発の支援を行うものである。戦略的なパートナーシップや協働の重要性を認識し、政府、非営利組織、企業、コミュニティなど、他のステークホルダーと連携することで、総合力を活用しようとするものである。これらのリソースを統合させることで、触媒的フィランソロピーはそのインパクトを増幅させ、より大きなスケールで持続可能な変化を促進することを目指すものである。

創造的フィランソロピー（Creative Philanthropy）は、創造性と革新性を取り入れることで、より効果的で持続可能な社会的課題の解決につながる斬新なアイデアやアプローチを生み出すことを目指すもので、社会的課題の根本原因について批判的に考え、既成概念にとらわれず、変革の可能性を秘めた戦略を模索する。起業家的で前向きなマインドをフィランソロピー・セクターに育み、継続的な学習と改善を促し、革新的なアプローチを模索することで、フィランソロピー投資のインパクトを最大化することである。スコットランド・セントアンドリュース大学のトビアス・ユング教授は、この概念を「フィランソロプレナーシップ」と呼んでいる。

ベンチャーフィランソロピー（Venture Philanthropy）は、企業経営や投資の原則をフィランソロピーに適用するアプローチである。寄付や投資を行うだけでなく、効果的な組織やプログラムの開発、ＲＯＩの追求、持続可能な社会的変化の創出を重視するものである。社会的な問題に対する戦略的なアプローチと企業経営の手法を組み合わせて行うものである。

これらのフィランソロピーのアプローチは、寄付や資金提供だけでなく、より戦略的な方法で社会的な変化を追求するための手段や考え方を提供するものである。財団を含む「非営利組織の失敗」を是正するため、また資金を必要とするいわば声なき声を反映させるために市民フィランソロピーの醸成が求められる。ここに、ギビングサークルの存在意義を見出すこともできるだろう。ギビングサークルは、財団が行うフィランソロピーを補完するために必要な存在といえる。

4　ギビングサークルの事例

先行する海外事例として、２０１５年にシンガポールで地元コミュニティへの貢献を目的に発足した100 Women Who Care Singaporeがある。インターナショナルスクールに勤務する女性教師が始めたサークル活動で、参加メンバーは外国人ビジネスパーソンが中心であり、転勤などによって入れ替わりが頻繁にある。それにもかかわらず、活動理念は引き継がれ常時60～80人が在籍している。このサークルの目標はサークルの名称にちなんで１００人以上の女性が参加することである。どの団体に寄付をするか年4回開催される総会によって決定する。自薦他薦のＮＰＯが、自分たちの活動内容や実績、今後の事業計画をプレゼンテーションし、その後メンバーの投票によって勝者が選ばれる。勝者は、１００シンガポールドル×参加人数の総額をすべて受け取ることになる。過去の会合の集金額は５５００～７９００シンガポールドルであった。1回の会合で、１００人のメンバーからそれぞれ１００シンガポールドルを受け取るというコンセプトを次のように表現する。

〝1 hour $100 × 4 times a year × 100 women to make a difference〟
（1時間１００シンガポールドル、年に4回、１００人の女性が変化を生み出す）

アイケンベリーやジョンによるギビングサークルの効果に関する研究によれば、サークルへの参加を通じて社会課題への関心が深まることが実証されている（Eikenberry 2009; John 2017）。一方で、日本においては、ギビングサークルという概念自体が一般的に認知されておらず、その活動もあまり知られていない。しかし、活動が知られていないから関心がないとはいえない。むしろ、政府、自治体、財団、大学などによる研究会や啓発活動を通じて、ギビングサークルの認知度向上と組織化のための戦略を検討することが重要である。次の節は、これらの戦略について具体的な提案を行い、ギビングサークルの社会的な影響力を最大化するための手段を模索してみたい。

5　効果的利他主義としてのギビングサークル

ギビングサークルはＮＰＯ等に対して事業経費を助成するファイナンスの一部の役割となり、彼らの活動の支え手となっていることはこれまでみてきた通りである。ＮＰＯは地域の様々な課題に取り組み、市民生活の安寧を提供するために活動している。そして、ギビングサークルはＮＰＯの財務面をサポートする重要な存在になりうる。一部の富裕層による慈善活動ではなく、市民が主体的に参画するギビングサークルは、自発的な行動を促進する役割を果たしている。政府や自治体によって解決が図られない隙間の課題を対応するのは地域に拠点を置くＮＰＯの役割であるが、その活動を支える資金提供の仕組みを広く養成することが重要である。

そのためには、マスメディアやＳＮＳ、教育現場、ビジネスコンテストなどを通じて、社会的な課題への関心を深めるイベントの実施が考えられる。また、政府、自治体、財団、大学など研究機関が様々な形でサポートすることが求められる。

政府、自治体は官民連携でギビングサークルを立ち上げ、そこに一定の公的資金を投じることも検討課題といえる。財団は、ギビングサークルの運営の標準化などの取り組みを通じて後押しを図ることもできるだろう。また、ギビングサークルの活動を支えるための制度や実務実践の基盤として、研究機関は関連する理論の探究にも注力する必要がある。ギビングサークルの仕組みや運営方法、参加者のモチベーションや行動の分析など、様々な観点からの研究が求められる。これにより、より効果的なギビングサークルの構築や運営に向けた知見を得ることができる（細海 2022）。

ギビングサークルは、それ自体は新しい概念ではなく、寄付行動をグループで組織化していこうというのである。またサークルを主導するリーダーによって率いられていくケースがみられる。また、同質性の高いメンバーが集まった場合に起こる思い込みなどの偏向が発生する可能性がある。サークルとしての成熟が得られるかどうかは今後の課題といえる。山積する社会の諸課題に対処するために、多様な担い手によるアクセスが豊かな市民社会に貢献することにつながる。社会関係資本の充実が、公助、共助の社会形成に寄与すること、その実現に向けてギビングサークルが果たす役割は小さくないだろう。

ギビングサークルが慈善団体やＮＰＯへ寄付した資金は全体の一部に過ぎない。しかしそれは、効果的利他主義と呼ばれる考え方の実践に他ならない。オーストラリアの哲学者ピーター・シンガーは、証拠と理性に基づいて、他者を助ける最も効果的な実践のことを効果的利他主義として提唱している（シンガー 2015）。ギビングサークルは地域コミュニティにおける連帯感や市民の主体意識を高める役割を果たし、市民社会の活性化に寄与するものである。

本章の冒頭の要点で、ギビングサークルは認知度が低いと論じたが、効果的利他主義の実践によって、この活動は社会関係資本の醸成と市民社会への貢献に寄与する重要なイニシアティブとなりうる。政府や自治体、メディアなど多機関の連携によって、ギビングサークルの形成と成長を支援する体制が整備されることが求められる。これらの取り組みが相互に連動することで、フィランソロピー財団だけに依拠しないより良い社会の実現へ向けて貴重な一翼を担っていくことだろう。

注

（１）ストーカー行為等の規制等に関する法律は、２０００年11月24日に施行された。２０２１年には、ＧＰＳ機器等を用いた位置情報の無承諾取得等も規制対象として改正されている。

（２）https://philanthropytogether.org/　アクセス日２０２３年６月30日。

（３）米国の内国歳入法（ＩＲＣ）５０１条（ｃ）（３）は、慈善、教育等に従事する組織に対して、課税上の優遇措置を認める条項である。５０１（ｃ）（３）団体として認定された組織は、寄付金控除の対象となり、利益配当はできない。また認定を受けた民間財団は10万５４０５団体ある。National Center for Charitable Statistics のデータより引用。https://nccs.urban.org/publication/registered-501c3-private-foundations-state　アクセス日２０２３年６月30日。

（４）カラーブラインド・フィランソロピーについては、２０２０年６月５日付ハーバードビジネスレビュー電子版で読むことができる。https://hbr.org/2020/06/the-problem-with-color-blind-philanthropy　アクセス日２０２３年６月30日。

第8章　ソーシャルマーケティングとは何か？

瓜生原葉子

要点

◦人々が寄付に関心をもち、寄付をしようと思い、寄付をする、その一連のプロセスを促進する手法が「ソーシャルマーケティング」。

◦人は不安や煩わしさが残る状態では行動できない。それを超える価値を提供して、寄付を行うことへの納得感を醸成することで、自発的な行動が促される。

◦まず、寄付によって誰かを助けたいという気持ち（利他的動機づけ）を高め、次に、自己コスト（精神的・身体的痛み、時間や金銭的損失）を小さくすることが、寄付行動の促進に寄与する。

◦ソーシャルマーケティングに不可欠な8つの要素を意識して、寄付行動を促す施策を考えよう。

1　なぜ、寄付に「ソーシャルマーケティング」が必要か

（1）寄付行動促進へのアプローチ方法

皆さんは、「ソーシャルマーケティング」という言葉を聞かれたことがあるだろうか。「ソーシャルマーケティング」という言葉から、どのようなイメージをもつだろうか。実際、2500名の日本人にソーシャルマーケティングに関する10の質問をしたところ、その正解数の平均は1・7であった（瓜生原 2022）。日本において、正しく理解している人はまだ少ないのが現状である。

では、なぜ、本章において「ソーシャルマーケティング」について触れるのだろうか。それは、「人々が寄付に関心をもち、寄付をしようと思い、寄付をする」という一連のプロセスを促進するアプローチの1つがソーシャルマーケティングだからである。

（2）ソーシャルマーケティングとは何か

では、ソーシャルマーケティングとは何か。世界的に合意されたソーシャルマーケティングの定義[1]（International Social Marketing Association 2017）の翻訳（瓜生原 2021）は、「マーケティングの概念と様々な手法を結びつけることにより、ソーシャルグッド[2]の実現に向け、個人やコミュニティ全体としての行動の変容を促すことを目指すもの」である。すなわち、関心がない人、関心はあるがなかなか行動に移せない人などを分類して、その人の行動障壁や行動動機に合わせたアプローチを

行うことにより、ソーシャルグッドな行動へと促すことである。また、その時に鍵となるのが社会的価値（social value）の創造である。

では、なぜ「マーケティング」という言葉が用いられるのだろうか。マーケティングというと、モノを売ることであると思われがちだが、マーケティングの基本概念は「交換」である。私たちが日頃マーケティングと呼んでいる「コマーシャル（商業的）マーケティング」の場合、人々は、モノやサービスを金銭と交換するという行動（購買行動）をとる。なぜ、購買するのか。それは、モノやサービスにより得られる価値の方が支払う対価より高い、魅力的と感じるからである。この交換が金銭ではないコトとの間にも成立すると考えられるようになり、マーケティングの適用範囲が拡大した。たとえば、魅力的な政策に投票する（政策と投票行動との交換）、疾患への罹患を予防するためにワクチン接種を受ける（疾病予防とワクチン接種行動との交換）などである（瓜生原 2021）。この行動が社会に望ましい場合「ソーシャルマーケティング」と呼ばれる。

社会的に望ましい行動について、頭ではよいこととはわかっているが、既存の行動から新たな行動へと変えたり、新たな行動を継続するのは容易ではない。なぜなら、人は、行動変容に対して、煩わしさや不安を感じるからである。したがって、人々が行動変容を起こすためには、手間（時間）、煩わしさや不安（感情）などを超える「（社会的）価値」が提供されることが不可欠である。それにより「納得」し、自発的な行動が起こるのである。

では、寄付という行動から得られる価値とは何だろうか。ある人にとっては、寄付対象の組織が取り組んでいる社会課題の解決かもしれない。また、ある人にとっては、誰かの役に立つという満

図8-1　ソーシャルマーケティングのプロセスと立案に不可欠な8要素

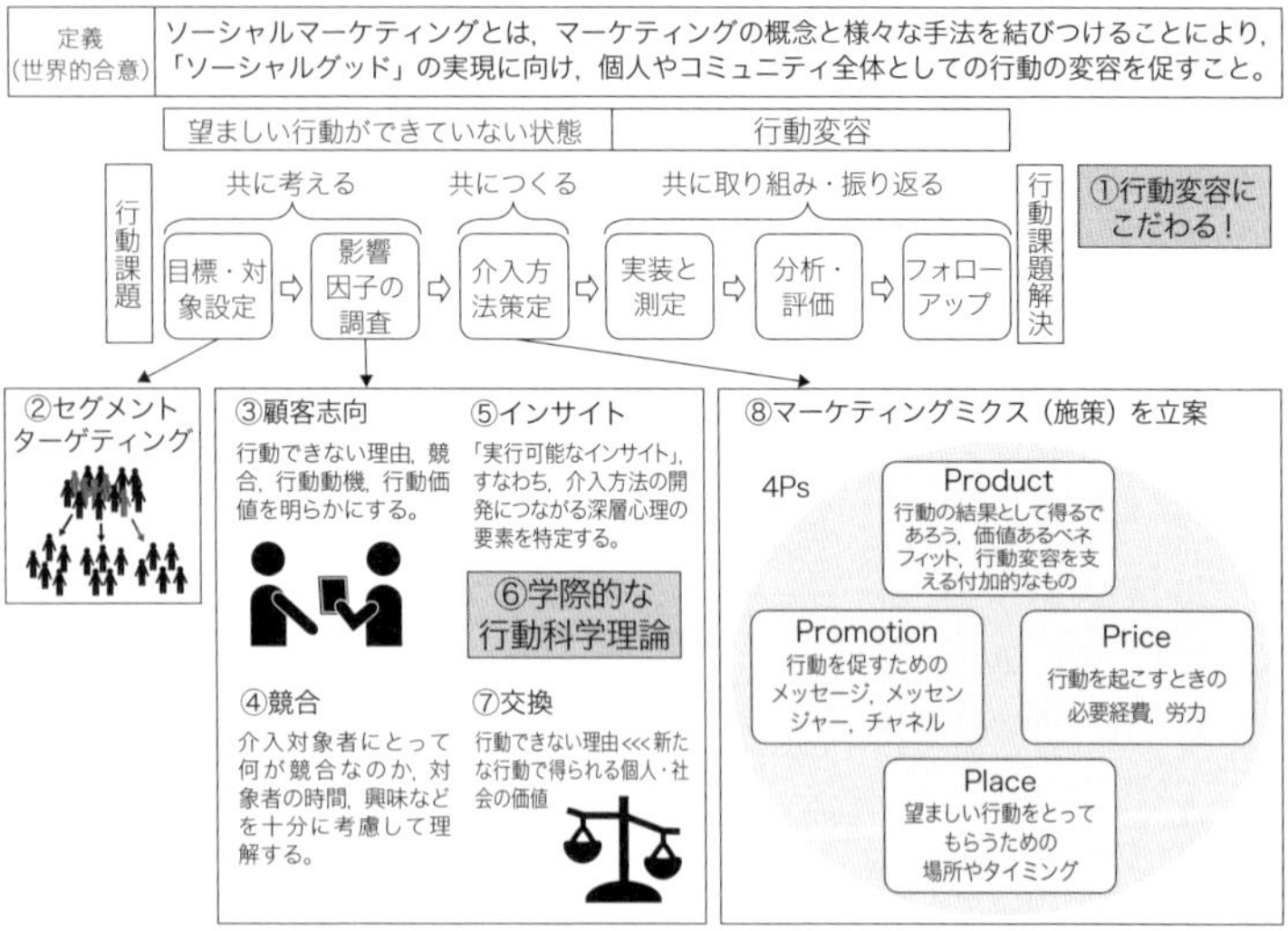

出所：筆者作成。

足感かもしれない。寄付という行動により得られる「価値」が、寄付のために失うお金や手間、不安よりも魅力的な場合に交換が成立する。このことを意識した施策を考えることが鍵である。

(3) ソーシャルマーケティングを用いた施策立案に重要なこと

ソーシャルマーケティングは、しばしば、ソーシャルメディアマーケティング、教育や情報提供、知識提供型の推進キャンペーンと混同される。そこで、Andreasen (2002)は、ソーシャルマーケティングを構成する6つの要素を定めた。その後、英国国立ソーシャルマーケティングセンターが2要素を追加し、8つの重要要素を提唱した。

まず、「ソーシャルグッド」な行動

への変容を主目的としていること（①行動）。その行動を促すために、信念や態度、行動パターンが似ているグループを特定し（②セグメント化）、それぞれの行動できない理由や不安、行動動機をしっかりと調査し（③顧客志向）、行動の④競合になるもの、⑤インサイトを引き出す。それに多様な分野の⑥行動科学理論を組み合わせ、不安や行動できない理由を超える「価値」を含めて（⑦交換）、⑧多様な施策をテーラーメイドするのである（図８－１）。施策にこの８要素を含めることで、行動変容の実効性が高まり、科学的な寄付行動の促進が可能となる。

2　利他性と利他行動

（1）提供行動

突然だが、皆さんは、免許証の裏や保険証の裏、マイナンバーカードの表に、死後の臓器提供についての自分の意思を表示する欄があるのをご存じだろうか。毎日手にする証明書類であっても、その存在を知らない方も多数存在するだろう。実際、意思表示率は10・2％である（内閣府 2021）[3]。63・8％の人が提供したい、もしくは提供したくないとの考えをもっているが、表示するという行動に至るのは、そのうちの16％である。寄付も同様に、寄付をしたいと思っていても、実際に寄付という行動に至る割合は決して高くないであろう。

筆者は、人々が、死後の臓器提供の意思表示に関心をもち、意思決定・意思表示をするまでのメカニズムを研究している。その行動変容の基盤になるのがソーシャルマーケティングである。この研究を通して、自身が有しているものを他者へ提供する行動、たとえば、寄付（金銭）、ボランティア（時間や労務）、献血（血液）、臓器提供（臓器）には共通点があることに気づいた。また、寄付経験が臓器提供の関心の惹起や意思表示と相関していることも見出した（瓜生原 2021）。これらの「提供行動」を促す因子はいくつか存在するが、大切な因子として、人間に内在する「利他性（altruism）」に着目する。

（2）利他性とは

「誰かのために役に立ちたい」という思いや考えが、提供行動に肯定的な影響を及ぼすという研究が多数報告されている。利他性が提供行動への重要な動機づけになっているとの報告（Morgan and Miller 2011; Radecki and Jaccard 1997）もあれば、教育レベルと社会経済的地位が高い人は利他的な意識が高いとの報告（Cleveland and Johnson 1970; Pessemier et al. 1977; Parisi and Katz 1986）もある。

では、利他性とは何だろうか。利他性とは、自分の損失を顧みず他者の利益を図ることであり、「利己」の対義語である。「自らが犠牲になったとしても、助けたい・役に立ちたい」という個人の価値観（自己犠牲）や、「他者を助けるために、自らを犠牲にすべきだ」という援助規範が包含されると考えられる（瓜生原 2021）。献血を行う人は自己犠牲の意向が高いと報告されている（箱井・高木 1987）。筆者が実施した臓器提供に関する国際調査では、関心の喚起には援助規範が、意思決定には自己犠牲が関与することが示された（瓜生原 2021）。

　また、利他性に関わるものとして、「他者指向性」の共感が挙げられる。具体的には、常に相手の立場で考えること（視点取得）や、困っている人の問題が早く解決するといいと思う（共感的配慮）ことであり、これらは寄付の意向と相関すると報告されている（桜井 1988）。また、日本と欧州の比較調査を行った結果、日本、欧州ともに、臓器提供への無関心層より関心をもつ層の方が、視点取得が有意に高かった（瓜生原 2021）。すなわち、相手の立場で考える心を醸成することは、社会課題について考えるきっかけになることが示唆されている。

(3) 利他行動とは

では、「利他行動（altruistic behavior）」とは何だろうか。利他行動とは、自分が損をしても相手を助ける行動である。しかし、実際、私たちはそのような行動をとれるのだろうか。

　血縁の場合は、自分と同じ遺伝子を高い確率で共有しているため、利他行動は成立しやすいと考えられている（小田 2011）。一方、他人（非血縁者）への利他行動は、進化生物学者のトリヴァースが提唱した「互恵的利他行動」で説明されている。知り合い同士であれば、お互い困っているときに助ける（利他行動）ことは、実は損をすることではなく、両方得をすることにつながっている（直接互恵性）。さらに、全く知らない他人の場合は、「情けは人の為ならず」ということわざにあるように、誰かを助けたら、まわりまわっていつか全く別の人から間接的にお返しがある（間接互恵性）ことが、利他行動の動機づけになっているのである（小田 2011）。

図8-2　共感-利他性仮説

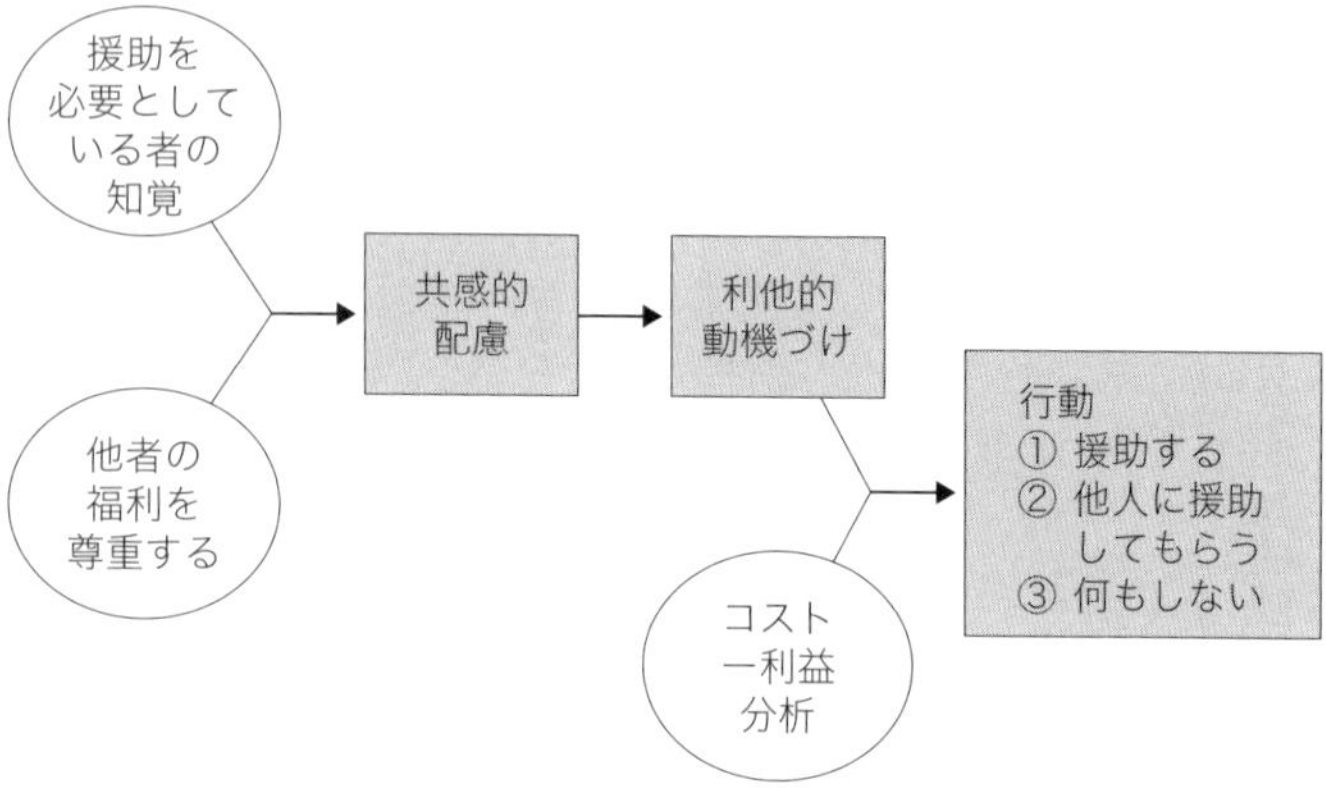

出所：Batson（2011）を筆者が改変。瓜生原（2021: 324）図13-1。

3　利他行動のメカニズムを寄付行動へ適用する

（1）人が利他行動を起こすメカニズム

Batson（2011）は、人が利他行動を起こすメカニズムとして「共感－利他性仮説」を提唱している（**図8－2**）。

人は、他者が、身体的な痛み・否定的な感情・不安・ストレス・危険・病気を抱いている（ウェルビーイングではない）状態であること、援助を必要としていることを知覚し、②他者を助ける方法があることを知覚すると、同情、憐み、思いやりといった感情（共感的配慮）が引き起こされる。そして、他者を助けよう（福利を増加させよう）とする「利他的動機づけ」を生みだす。これが、「利他性」を抱いている状態である。

しかし、この状態から、必ずしも利他的な行動には至らない。なぜなら、人は、自身ができる行動についてのコスト－利益分析を行い、①援助する（利他行動）、②他の誰かに援助してもらう、③何もしない、の3つのいずれかの行動に帰結するのである。人は、このプロセスにおいては、主に4点を考慮する。1点目は役立っていることを感じたいと思うこと（共感的喜び）、2点目は思いやりある者とみられたい（社会的評価）といった利己的な感覚、3点目は精神的・身体的痛み、時間や金銭的損失などのコスト、4点目は援助しないことへの罪悪感である。

すなわち、まず、他者を援助することが効果的と認識し、役立っていることを実感できる状況にあり、他者に気づいてもらえ、他者の利益が自分の精神的・身体的痛み、時間や金銭的損失（自己コスト）より大きければ援助行動を起こすのである（帰結①）。

しかし、自己コストがあまりに大きい場合は援助行動を避けようとする動機が高まる。その時、助けなくてはいけないという気持ちが強いが、他の誰かの援助が有効と思えば、他の誰かに援助してもらうことを選択する（帰結②）。一方、助けたい気持ちがそれほど高くなく、何もしなくても社会的非難を受けないと思えば、何もしないことを選択する（帰結③）。

したがって、他の誰かの利益となるように行動したい「利他性」が高い状態でも、必ずしも利他行動をとるとはいいきれない。利他性はあくまで動機であり、利他行動には利己的な動機も含まれる。また、道徳的行為か否かとも無関係なのである。

(2) 寄付行動にあてはめる

このメカニズムを寄付行動に適用して考えたい。まず、「利他的動機づけ」を生みだし、可能な限り高く維持することが必要である。そのためには、社会課題や援助が必要な人がいることを、人々に強く知覚してもらう必要がある。同時に、ある組織やプロジェクトが、その課題解決や援助に大きく寄与していることも認識してもらう必要がある。具体的には、組織がどれだけ寄与してきたのかを実績として提示することである。

次に、自ら「寄付をする」という行動に帰結してもらうためには、自己コスト（精神的・身体的痛み、時間や金銭的損失）を小さくする必要がある。たとえば、援助をしたいと思うような動画をみた直後に、時間や手間をかけずに寄付をできるしくみづくりが考えられる。

これは、第1節で述べた、ソーシャルマーケティングにおける交換の考え方と同じである。自己コストを最小にするためには何が必要か、それを超える価値は何か、人々への調査結果から得られたインサイトをもとに、多様な施策を考えることが重要である。

4　ソーシャルマーケティングをもっと知るために

本章の冒頭、ソーシャルマーケティングについての正しい理解が浸透していない現況を示した。そこで、日本においてソーシャルマーケティングを浸透させ、ソーシャルマーケティングを用いて施策立案を行う人々を増やすため、筆者は、国際組織からの要請を受け、2021年4月、同志社大学にソーシャルマーケティング研究センター（https://www.jsocialmarketing.org/）を創設した。英国で国立ソーシャルマーケティングセンターを設立し、ソーシャルマーケティング研究・教育を牽引したジェフ・フレンチ教授を含め、14分野15名の学際的なメンバーで、ソーシャルマーケティングの適用分野、社会実装例や社会への還元などについて研究開発に努めている。

また、ソーシャルマーケティングに関する正しい情報提供を目的としたウェブサイト「https://o-socialmarketing.jp」を立ち上げた。是非ご参照いただきたい。

ソーシャルマーケティングというアプローチが、科学的な寄付行動の促進の一助になれば幸いである。

注

（1）原文は、"Social Marketing seeks to develop and integrate marketing concepts with other approaches to influence behaviour that benefit individuals and communities for the greater social good. Social Marketing practice is guided by ethical principles. It seeks to integrate research, best practice, theory, audience and partnership insight, to inform the delivery of competition sensitive and segmented social change programmes that are effective, efficient, equitable and sustainable"。

（2）good（善きこと）とは、時代、文化、おかれている環境、立場により変化するものであり、「ソーシャルグッド（social good）」について、１つの定義を用いることは難しい。また、レベルが大きく二分すると考えられる。１つは、たとえば貧困問題の解決のような人類社会全員が誰でも同意するような普遍性の高い「ソーシャルグッド」、もう１つは、所属集団や社会、国によって異なりうるような「ソーシャルグッド」である。あえて一言でいうと、「他者へ思いやりをもって向き合うこと」である。ソーシャルマーケティングの実践において、「この行動は他者の役に立つのか」と常に問い、考え、実践することを通して成長し、その成長が連鎖して社会が成熟するのを助ける役割を担っている（瓜生原2022）。

（3）提供する、提供しない、いずれかの意思を示した割合である（内閣府2021）。

第9章　寄付を集める人が考えるべき倫理とは何か？

岡田　彩

要点

- 「ファンドレイジング＝寄付を集める」という単純な図式が問いなおされている。社会に与える影響などに目を配った、寄付集めの「質」が問われている。
- ファンドレイジングの「望ましさ」の判断には、複数の基準が考えられる。この章では、判断のポイントの違いに着目した「14類型」を提示する。それらは、大まかに3つのグループに分けられる。寄付の「結果」としてもたらされるものに着目するもの（帰結主義）、ファンドレイザーの「ふるまい」に着目するもの（義務論）、ファンドレイザーの「性質」に着目するもの（徳倫理）である。
- 寄付集めに携わる者は、無意識のうちに「望ましさ」の基準をもっている可能性がある。14類型は、自らを省みるヒントを与えてくれる。

1　寄付の申し出にためらいが……

「岡田さんが関わっておられるＮＰＯに、10万円の寄付をしたいのですが……」

まだ知り合って間もない方から、このような申し出を受けたことがある。大変ありがたい話であり、「ありがとうございます！　大切に使わせていただきます」と喜んでお受けする場面かと思いきや、自分でも驚くほど、その言葉が出てこなかった。むしろ躊躇するような疑問が次々と頭に浮かんできたのである。

「団体について、どれくらい知った上で、申し出てくださっているのだろうか。」
「どのようなことを期待して、寄付くださるのだろうか。」
「寄付いただくことは、この方にとって何か意味があることになりうるのだろうか。」

私が体験したこのためらいは、何だったのか。自分でも不思議に感じた状況は、後に触れた「ファンドレイジングの倫理（fundraising ethics）」に関するイギリスの議論から、納得のいくものとして理解できるようになった。どうやら無意識のうちに、私の中には「望ましいファンドレイジング」像が形成されており、知らず知らずのうちに、その基準と申し出を照らし合わせていたようなのである。

どのようなファンドレイジングを「望ましい」と考えるのか。それは、何を基準に「望ましい」と考えたものなのか。この章では、「倫理（ethics）」という切り口から、これらの問いにアプローチしている議論の一端を紹介していく。そこには、ファンドレイジングに携わる人々が、自らを省みながら、目指す「寄付集め」を考えるためのヒントが詰まっている。また、この章の議論は、寄付をする者にとっても、重要な示唆を与えてくれる。寄付をする際、自分は、どのような寄付を「望ましい」と考えているのか。どのような「寄付集め」をしている団体に、金銭などの貴重な資源を投じたいと考えているのか。普段あまり意識することがないかもしれない、自分なりの「基準」をみつけることができるだろう。

2　「ファンドレイジング＝資金を集める」の問いなおし

ファンドレイジングの最も重要な軸は、「資金調達」である。非営利組織（ＮＰＯ）や教育機関など、様々な組織が、その活動に必要な資金を差し出してくれる人から集めるというものであり、まさにその原則は、「依頼を通して、資金を集めること（to raise money by asking for it）」と理解することができるだろう（Institute of Fundraising, 2006 cited in MacQuillin 2022a）。

では、できるだけ多くの金額を集めればよいかというと、事はそう単純ではない。近年、アメリカやヨーロッパで展開されているファンドレイジング研究では、この「ファンドレイジング＝資金を集める」という図式の問いなおしが進められている。「どうすれば寄付を増やせるのか」を問うだけではなく、ファンドレイジングの多面的な側面に目を向け、その「質」を問うようになってきている。

たとえば、イギリスの研究者であり、長年ファンドレイザーとしても活動していたBeth Breezeさんは、今日のファンドレイジングが果たすべき役割として3点を挙げている（Breeze 2017）。第1に、フィランソロピーの文化を育てること。必要とする人々に支援の手を差し出す文化を、社会全体の中で、またチャリティ組織の中で育むことが重要だと論じている。第2に、ニーズをフレームすること。支援や介入を必要とする社会的な状況の存在を指摘し、その見方や捉え方を提示することと言い換えることができよう。どのような支援が必要とされており、それはなぜ寄付を集めて支援すべきものと考えられるのか。ファンドレイジングは、取り上げる社会的な状況への支援や介入に正当性（legitimacy）を見出し、潜在的ドナーに提示すると同時に、問題や課題の解決に向けた信頼できる策を伝えるという役割を担っている。そして第3に、寄付を促すこと。社会的な状況の改善・解決に向けて、寄付という貢献の形を提示することである。それは、寄付者が信頼できるものであると同時に、寄付者の人生を豊かにし、個人として支援の手を差し出すフィランソロピーの継続的な実践に資するものとなることが求められる。

このように、近年のファンドレイジングは、多様な側面から捉えられるようになってきている。単純な「寄付集め」という側面だけでなく、社会に与える影響にも目を配ったファンドレイジングが検討されているのである。そのような潮流の中では、資金を集める際の「質」にも、自ずと目が向けられるようになってきている。

３　「望ましい」ファンドレイジングとは

では、どのようなファンドレイジングが「望ましい」と考えられるのか。それは、何を基準に「望ましい」と考えられたものなのか。この問いに対し、イギリスでRogareというファンドレイジングのシンクタンクを創設したIan MacQuillinさんは、「ファンドレイジングの倫理（ethics）」という観点から、複数の論考を発表している（MacQuillin 2022a, 2022b）。本章では、その一部を取り上げることで、「望ましい」ファンドレイジングがどのようなものとして捉えうるかを考察していく。

MacQuillin（2022a）では、ファンドレイジングについてこれまで書かれた論文等から、「ファンドレイジングは、Xの場合、倫理的である」という命題が14種類、抽出されている。なぜ「Xの場合」に倫理的であると考えられるのか、その理由を重視する規範的倫理（normative ethics）に目を向けている点が、特徴的である。

表９－１は、14類型をそれぞれの「Xの場合」とともに、リストアップしたものである。これらは、「倫理的である」と判断する理由として着目するポイントの違いから、「帰結主義」「義務論」「徳倫理」の３つに分けて考えることができる。

・帰結主義……寄付の「結果」がポイント
・義務論……ファンドレイザーの「ふるまい」がポイント
・徳倫理……ファンドレイザーの「性質」がポイント

それぞれ、詳しくみていこう。

（1）寄付の結果としてもたらされる帰結に着目（帰結主義）

類型1から類型6は、寄付が行われた結果としてもたらされる帰結、すなわち起こる変化に着目し、そこから「望ましい」と判断するファンドレイジングのあり方である。結果に注目することから「帰結主義」としてまとめられる。

一番わかりやすいのは、寄付として集まった金額に注目した「類型1」だろうか。集まった金額が多ければ多いほど「望ましい」と考える寄付集めの捉え方である。一方「類型2」は、集まった金額ではなく、寄付の結果として社会的な課題や困りごとが解決・改善されたか否かに注目して、ファンドレイジングを「望ましい」と判断するものである。NPOのファンドレイジングが「成功」したか否かは、「類型1」「類型2」のいずれかに分類される形で判断されることが多いだろうか。

寄付の結果、寄付者にもたらされる帰結をポイントにする考え方も存在する。「類型3」は、寄付者の希望に叶う形の寄付であったかどうかを重視し、「類型4」は、寄付者に何らかの意味がも

表9-1　「望ましい」ファンドレイジングの14類型

類型	「ファンドレイジングは，Xの場合，倫理的である」	「望ましさ」の判断における着目点
1	収入が最大化される場合	帰結主義
2	コミュニティのニーズが重視される場合，またこれを満たす場合	
3	寄付者の希望，欲望，ニーズが重視され，そうすることによって，団体に持続的な収入が最大化される場合	
4	寄付者の人生や生き方に，意味づけが行われる場合	
5	ファンドレイジングそのものや寄付を募る組織に対する，寄付者や一般の人々の信頼を促進，維持，保護する場合	
6	（受益者に代わって）支援を呼びかけるファンドレイザーの責務と，寄付に向けて過度のプレッシャーにさらされない寄付者の権利のバランスがとれ，相互に有益なアウトカムが達成される場合	
7	何を差し置いても，資金を集めることを優先しない場合	義務論
8	人種的・経済的正義に基づく場合	
9	寄付者の希望，欲望，ニーズが重視される場合	
10	寄付者の倫理的価値観に従う場合	
11	寄付の背景にあるチャリティの意図が促進，強化される場合	
12	「対称型双方向コミュニケーションの広報理論（広報する側が，受け手を説得したり，操ろうとするのではなく，双方が変化し，理解を深める関係性を重視）」に則る場合	
13	フィランソロピーの公共的な実践を通じて，公共善（public good）に資する場合	
14	贈与（gift）の精神を育み，贈与経済（gift economy）を活性化しようとする場合	徳倫理

出所：MacQuillin（2022a）より筆者作成。

たらされた行為となったかどうかを基準として、「望ましさ」が判断される類型である。（冒頭で紹介した経験談から、どうやら私にとっての「望ましい」ファンドレイジングは、類型4だったようである。）

一方「類型5」は、寄付を呼び掛けた組織やファンドレイジングそのものに対する信頼が醸成されたファンドレイジングであったかに着目している。この場合、NPO等への信頼を損ねるような呼びかけであった場合は、「望ましくない」と判断される。

「類型6」は、ファンドレイジングに関わる様々な立場の人々（ステークホルダー）の権利が損なわれることなく、バランスよく尊重される形で行われる寄付集めを指している。ファンドレイザーは、実際に集められた資金により支援や介入を受ける人々の代弁者として、寄付を呼びかけるわけであるが、ファンドレイザーがその責務を十分果たすだけでなく、潜在的な寄付者がプレッシャーを感じすぎないような形で寄付の呼びかけがなされた場合に、「望ましい」ファンドレイジングが行われたと判断される。

(2) ファンドレイザーのふるまいに着目（義務論）

「望ましい」ファンドレイジングの基準として考えられるのは、寄付によってもたらされる帰結だけではない。結果はどうであれ、ファンドレイザーが、「望ましい」と考えられる「ふるまい」に基づいて寄付集めを行ったか否かもまた、その基準となりうる。これらの基準に基づいたファンドレイジングは「義務論」としてまとめられている。

最もわかりやすいのは、何がなんでも資金を集めるということを優先せずに寄付集めを行なった場合を指す「類型7」だろうか。ファンドレイザーが、人種的・経済的な正義に基づいて寄付の呼びかけを行ったか否かに着目する「類型8」も、多くの人が「望ましい」と捉えるかもしれない。

また、ファンドレイザーが寄付者の想いを尊重するような「ふるまい」をみせたかどうかも、「望ましさ」の判断基準として考えられる。「類型9」では、ファンドレイザーが、寄付者の希望を重視したか否か、「類型10」では、寄付者の倫理的価値観に従うことを重視したか否かが問われている。

さらに、「類型11」では、ファンドレイザーが、チャリティの意図を促進・強化するべく寄付集めを進めたかどうかが、「望ましさ」の基準として掲げられている。寄付者が、個人的な利益を念頭に寄付をするのではなく、支援を要する人に手を差し伸べることを動機として寄付することを良しとし、そうした動機に基づく寄付を、ファンドレイザーが推進するようにふるまったか否かが問われている。

「類型12」では、ファンドレイザーが潜在的な寄付者を操ろうとするような広報をしなかったどうかが、判断基準となっている。寄付を呼びかける際、ファンドレイザーは、情報の提示の仕方やみせ方を「操作」することが可能である。そうした「操作」を一方的にするのではなく、寄付者とともに理解を深め、互いに変化することを目指したふるまいを、ファンドレイザーがしたか否かがポイントとなっている。

「類型13」では、ファンドレイザーが、寄付という行為が社会全体にとっての善に資するものとなることを推進すべく、寄付集めを行ったか否かが「望ましさ」の基準となっている。

（3）ファンドレイザーの性質に着目（徳倫理）

「類型14」として挙げられているのは、ファンドレイザーが、その性質として「徳」をもっていたかどうかに着目して判断される「望ましさ」である。ここには1つの類型のみが挙げられており、贈与経済（gift economy）、すなわち見返りを求めず、他者のために資金を差し出す仕組みを活性化することを重視したファンドレイジングであったかどうかが、「望ましさ」の判断基準として挙げられている。

4　目指すべきファンドレイジングを考える

14類型は、どれが正しく、どれが間違っているというわけではない。あくまでも、こうしたファンドレイジングが「望ましい」と捉えられてきた、という類型を抽出したものである。複数の類型でオーバーラップする部分もあるが、着目する部分は大まかに区別されており、「寄付によってもたらされる帰結」を大切に考えるのか、「ファンドレイザーのふるまい」を重視するのか、「ファンドレイザーのそもそもの性質」に注目するのか、という違いがある。

これらの類型は、ファンドレイジングに携わっている人にとって、自分の認識や無意識のうちに実践していたことを自覚する材料になるのではないだろうか。「しっくりきた」類型、「しっくりこなかった」類型を検討してみれば、自分が何を基準に寄付集めの「望ましさ」を捉えているかが自ずと浮かび上がってくるだろう。同様に、寄付者にとっても、自分が理想と求める寄付集めの姿を検討する材料とすることができる。

MacQuillin（2022a, 2022b）では、この14類型の中に、いくつかの傾向がみられることも指摘されている。たとえば、寄付者を優先的に重視する寄付者中心主義（donor-centrism）がみられる点である。寄付集めをめぐっては、様々なステークホルダーが関わっているにもかかわらず、寄付者が求めるものを重視する傾向が年々高まっているという。また、寄付集めを行うＮＰＯをはじめとする組織や、ＮＰＯセクター、さらに寄付集めという行為そのものへの信頼獲得・醸成への傾倒がみられること（trustism）も、指摘されている。

さらに、14類型を見渡してみると、ファンドレイジングに関わる様々な立場の中でも、寄付により行われる支援や介入の恩恵を受ける受益者の視点が著しく欠けていることに気づく。ファンドレイジングに際し、寄付者の想いを尊重すること、資金調達をする組織やセクターへの信頼を獲得すること、助け合いの文化を醸成することにばかり目が行き、寄付によって大きな影響を受ける受益者の声や想いがないがしろになっているのではないか。ファンドレイジングに関わる様々なステークホルダーの声や意思を尊重すること、すなわちファンドレイザー、寄付者、そして受益者それぞれの権利のバランスがとれたファンドレイジング（rights-based approach）を目指すべきではないか、という問題提起もなされている。

このように、ファンドレイジングの倫理に関する議論を概観すると、ファンドレイジングの「望ましさ」を判断する上で、複数の基準が用いられてきたこと、さらにそれが無意識のうちに実践に取り入れられていている可能性に気づくことができる。「ファンドレイジング＝資金を集める」という図式の問いなおしが進められる中で、どのような「望ましさ」を追い求めていくのか。日本の状況をふまえた議論の活性化が求められる。

実務者の挑戦②

日本ファンドレイジング協会――鵜尾雅隆

「日本の寄付を進化させるために、その寄付推進自体をミッションとした組織を立ち上げる」という意思から2009年に誕生した認定NPO法人日本ファンドレイジング協会では、これまで、大きく3つの活動をしてきている。第1の軸は寄付をはじめとした非営利組織の資金調達を行う専門的スキルをもつ人材（ファンドレイザー）の育成、第2の軸は、寄付が進む社会システムの構築、そして、第3の軸が、政策や制度への働きかけである。ここでは、社会のお金の流れを変えようと向き合ってきた、この14年間の歩みを振り返り、日本の寄付の現状と可能性、課題について考察したい。

日本ファンドレイジング協会では、寄付が進むためには、まず寄付の受け手側の力の底上げを図ることで、寄付者にとっての寄付を行う魅力的なきっかけや成功体験の創出が必要であるとの考えのもと、第1の軸の事業として、ファンドレイジングの成功事例が一堂に集まる年1回のイベントとして「ファンドレイジング・日本」カンファレンスを開催している。そのほか、認定ファンドレイザー資格制度を創設し、研修の実施や、実践力育成のためのファンドレイジングスクールを運営するといった取り組みを行ってきている。その結果、ファンドレイジングの基本的な体系的スキルを集中的に学んだ人材は全国で7000人を超え、資格保有者も1600人に至る。こうしてある程度の共通理解の前提が整ってきたことにより、組織を超えた学び合いも加速化されてきている。地域や分野（大学、福祉、アート、災害対応、グローバル）などのチャプターも生まれ、近年では大学、福祉、伴走支援、協働提案などの専門分野に特化した専門ファンドレイザー認証制度も生まれている。こうしたファンドレイジングに関する専門的能力のある人材が成長していく環境が存在することが、寄付が進む社会にとっては重要な前提となる。

次に、社会システムとして寄付が進みやすくなる環境を実現する必要性があるとの考えから、第2の軸の事業として、①寄付を可視化する（『寄付白書』発行や寄付研究の促進）、②寄付を啓発する（寄付教育のモデル事業の展開や寄付月間、遺贈寄付ウィークへの参画）、③寄付が進む仕組みを創る（遺贈寄付推進の全国レガシーギフト協会の創設など）といった取り組みに力を入れている。

この中でも寄付教育については、日本における大きな課題である。今日、小中高校生時代に子どもたちが寄付について能動的な体験や学びを得る機会は非常に限られているのが現状である。そのため、日本ファンドレイジング協会では様々なツールやプログラムを開発し、教育現場に提供している。とりわけ、2023年から新たに導入したカードゲーム「from Me」は、自らのウェルビーイング（幸せ）とお金を使う（消費、投資、寄付など）行為の関係性に加えて、社会をよりよくする行動が、どう自分のウェルビーイングに返ってくるかが短い時間で体感できるコンテンツとして、今後全国の教育現場や企業等の研修での導入が期待されている。

さらに、寄付は民から民への自発的なお金の流れであるとしても、制度としてこれを促進する税制や国の政策の後押しがあることも重要であることから、第3の軸の事業として、政策、制度への提言や税制改正の要望なども進めている。寄付税制の改正や、遺贈寄付推進のための制度緩和などは、寄付の推進に重要な影響を与える。

こうした経験から、今の日本の寄付を取り巻く可能性は次の3つに集約できると考える。

第1に、富裕層・経営者の寄付と遺贈寄付の急成長である。

コロナ禍を経て、金融機関等の様々な関係者が声を揃えるのが、富裕層や経営者の社会貢献意識の前向きの変化である。同時に、相続税法の改正と高齢化、生涯未婚率の上昇といった状況から遺贈寄付が急速に伸びてきている。こうした比較的大口の寄付の動きが見られ始めていることは、今後の寄付の進化に可能性がある点である。

第2に、クラウドファンディングなど寄付しやすい仕組みの定着である。

東日本大震災直後から日本でも導入が始まったクラウドファンディングは、社会の寄付インフラとして完全に定着した。古本やCDなどのリサイクル寄付も様々な仕組みが整ってきている。寄付を集めるNPOが活用しやすいITプラットフォームも充実・多様化が進む。今後もこうした「寄付にまつわるサービス」には進化の可能性がある。

第3に、SDGsを含めた、「自ら社会課題解決に貢献する」行動への関心の高まりである。

少子高齢化・財政赤字の中で、行政だけに依存して社会問題を税金だけで解決するという感覚はかなりなくなりつつある。この意識変化は寄付推進の重要な基盤となる。

しかし、可能性を本当の変化につなげていくためには、課題もある。前述の寄付教育は金融教育の広がりに比してもまだ十分に広がってはいないし、先進国でも最も厳しい寄付に関する税制や制度の改善のスピードは速くない。公益法人改革、遺贈寄付の「みなし譲渡課税」問題、寄付の返礼品に対するあまりに厳密な制度など、改善の余地はまだまだある。

課題先進国となってしまった日本を課題「解決」先進国とするためには、寄付の推進が必要不可欠である。寄付が進む社会は、「信じて託しあう社会」であると思う。次の世代に、信じて託しあう社会を残せるよう、引き続き皆さんとともに前に進んでいきたいと考えている。

第Ⅲ部

様々な寄付のあり方

第10章　分野によって寄付行動に違いがあるのはなぜか？

渡邉 文隆

要点

。各分野において、寄付した人が受け取る価値やそのタイミングは異なっており、それぞれ異なる属性や価値観の寄付者を、異なる規模で惹きつけている。これが分野ごとの寄付行動の違いにつながる。

。しかし、分野間の違いにみえる差異には、他の要因による効果が含まれている。寄付募集行動の違いや法人格による違いなどを考慮し、ある日本のファンドレイジングプラットフォームのデータを用いて分析した。

。他の要因をある程度統制しても、寄付者から人気の分野、不人気の分野がある。ある程度はファンドレイジング活動で補えるだろうが、分野によっては公的な資金による支援も必要であろう。

1　あなたはどの分野に寄付をしたいか

仮に宝くじに当たったとしたら、あなたはどんな分野に寄付をしたいだろうか。最近あった災害の被災地を支援するか、それとも気候変動対策に取り組むNGOに寄付をするか。紛争地での必死の医療活動のために寄付をするか、それとも治せない病気を解決する医学研究か。はたまた、愛くるしい犬や猫が殺処分を免れるために寄付をするだろうか。それとも、寄付があまり集まらなさそうな分野にあえて寄付をすることを考えるだろうか？

おそらく、寄付先としてどの分野を選ぶのかは人による、という面もある。その集積として、分野ごとの寄付の違いが生まれていると思われる（第1章参照）。しかし、「分野によって寄付行動に違いがあるのはなぜか」という問いは、寄付先についての人の好みはそれぞれである、というだけでは済まない重要な問題である。社会にとって必要なのに寄付が集まらない分野があるなら、その分野には税金などの財源がより多く必要とされるかもしれない。本章では、分野による寄付の集まり方の違いについて迫っていこう。

（1）大義（Cause）

冒頭で列挙したような、被災地支援、防災、気候変動対策、医療支援、医学研究、動物愛護などといった「分野」によって、人々の寄付行動はかなり違っているようにみえる。災害が起こった直後に何千人という人々がインターネットで寄付をする光景を目にした人は多いだろうが、防災活動にそのような熱狂的な寄付が短期間で集まるのはきわめて稀だろう。医学研究に対して数億円の寄付がなされたという報道に触れることもある一方、小口の寄付を街頭で募る動物愛護団体をみかけることもあろう。

これまで蓄積された海外の研究では、こうした分野の違いを、各団体が目指す「大義（Cause）」の違いという言葉で表現していることが多い。先行研究では、各分野はそれぞれ異なる心理的属性をもつ人を惹きつけているため、それによって各分野に対する寄付の発生確率が違ってくること、寄付者の学歴などの要因が分野ごとの寄付の金額の違いを生み出していることが指摘されている（Neumayr and Handy 2019）。寄付者は人それぞれ異なる価値観をもっており、それもまた分野ごとの寄付行動に影響する（Sneddon et al. 2020）。

(2) チャリティ（Charity）とフィランソロピー（Philanthropy）

同じ大義のためであっても、短期的な活動分野と長期的な活動分野がある。たとえば、「自然災害による被害を最小限にする」という大義に対して、被災者への直接支援という短期的なアプローチがある。その一方、防災に関する啓発活動という長期的なアプローチもある。短期的なアプローチは、しばしば緊急的な人道ニーズへの対応のための支援を意味するチャリティ（Charity）という言葉で表されることがある（Frumkin 2008）。一方、社会的な問題を根本から解決しようというアプローチは戦略性が求められ、時間もかかる。こうした根本的・戦略的なアプローチをフィランソロピー（Philanthropy）と呼ぶこともある（Frumkin 2008）。[1] 喉が渇いた人に今すぐ飲み水を提供するための支援はチャリティ、井戸を作るための支援はフィランソロピーと考えるとわかりやすい。

寄付者からは、この違いはどう受け取られるだろうか。チャリティ的な分野への寄付は、即座に受益者に届いて価値を生み出すように感じられる（Dees 2012）。一方、フィランソロピー的な分野への寄付が具体的な成果を生み出すのは比較的遠い未来である。おのずと、寄付の集まり方は異なったものになる。先に挙げた、災害直後に何千人がインターネットで寄付をするという状況はチャリティ的な分野にありうる現象であり、環境保護や途上国の村落開発などのフィランソロピー的な分野は、マンスリーサポーター（毎月寄付者）をコツコツと募ることも多い。高等教育や医学研究などのフィランソロピー的な分野は、リスクを冒してでもイノベーションを志向する起業家的な人材から巨額の寄付を得る傾向にあり（Dodgson and Gann 2020; Nwakpuda 2020）、分野による寄付行動の違いが際立っている。

ここまでの議論をまとめると、分野によって寄付行動が異なる理由は、

・寄付をした人が受け取る価値やそのタイミングが異なっている
・各分野が異なる属性や価値観の寄付者を惹きつけている
・各分野が惹きつけることのできる寄付者の数が異なっている

という3点が考えられる。

(3)「不人気」な分野

分野による違いをさらに掘り下げるために、より直接的に、寄付者にとって「不人気」な分野は何か？そのような分野ではどんなことが起きるか？ということを考える。共感されにくい、あるいはメディアに取り上げられにくい分野は寄付が少なくなってしまうが、英国の研究では、そのような分野としてメンタルヘルス（自殺や摂食障がいなど）、難民支援、ＨＩＶ／エイズなどが挙げられている（Body and Breeze 2016）。寄付が集まりにくい分野の団体は、公的資金や事業収入といった寄付以外の財源を頼りにする（寄付募集にあまり労力を割かなくなる）ことで、さらに寄付が集まりにくくなるだろう（Andreoni and Payne 2011）。

ここで、1つ重要な問題が浮かび上がってくる。仮にＨＩＶ／エイズ関連の団体に寄付が集まっていないという状況や、災害直後にチャリティ的な団体へ多くの寄付が集まっているという状況があったとして、それは本当に「ＨＩＶ／エイズ」や「災害支援」といった分野の違いだけに起因するのだろうか？この例では、比較している2つの分野が、同じくらいのファンドレイジング（寄付募集）活動を行っているとは限らない。分野の違いにみえているものは、実はファンドレイジング活動の量に起因するものかもしれない。

2　寄付の集まり方の違いを複数のレベルで考える

実は、寄付行動やそれに起因する寄付の集まり方の違いを「分野」という単一のレベルだけで捉えることは、誤った結論につながりかねず、複数のレベルでの分析を必要とする（牧野 2011）。逆説的だが、分野による違いを考えるためには、分野以外の要因を差し引く必要がある。では、先ほど挙げたような心理的属性といった「寄付者レベルの違い」に加えて、何がありうるだろうか。

たとえばファンドレイジングの巧拙や寄付先団体としてのブランドの強弱など、「団体レベルの違い」も寄付の集まり方に影響する。動物愛護団体にたくさん寄付が集まっているのをあなたが目撃した時、「動物愛護団体は寄付が集まりやすいのだな」と思うかもしれないが、実は単にファンドレイジングの上手な団体であるに過ぎなかった、ということがありうる。さらには、その動物愛護団体に関連する好意的な報道があった直後である、というような状況的な要因もあるかもしれない。厳密なレベル分けは困難だが、これらの複数レベルの要因を参考までにまとめたのが**表10－1**である。表に挙げたのは先行研究で触れられている主な要因であり、他のレベルの要因がないとは限らない。たとえば、国レベルの違い以外に、その団体が拠点を置いている地域（都道府県、都市／地方など）の違いがあることも理論的にはありうる。

注目すべきは、「分野」と同じようなセクターレベル／サブセクターレベルでも他の要因があることだ。たとえば、法人格という枠組みで各寄付先をみれば、同じ教育という大義を追い求める組織でも「教育系のNPO法人」と「大学」では平均的な寄付額がかなり違うだろう。現に、日本の研究では、寄付先がNPO法人である場合、寄付金額が低くなる傾向があるという（善教・坂本 2017）。一方、特に北米の大学は高額寄付の受け入れが多いことが知られている（Nyman et al. 2018）。しかし、ほとんどの大学は寄付について税控除が適用されるであろうから、大学に高額寄

表10-1　寄付の集まる度合いに影響を与える要因のレベルごとの分類

レベル分類の例	説明と具体的な要因の例
決済レベル	その寄付が発生する際の状況に関する要因。同じ寄付者からの同じ団体への寄付であっても，下記のような要因が決済(transaction)ごとに異なることはある。 ・寄付の依頼があったか（Andreoni and Rao 2011） ・寄付の依頼の際の金額の選択肢（De Bruyn and Prokopec 2013; Goswami and Urminsky 2016） ・寄付を募るキャンペーンの種類（Chapman et al. 2019） ・寄付に伴う取引コスト・機会コスト（Knowles and Servátka 2015） ・寄付ニーズを示す報道後であるか（Waters and Tindall 2011） ・他の人々も寄付したとの情報があるか（van Teunenbroek et al. 2020） ・寄付を募る案内の内容（Kamatham et al. 2021）や受益者の画像（Lee and Feeley 2016） ・マッチング寄付やシードマネーの有無（Krasteva and Saboury 2021） ・寄付が管理費に使われる割合（Gneezy et al. 2014） ・その寄付の原資が予想外に得られたものであるか（Li et al. 2019）　など
寄付者レベル	その寄付を行う人の属性に関する要因。同じ分野の団体に対しても，各団体に異なるタイプの寄付者が集まるならば，寄付の集まり方が違うことがありうる。 ・心理的属性（アイデンティティや価値観，道徳観，共感性など） ・社会的属性（職業や学歴，社会的地位など） ・経済的属性（収入や資産など） など。レビュー論文（Bekkers and Wiepking 2011; Wiepking and Bekkers 2012）参照
団体レベル	その寄付を募っている団体の行動や属性に関する要因。同じ国の同じセクターの組織でも，団体の行動が違うために寄付の集まり方が異なることがありうる。 ・団体の既存寄付者による支援の幅（Khodakarami et al. 2015） ・団体のブランドの特性（Venable et al. 2005; Sargeant et al. 2008） ・団体の組織能力の高低（Sieg and Zhang 2012）　など
(サブ) セクターレベル	その寄付を募っている団体が属するカテゴリー。活動の「分野」による違いはこのレベルに属するが，他にも同じレベルの要因が複数挙げられる。 ・活動分野やその人気度合い（Body and Breeze 2016; Neumayr and Handy 2019） ・法人格等による組織分類（善教・坂本 2017） ・寄付の税控除が認められている法人格かどうか（Peloza and Steel 2005） ・政府からの資金が投じられている分野かどうか（De Wit and Bekkers 2017） ・各セクターでの寄付をめぐる競争の激しさ（Thornton 2006）　など
国レベル	その寄付を募っている団体が属する国や地域レベルでの違い。分野間の違いがあっても，それ以上に国レベルの要因に基づく違いの方が大きいということがありうる。 ・寄付市場や寄付文化の成熟度や特性（Wright 2001; 渡邉 2022） ・ファンドレイジングの制度化の度合い（Wiepking et al. 2021）など

出所：筆者作成。

付が多い理由は、税控除によるものなのか、大学という法人格の特性によるのものなのか、詳細な検討を要する。

寄付の集まり具合に影響を与える要因は、寄付先団体の属性のみならず、寄付先団体の行動とも複雑に絡み合っている。たとえば、ある分野では多くの団体が競うようにダイレクトメールによる毎月寄付の募集を行っている、ということがありうる。民間企業が、同業他社の効果的なマーケティング手法をまねるのと同様である。こうなると、「分野」というサブセクターレベルの要因と、「寄付募集方法」という団体レベルの要因が合わさっている部分をどう評価するのか、という問題が生じる。

3　分野による寄付の集まり方の違いを実際のデータから考える

試論として、複数のレベルの要因を考慮した上で、各分野に対する寄付行動（寄付の集まり具合）がどのように異なるのかを検討する。本研究は、京都大学の若林靖永教授と筆者の研究グループが、デジタルファンドレイジングプラットフォーム「Syncable」を運営する株式会社ＳＴＹＺと行った研究を通じて得られたデータに基づくものである。Syncableは２０１７年から日本の任意団体を含む非営利組織の寄付募集に使われているプラットフォームであり、キャンペーン機能が充実している。

分野による寄付行動の違いを観察する上で、ある単一のインターネットプラットフォーム上の団

表10-2　Syncableから選定した4分野の寄付の集まり具合

分野	団体数	割合	1団体当たり平均寄付額（円）
環境保全	138	11.9%	770,251.6
災害支援	79	6.8%	1,179,023.2
動物保護	76	6.6%	2,624,559.7
障がい／介護	192	16.6%	584,702.1

出所：筆者作成。

体を分析することには、メリットとデメリットがある。寄付の際の決済システムの使い勝手といった要因は、全団体において同じ条件になっている。これにより、団体間の比較可能性が高まる。一方で、分析結果はあくまである特定のプラットフォーム上での結果に過ぎず、一般化の可能性に限度がある。

（1）データセットと分析の概要

分析に用いたデータセットには1159団体分のデータが含まれ、各団体は18の活動分野から、3つまでをSyncable登録時に選択する。寄付者から一番人気の分野は「動物保護」、一番不人気に見受けられる分野は「障がい／介護」で、1団体当たりに集まっている寄付の平均額では4・5倍もの違いがあった（**表10－2**）。本章では、短期的なアプローチが多いと思われる分野として「災害支援」、長期的なアプローチが多いと思われる分野として「環境保全」も変数として含めて分析を行うことにした。このような（見かけ上の）分野による違いは、他のレベルの要因を考慮したときに、どのようにみえてくるのだろうか。

Syncableでは、クラウドファンディング機能に加えて、マンスリーサポーターを募るキャンペーンであるマンスリーファンディング機能、応援したい団体のために外部の人が自分の誕生日などにキャンペーンを立ち上げることのできる「Peer to Peer（P2P）」キャンペーン機能がある。これら3種のキャンペーンの実施回数は団体ごとに異なる。また、同じ団体でも、決済の方式が単発寄付の場合と、継続寄付の場合では、最小メニュー額／最大メニュー額を変えている場合がある。単発寄付は３０００円から受け付け、継続寄付は月５００円から受け付けるといった場合である。先に挙げた先行研究ではＮＰＯ法人では寄付額が低くなる傾向もあったので、法人格も「ＮＰＯ法人であるかどうか」という点で考慮した。何よりも、長く寄付を募っている組織は当然累計寄付額も多くなるので、寄付募集期間も分析に入れる必要がある。

このように、今回の分析では、キャンペーンの回数や寄付募集期間といった団体レベルの変数、法人格などのサブセクターレベルの変数、そして寄付者が決済する際の金額の選択肢という決済レベルの変数を含めた上で、「分野」による違いを分析する。これらの説明変数間の相関係数は最大でも0・5程度であったが、多重共線性については分散拡大係数（Variance Inflation Factor: VIF）も使って検討する（Berenson et al. 2012）。各団体に集まった累計寄付金額は分布が歪んでいるので対数変換し、目的変数とした。(2)

(2) 分野ごとの寄付行動の違いについての分析結果

これらの変数を使って重回帰分析を行った結果が表10－3である。モデル全体は有意であり、団体ごとの寄付額の変動のうち約47％が説明された。環境保全や災害支援はそれ以外の組織と比べて

郵便はがき

料金受取人払郵便

神田局
承認

2420

差出有効期間
2025年10月
31日まで

切手を貼らずに
お出し下さい。

101-8796

5 3 7

【受 取 人】

東京都千代田区外神田6-9-5

株式会社 **明石書店** 読者通信係 行

お買い上げ、ありがとうございました。
今後の出版物の参考といたしたく、ご記入、ご投函いただければ幸いに存じます。

ふりがな お名前	年齢	性別

ご住所 〒 -

TEL ( ) FAX ( )

メールアドレス	ご職業（または学校名）

＊図書目録のご希望 □ある □ない	＊ジャンル別などのご案内（不定期）のご希望 □ある：ジャンル（ □ない

書籍のタイトル

◆本書を何でお知りになりましたか？
□新聞・雑誌の広告…掲載紙誌名[ ]
□書評・紹介記事……掲載紙誌名[ ]
□店頭で □知人のすすめ □弊社からの案内 □弊社ホームページ
□ネット書店[ ] □その他[ ]

◆本書についてのご意見・ご感想

■定　価	□安い（満足）	□ほどほど	□高い（不満）
■カバーデザイン	□良い	□ふつう	□悪い・ふさわしくない
■内　容	□良い	□ふつう	□期待はずれ

■その他お気づきの点、ご質問、ご感想など、ご自由にお書き下さい。

◆本書をお買い上げの書店
[市・区・町・村 書店 店]

◆今後どのような書籍をお望みですか？
今関心をお持ちのテーマ・人・ジャンル、また翻訳希望の本など、何でもお書き下さい。

◆ご購読紙 (1)朝日 (2)読売 (3)毎日 (4)日経 (5)その他[新聞]
◆定期ご購読の雑誌[ ]

ご協力ありがとうございました。

ご意見などを弊社ホームページなどでご紹介させていただくことがあります。 □諾 □否

◆ご 注 文 書◆ このハガキで弊社刊行物をご注文いただけます。
□ご指定の書店でお受取り……下欄に書店名と所在地域、わかれば電話番号をご記入下さい。
□代金引換郵便にてお受取り…送料+手数料として500円かかります（表記ご住所宛のみ）。

書名	冊
書名	冊

ご指定の書店・支店名	書店の所在地域　都・道 府・県　市・区 町・村
	書店の電話番号 （ ）

表10-3　複数のレベルの変数を考慮した分野ごとの効果の推定結果

項	推定値	標準誤差	t値	p値 (Prob>|t|)	VIF
切片	9.768	0.109	89.300	<.0001 ***	.
クラウドファンディング回数	0.479	0.060	7.920	<.0001 ***	1.036
マンスリーファンディング回数	1.695	0.175	9.690	<.0001 ***	1.035
P2P キャンペーン回数	0.184	0.046	3.980	<.0001 ***	1.140
単発寄付最小メニュー額(千円)	0.115	0.044	2.610	0.009 **	1.517
単発寄付最高メニュー額(千円)	0.007	0.002	4.470	<.0001 ***	1.861
継続寄付最小メニュー額(千円)	-0.139	0.098	-1.430	0.154	1.357
継続寄付最高メニュー額(千円)	0.001	0.003	0.370	0.712	1.646
環境保全［1-0］	-0.113	0.157	-0.720	0.472	1.052
災害支援［1-0］	0.195	0.198	0.990	0.323	1.015
動物保護［1-0］	0.795	0.205	3.880	0.000 ***	1.053
障がい／介護［1-0］	-0.352	0.135	-2.620	0.009 **	1.026
NPO 法人［1-0］	-0.205	0.102	-2.010	0.045 *	1.068
寄付募集期間（100日）	0.236	0.011	21.560	<.0001 ***	1.196
自由度調整 R2 乗	0.472				
誤差の標準偏差（RMSE）	1.683				
F 値	80.69 ***				
観測数	1159				

出所：筆者作成。p<0.05*; p<0.01**; p<0.001***　太字は分野に関する変数。

有意な違いはみられなかった。「動物保護」は他の条件が同じならば、それ以外の分野よりも対数値で0・795も目的変数の値が高い傾向にあった。これは、累計寄付金額に換算すると約120％の違いになる。逆に、「障がい／介護」は約30％ほど累計寄付額が低い傾向にある。VIFの数値からみると多重共線性に関する懸念は大きくないと思われる。

3種のキャンペーンの回数はいずれも有意だったが、この変数は事前に決定されているものではなく、「寄付が集まっているからもっとキャンペーンの回数を増やす」という決定がなされている可能性もあるため、注意が必要である。それに対し、分野や寄付額の選択肢の設定は、累計寄付額が決まるよりも時間的に前に行われているため、（逆の因果関係の可能性はほぼ排除でき）分野や金額の選択肢が累計寄付額に影響を与えていることは確実にいえるだろう。また、もし他の条件が同じならば、NPO法人は約19％ほど寄付額が低いということも示されたが、法人格もSyncableを使い始める前に決まっていることがほとんどであると思われるため、NPO法人であることは、寄付額が低くなる傾向の原因であって結果ではないと推察される。ただ、不利な分野や法人格の組織であっても、キャンペーンの実施やより良い金額設定によって、寄付額を高くすることができる可能性がある。

4　分野による寄付行動の違いから得られる示唆

本章では、寄付行動やその結果としての寄付の集まり具合について、分野による違いにみえるものを深く分析した。分野によって寄付者が受け取る価値が異なり、それによって寄付者の属性や人数が異なるということは前半で指摘したが、それに加えて、複数のレベルにおける様々な要因が影響することも事実である。後半では、Syncableというプラットフォームのデータを用いて、複数のレベルの要因を考慮した重回帰分析を行った。その結果、他の要因をある程度統制したとしても、寄付が集まりやすい分野とそうでない分野があることがみてとれた。しかし、分野に起因する不利は、他の要因（キャンペーンや寄付メニュー額の設定など）で補うこともできると思われる。一方、活動分野などの固定的な要因によって寄付が集まりにくく、その分野の取り組みの進展が阻害されているならば、公的な資金による支援の強化も1つの選択肢であろう。

注

（1）こうした分類は人文学によくみられ、社会科学では寄付を「charitable giving」とひとまとめにすることが多い（Ma et al. 2023）。また、特にイギリス等では、非営利組織をCharityという単語で表現していることも多い。

（2）今回のデータでは、サブセクターレベルの変数はいずれも2値変数になっており、このレベルにおけるばらつきを正確に推定するには十分な情報がないため、マルチレベルモデリングを行うことは適切でないと判断した（Gelman and Hill 2006: 247）。

第11章　スポーツイベントで寄付は促進されるのか？

醍醐笑部

要点

- 日本では、付加価値が期待されるチャリティスポーツイベントでのファンドレイジングの実施者が多くないことが明らかになっている。
- チャリティスポーツイベントは、「社会貢献はした方が良い／したい」という意識と実際の行動との隔たりを、スポーツへの参加動機によって埋める文化装置になることができる。
- チャリティスポーツイベントをきっかけとした寄付行動は、チャリティランナーを対象とした研究で一定程度、確認されている。
- スポーツ文化と寄付文化、ふたつの文化の発展を目指した関わり合いを目指していくことが重要である。

1　はじめに：装置としてのチャリティスポーツイベント

人が寄付をする動機は複雑で、100%の利他もなければ、100%の利己というのも存在しないのではないか。寄付者個人の動機は寄付をするたび様々に変化し、利己的な動機がきっかけであっても、イベントに代表される「装置」を通して利他的行動として受け取られることがある。こうした装置は、一見すると寄付行動の外にあると思われている事柄を、寄付行動の中に取り込んでいく機能を持ち、寄付をする個人・団体（寄付者）と、寄付を受ける個人・団体（受益者）をつなげる役目をもっている。

旅行や音楽、そしてスポーツは非日常をもたらす文化装置（嶋根 2001）といわれ、寄付文化を浸透させる上での非日常空間を作り出すことができる。一方で、非日常空間の創造には様々な経営資源の獲得と配分が必要となり、手間のかかる仕事でもある。仮に寄付者から受益者へ、渡すことのできる金額が、すべて寄付金となるのであれば、イベントにかかる様々な経費を差し引くことなく、お渡ししたいと思うものである。それでも、装置がなければ集まらない寄付もあり、特に本章の題材であるスポーツイベントは人を集め、注目を集め、イメージを付与し、非日常を創り上げることで、これまで寄付に関心のなかったひとたちへも寄付の機会を提供している。

2　チャリティスポーツイベントの射程

日本ではチャリティスポーツの概念を比較的新しいものとして受け入れているが、これまでスポーツ組織が行ってきた活動の中には多くの慈善活動があり、スポーツのもつ魅力は寄付を必要とする様々な組織や団体を助けてきた。近年、チャリティスポーツイベント（以下、CSE）の人気は高まっており、ウォーキング、ランニング、サイクリング、ヨガなどの市場拡大と、障害物イベントや泥レースなど話題性の高いイベントの出現によって、いまも成長を続けている。スポーツイベントに関わる非営利団体や慈善団体についても、健康や子ども、教育といったスポーツと親和性の高い社会課題を扱う団体だけでなく、あらゆる分野の団体がスポーツイベントを採用している。

こうした背景を受けて、筆者は多様化するCSEを**図11－1**のような軸を用いて整理することとした。縦軸は、チャリティの軸である。チャリティや寄付がそのイベントにとって付加価値として捉えられるのか、イベントの中心的な価値として位置付けられているかを表している。横軸はスポーツの軸として、運動強度と表現した。運動強度とは、参加者が実際にスポーツを実施するイベントなのか（左側）、運動そのものを行うのではなくチャリティオークションの購入者やチャリティマッチの観戦者としてスポーツイベントに参加しているのか（右側）を示している。実際には個々の領域に重なっている部分も多く、図のように明確な枠が存在しているわけではなく、運動強度や参加する種目について複数の選択肢を提供しているイベントもある。

さて参加型CSEは、2000年以降スポーツマネジメント、イベントマネジメント分野において

図11-1　チャリティスポーツイベントの特徴と分類

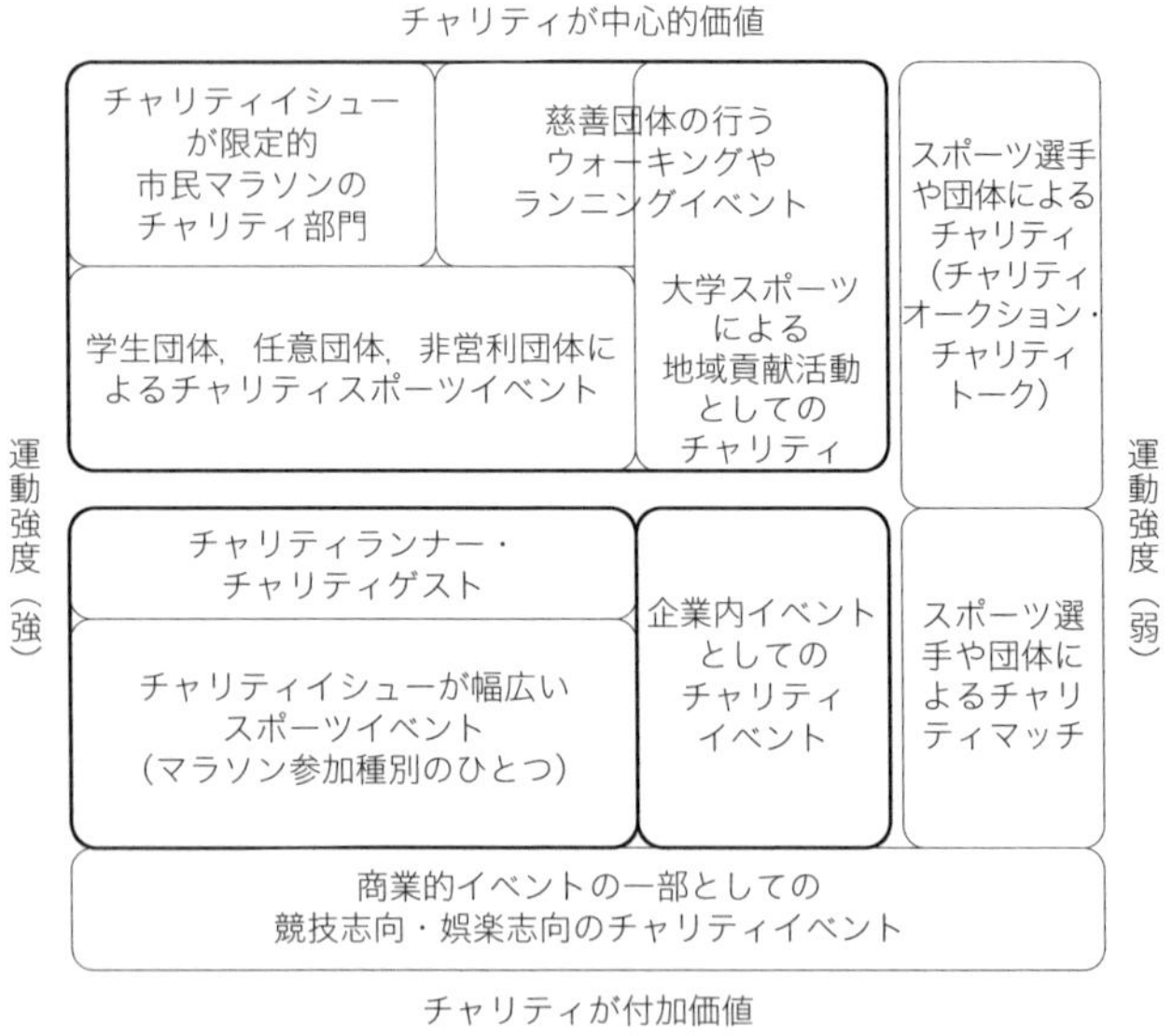

出所：筆者作成。黒枠が筆者のこれまでの研究対象。

研究対象となっており、イベント参加者が主な研究対象となってきた。スポーツイベントの開催効果について、経済的効果ではなく社会的な効果を測定する研究が増加したことも、CSE研究が蓄積しつつあることを後押ししている。

　参加型CSE研究の歴史は長く、こうしたイベントが資金調達だけでなく、様々な社会的課題に対する認識、理解、貢献を高めるため、慈善団体と非営利団体に活用されてきたことが示唆されている。たとえばBeard and Raghebは1983年に、Baumeister and Learyは1995年にCSEが非営利団体への金銭的貢献以上に、参加者間の対人関係に貢献することを研究の中で述べている（Beard and Ragheb 1983, Baumeister and Leary 1995）。現在ではCSE実施の効果として、運動習慣の促進、慈善意識の向上、慈善目的の資金調達、チャリティへの人々の関心を集めるプラットフォームとして機能することがFilo et al.（2008）による研究などで明らかとされている。

3　日本の参加型チャリティスポーツイベント

日本の参加型CSEについて、コミュニティ感覚の枠組みを使用し研究を行ったのがDaigo and Filo（2020）である。スポーツイベントが参加者間の結びつき（コミュニティ感覚）を醸成することは、オーストラリアやアメリカの文脈で述べられてきたが、日本においても重要な役割を果たしていることが確認された。教育とスポーツのつながりが強い日本では、大学生のスポーツイベントがチャリティの機会として活用されている事例もあり、幅広い非営利団体との関連が示されている。特に、他国では競争性を高めることがイベントの価値を差別化し、コミュニティ感覚につながると言われていたが、前述の調査研究では競争性を強調しないためのマネジメント施策が報告されており、日本で受け入れられるチャリティとスポーツの関係性が必ずしも諸外国と同じではないということが示唆されている。Daigo and Filoによる一連の研究は、その後イベント主催者だけでなくスポンサー企業にも調査範囲を拡大し、CSEのマネジメントとして実際に体を動かし参加する機会を作ること、従業員の賛同を得ること、金銭的貢献を超えた寄付体験になっていることが重要であると述べている（Daigo and Filo 2021）。さらにイベントのもつ文脈と、チャリティコーズ、スポーツイベントを活用したいスポンサーがもつ資源がうまく合わさってることの重要性が強調されている。実際にチャリティを採用するスポーツイベントが増えてきているものの、イベントが扱うチャリティコーズのばらつきや、主催団体が実施するマネジメント施策の違いから実践的な示唆を生み出しにくい分野でもある。

そこで、仙台でのマラソンイベントを取り上げた研究（Daigo and Sakuno 2021）を紹介する。ご存じの通り仙台は東日本大震災で大きな被害を受けた地域であり、周辺にはそれ以上に甚大な被害を受けた地域がある。この研究ではそうした仙台、東北、被災地としてのアイデンティティが、チャリティランナーの寄付態度を特徴づけているのかについて調査することができた。当時の国際的なトレンドとして、グローバルイシューへの資金が集中しているとの指摘が存在しており、特に水問題やジェンダーに関するものなど世界中どの地域でも実感できる社会課題とスポーツイベントとの関連が強まっていた。この研究の結果においては、チャリティランナーが寄付したいと考えている地域が仙台に集中するということはなく、仙台、東北、日本国内の課題に対し寄付したいというひとが多く、国際的な課題については少数にとどまった。

さらに、仙台への思い入れが強いイベントであるがゆえに、慈善団体からは「選んでいただいて感謝しているが伝える術がない」、参加者からは「チャリティに参加しているとは思えない」、主催者からは「チャリティラン当日の様子がみえない」とコミュニケーション不足を指摘する意見が確認された。チャリティランは、市民マラソンの高額チケットであるなどと揶揄されることもあるが、このイベントに関しては「チャリティであること」「チャリティランによる交流」に多くの期待が寄せられていることが明らかとなった。そしてこのとき得られたコミュニケーション不足に関する課題は、後述の女性チャリティランナーに関する研究へとつながる。

4　市民マラソン型のチャリティランナー

日本のCSEを語る上で、重要なイベントの1つに毎年3月第一日曜日に開催される東京マラソンがある。東京マラソンでのチャリティは第5回大会から開始され、2022年までに東京マラソンを通じて集まった寄付は累計34億円を超え、国内の市民マラソンと比べると比較的高額な寄付金が設定されている。このことは当初、出走権の抽選を避けるための特別枠のように認識される側面があった。しかし、エントリーのタイミングを変更するなど、現在ではより社会貢献に結びつく寄付金およびチャリティランナーの創出に努めている（図11－2）。

市民マラソン型のチャリティランナーは、マラソン主催団体を通して寄付することでチャリティランナーとしての出走権を得ており、その金額を自身のポケットマネーから支出するだけでなく、ファンドレイジングなどを通して社会課題の

図11-2　東京マラソンEXPO2023チャリティゾーン

出所：© 東京マラソン財団。

認知や理解に貢献することが期待されている。しかし筆者のこれまでの研究では、このポケットマネーによる支払いが日本のCSE参加者による寄付の大部分を占め、様々な付加価値を生むファンドレイズの実施者がきわめて少ないことが示されている。また寄付控除の存在が、海外の研究ではCSEの文脈においても報酬として位置付けられているが、日本のマラソンイベントではほとんど影響がない。チャリティランナーは「日本の寄付文化が未熟であること」「日本人がチャリティに興味や理解がないこと」を感じており、スポーツを活用したファンドレイジングが寄付文化に目を向けるきっかけになっていることが明らかとなった（醍醐・阿部 2022）。

5　CSEをきっかけとした寄付の可能性

CSE研究を進めるにつれて、「チャリティランナーはもともとチャリティに積極的な人がランニングイベントに参加をしているのか、ランニングイベントがチャリティのきっかけとなりその後の寄付や社会貢献活動につながっているのか」という指摘や疑問を受けることが増えた。これは本章のタイトルでもある「スポーツイベントで寄付は促進されるのか？」に答えを出すためにも、科学的根拠が求められる問いであろう。もともとチャリティに積極的な人がランニングイベントに参加をしているという実態は、慈善団体の主催するチャリティウォークやチャリティランの参加者を対象としたこれまでの調査や研究において示されており、CSE研究の萌芽をみても多くの事例が確認できる。しかし、後者の「ランニングイベントがチャリティのきっかけとなりその後の寄付や社会貢献活動につながっているのか」に回答するためのエビデンスは乏しい。

このことについて一定の示唆を与えることができたのが、2022年に発表した「女性チャリティランナーと寄付先団体のコミュニケーションに関する研究」である（醍醐・遠藤 2022）。この研究はまず大会前、大会当日、大会後の寄付先団体とのコミュニケーションのうち、どのようなものが参加者の共感・興味を含む態度と関連性があるかについて分析している。その後、共感、興味、確認、共有・拡散、そして大会参加後にチャリティランをきっかけとした寄付や社会貢献活動に参加しているかについて共分散構造分析を行った。

結果として、共感と興味が共起関係にあり、確認へつながり、参加と共有・拡散に至るモデルにおいて適合度を満たす値が確認された。共感と興味の間のパス係数は.93、そして興味から確認へのパス係数が.91と高い値を示したが、確認から参加への係数は.25となる。それだけ実際に何らかの行動につなげるには、ハードルがあるということだが、実際の身の回りの状況を考えてみると納得のいく数字かもしれない。

コミュニケーションから共感・興味への影響関係を含んだモデルが確認できていないこと、CSEへの再参加意図を含んだモデルにおいて十分な説明力をもたなかったことなど、今後の課題は残されているものの、チャリティランを始点とした態度変化と、その後の寄付や社会貢献活動への参加について実証できた点では、一定の学術的かつ実践的な貢献を感じた研究である（図11－3）。

図11-3　女性チャリティランナーの行動モデル

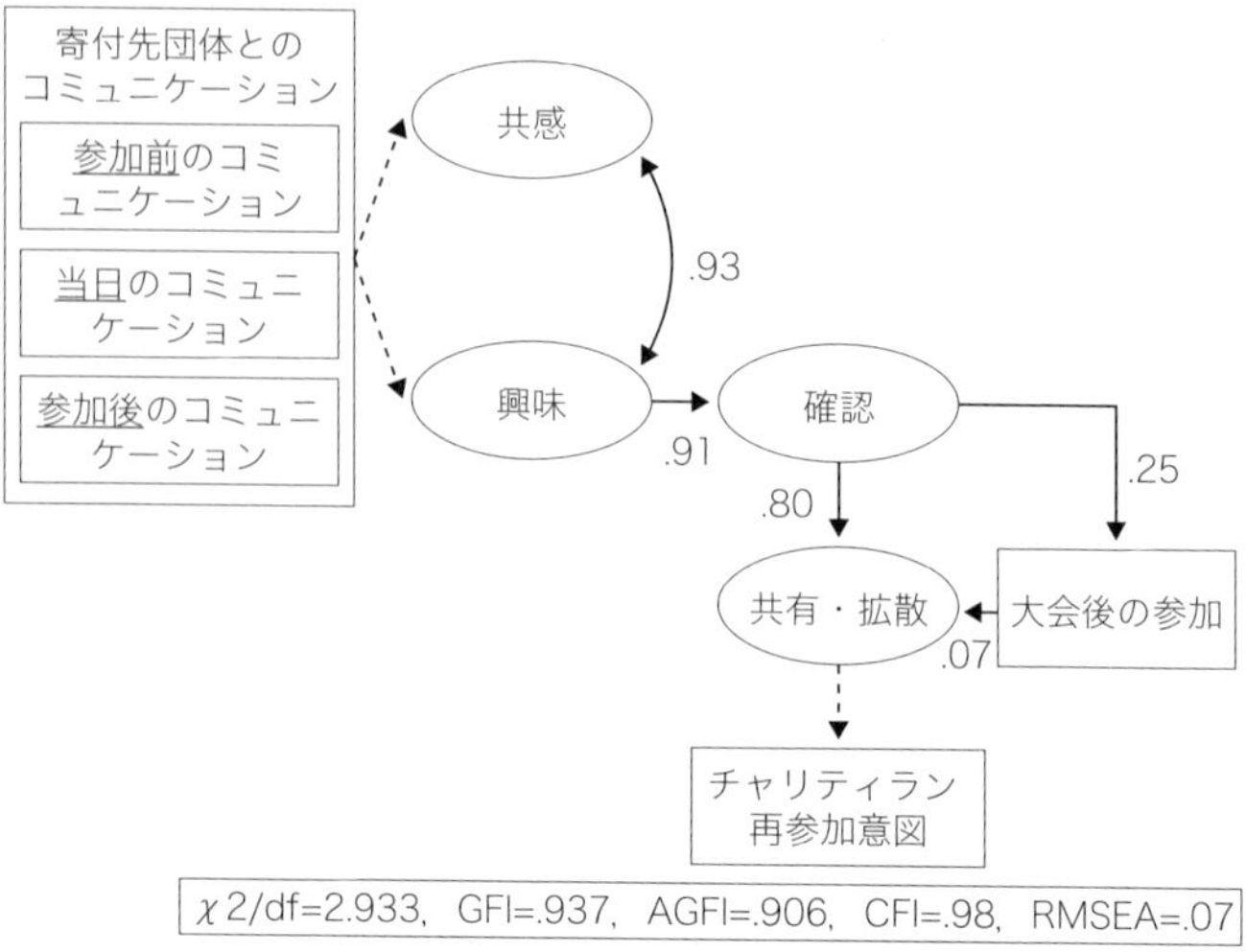

出所：筆者作成。モデルとして確認できた有意なパスは標準化係数とあわせて実線で，結果モデルに含まないものは点線で図の中に示している。

6　おわりに

筆者はこれまでの研究活動を通して、CSEでの寄付が人生で初めての主体的な寄付である人が少なくない、ということを実感している。寄付文化の醸成を支える成功体験が日本では不足しているとの指摘（鵜尾 2014）をふまえれば、CSEが寄付文化の発展に貢献できる可能性は大いにある。そして、スポーツイベントと寄付には「非日常を日常に」という、安定的な関わりや、生活の中での継続化を目指す共通の目標がある。

しかし、スポーツイベントをきっかけとした寄付を生活の中に自然に位置付けるには、超えなければならない課題もある。たとえば、受益者・寄付者に求められている様々なモラルがＣＳＥの場に十分に備わっているとはいえず、詐欺や不正の対象になりかねない。研究においても、寄付に関する動向や課題に、スポーツ分野から知見を提供する段階には至っておらず、寄付獲得の一手段としての域を出ない。今後は、スポーツ科学やイベント経営の視点からも「スポーツイベントで寄付は促進されるのか?」という問いに向き合い、スポーツと寄付が互いの文化の発展に貢献することが期待される。

第12章　なぜ人々は大学に寄付をするのか？

福井　文威

要点

- 日本のみならず諸外国の大学で寄付という財源への期待が高まってきている。
- 巨額の寄付を集めるアメリカの大学も、現在の高い寄付水準を一貫して維持してきたわけではなく、１９８０年代以降に大学への寄付を拡大させた。この拡大には、金融市場の拡大に加え、政策的要因が関係している。
- 日本における大学への寄付動機は、科学研究の発展や高等教育の質向上に寄与したいという動機とともに、過去に大学から受けた恩への御礼という側面がみられる。
- 他の非営利団体と比べ、大学の場合、潜在的な寄付者との関係構築の期間が長期間にわたるという特徴がある。
- 大学において寄付は、倫理的・法的・社会的問題の温床になることもあり、利益相反等に関する適切な管理が必要である。

1　なぜ大学は寄付を必要とするのか

現代の大学にとって寄付はどのような役割を果たしているのであろうか。大学の教育研究活動は、主には授業料、税金によって支えられており、日本の大学の収入全体に占める寄付の割合は、国立大学で2・2％、公立大学で1・2％、私立大学で1・5％と必ずしも大きくない（文部科学省 2022）。しかし、知識基盤社会における大学の社会的役割が拡張する一方、政府から大学への公的資金の伸びが停滞する中で、高等教育政策や科学技術イノベーション政策で寄付という財源に注目が集まってきている。[1] すなわち、寄付には、政府や市場からの資金を補い、大学の活動を財政的に支える役割がここでは期待されているといえる。

一方、寄付は、単に市場からの資金や政府からの補助金を補完するだけでなく、新規の教育プログラム、科学研究、奨学金、スポーツプログラム、施設設備の整備などを支えることを通じて、大学の活動にダイナミズムを与える役割を果たす点にも着目する必要がある。たとえば、19世紀後半のアメリカの篤志家であるアンドリュー・カーネギーは、研究大学や職業教育系の大学の活動を重視し、それらを重点的に支援することで大学と実業界をつなぐことに貢献したとされる（Ris 2017）。こうした伝統は、特にアメリカ社会には根強くあり、近年ではルミナ財団やビル＆メリンダ・ゲイツ財団といったフィランソロピー財団が高等教育における革新的な取り組みを支援し、既存の大学システムに強い刺激を与えている。日本の大学でも、寄付者の支援に基づいた寄付講座や寄付研究部門が一部の大学で設置されたり、クラウドファンディング等を通じて科学研究を支援する動きがみられる。すなわち、寄付は、国民、企業、財団等が様々な価値観に基づき、様々な経路で支援をすることで、多様な大学の活動を創出する役割を担っているのである。これは、政府のみが公共的な活動を一律的に判断し、それに対し補助金で支援をするシステムとは異なる社会像ともいえる。

2　大学への寄付の実態

（1）日本とアメリカの大学への寄付

しばしば、ハーバード大学やスタンフォード大学といったアメリカの著名大学が年間1000億円以上の巨額の寄付を集めることが日本でも報道されることがあるが、アメリカには約4000近くの高等教育機関があり、その実態は多様である。統計データからアメリカの高等教育機関への平均的な寄付額を把握しておきたい。2021年のアメリカ高等教育機関への寄付総額は7・2兆円と推計され、1大学当たりの平均額は私立の博士研究型大学で200億円、州立の博士研究型大学で167億円、私立の学士型大学で22億円程度を集めていることになる（Council for Advancement and Support of Education 2022）。アメリカでは、教育研究活動への寄付は、宗教団体についで2番目に大きなものとなっているのである（Indiana University Lilly Family School of Philanthropy 2023）。

一方、日本の大学の寄付額に関して、大学の財務諸表から集計された数値より参照すると、2020年度の国立大学における寄付受け入れ額は全体で1345億円（1大学当たり15・6億円）、私立大学の寄付収入は全体で940億円（1大学当たり1.5億円）となっている[2]（国立大学協会 2022; 日本私立学校振興・共済事業団 2022）。ここから明らかなように、大学への寄付に関して日米の差は非常に大きいといえる。特に、アメリカではこの寄付を基本財産としてストック化し、資産運用により複利でその規模を長年増大させることで、大学の活動を支える重要な資産となっている（福井 2019）。

（2）なぜアメリカで大学への寄付は拡大したのか

しかし、巨額の寄付を集めるアメリカの大学も、その歴史を辿れば、現在の高い寄付水準を一貫して維持してきたわけではない。**図12-1**は、1961年から2021年までのアメリカの高等教育機関に対する寄付の推移を寄付主体別（個人、企業、財団、その他団体）にまとめたものである。ここから明らかなように、アメリカの高等教育機関に対する寄付は、1980年代以降の個人寄付の急激な拡大とともに増加してきたことがわかる。

なぜ、アメリカで高等教育機関への寄付は拡大したのだろうか。アメリカには宗教的文化背景を土台とする寄付文化があることが指摘されるが、この拡大には、文化的要因の他に、以下に示すようなマクロの経済動向、政策的要因、そして大学機関の寄付募集努力も関係している。

第1に、アメリカ社会において大学への個人寄付は、株価の変動と連動していることが知られている。これは単に好景気になれば人は自然と大学に寄付をしているというよりも、連邦政府の税制優遇措置と合わせて理解する必要がある。一般に、日本社会においては寄付というと現金での寄付

図12-1　アメリカの高等教育機関に対する寄付の推移（1961-2021）

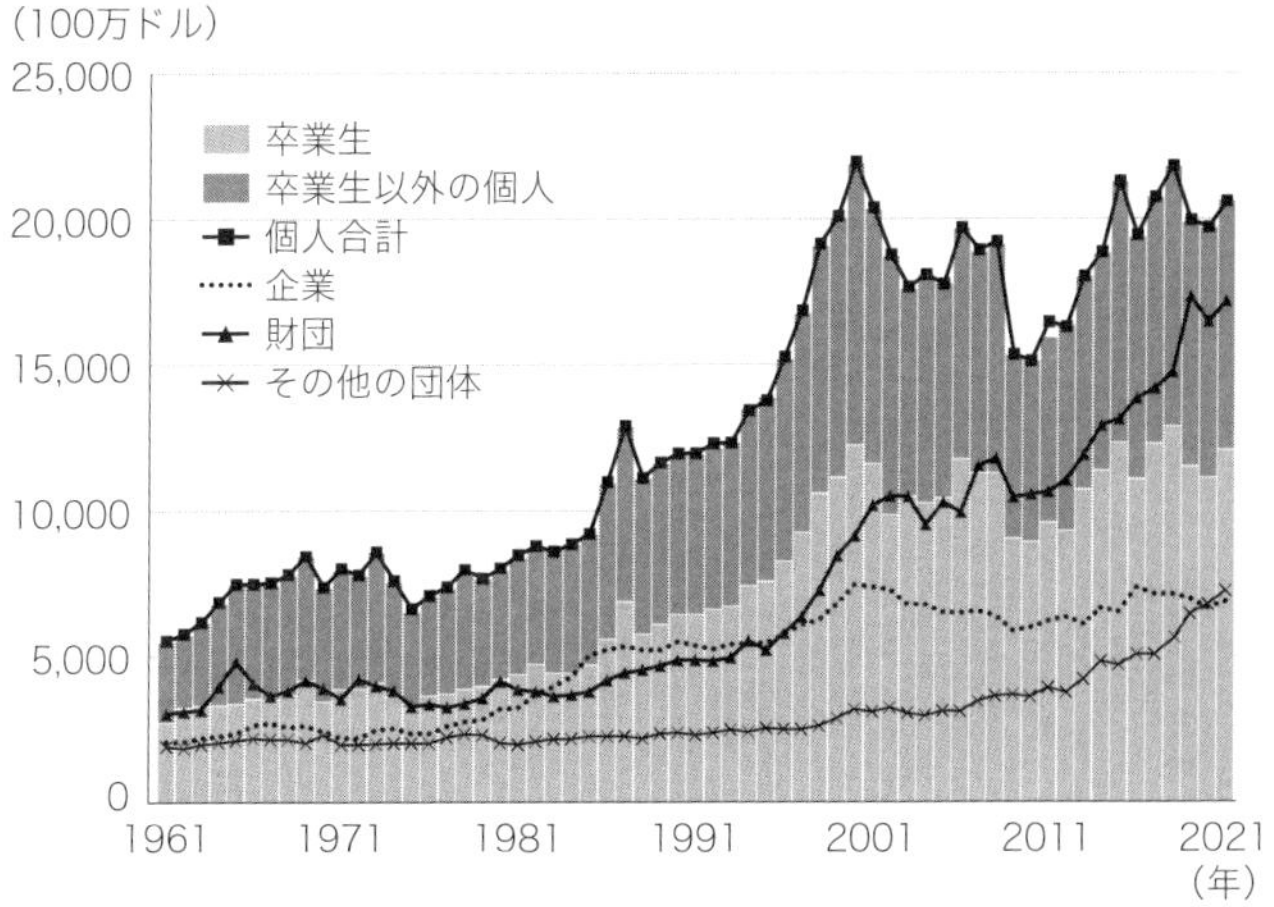

出所：Council for Advancement and Support of Education, Voluntary Support of Education の各年度版より筆者作成。高等教育物価指数（Higher Education Price Index）で物価調整し，算定。

がイメージされやすいが、寄付には株式、不動産、土地などの評価性資産の形態による寄付がある。アメリカの寄付控除制度の特徴の1つとして、こうした評価性資産形態で寄付をした際に適用される大幅な税制優遇措置の存在がある[3]。特に、金融市場で拡大した富を株式形態の寄付へと誘引する制度を採用しており、この制度は、大口寄付者によって支えられる大学や美術館にとって重要な役割を果たしてきた（福井 2018）。その結果、アメリカの特に富裕者層においては、株式をそのまま大学へと寄付する行動がみられることが知られている。

第2に、一部の州政府においてマッチングファンドという制度が採用され、寄付行動を誘発する政策がとられてき

図12-2　寄付行動を誘発する政府の政策

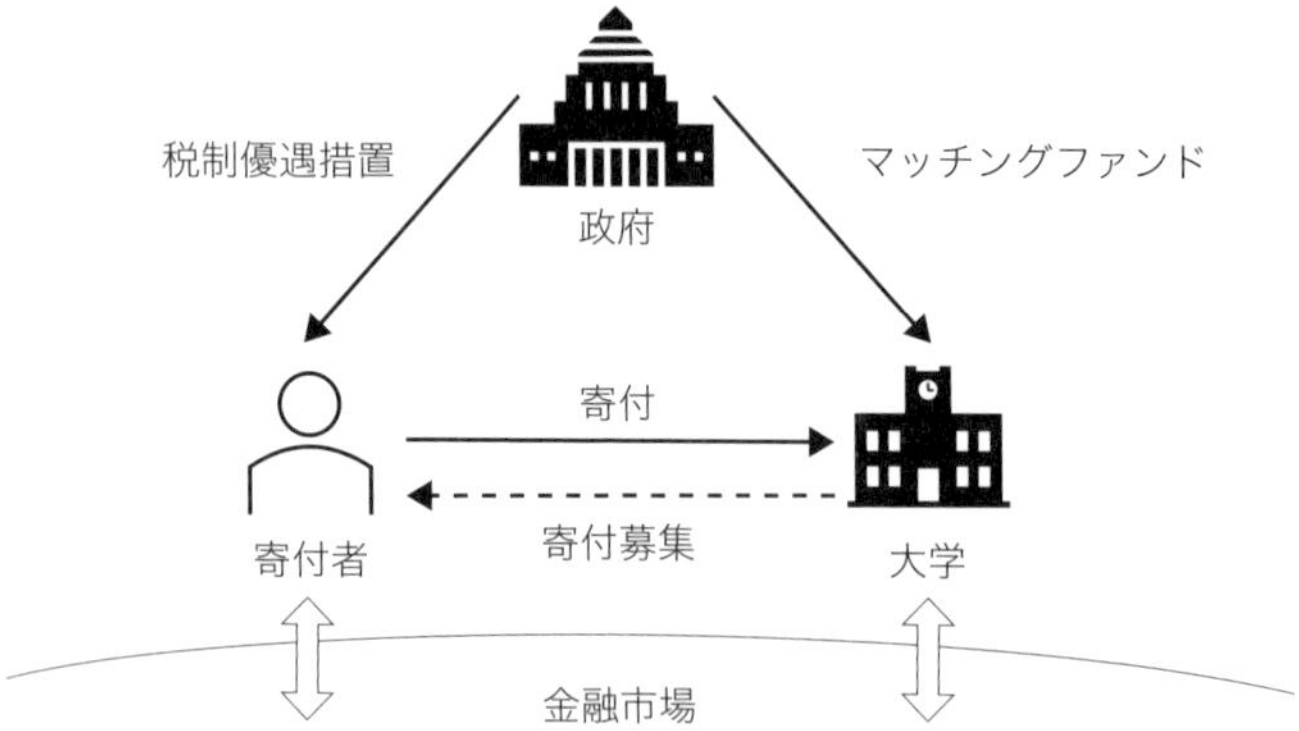

出所：筆者作成。

たことが挙げられる。マッチングファンドとは、非営利団体が寄付金の受取額に応じて追加的に政府等から補助金を受領する制度のことを指す。たとえば、大学に100ドルの寄付をすると、それに応じて政府から当該大学に100ドルの追加的な補助金が配分される制度である。これは、寄付者からみると政府と共同して、大学の教育研究活動により大きな貢献をすることが可能となる。アメリカでは、この手法は、特に州立大学への寄付を刺激する目的で断続的に導入されてきたという報告がある（Council for Advancement and Support of Education 2004）。

第3に、大学の寄付募集に対する認識が1980年代以降に大きく変化してきたことが挙げられる。具体的には、大学において寄付募集部門の組織化と専門職化が進み、大学トップの寄付募集に携わる時間も大幅に増えてきたことが指摘されている（Cook 1997）。また、特に一部の州立大学においても寄付募集に携わる部門の人件費がこの時期に急激に拡大しており、大学が寄付募集に対する投資を拡大してきたのである。

以上を要約すれば、①金融市場の拡大に伴う潜在的な寄付者の富の蓄積を源泉とした上で、②政府が株式寄付に対する税制優遇措置やマッチングファンドを採用することで寄付行動を誘発するとともに、③大学側が寄付募集部門への投資を積極的に行ったことが、アメリカの大学における個人寄付の拡大の背景にあると理解できる（図12－2）。

（3）寄付に注目する先進諸国の大学と政府

このような高等教育と科学研究への寄付を支える構造は、諸外国の政策当局者や大学関係者の関心事となってきた。たとえば、株式寄付に対する税制優遇措置については2000年代初頭のイギリスで採用され（網倉 2004）、また、マッチングファンドは1990年代にシンガポール、2000年代初頭に香港、2000年代後半にはイギリスの高等教育政策や科学技術政策において採用され、寄付促進のための政策が大胆に展開されている（Council for Advancement and Support of Education 2004）。日本においては、2010年代に入り、株式寄付に対する税制優遇措置のあり方が政府で検討され始めたことに加え、マッチングファンドも世界に伍する研究大学の実現に向けた政策形成において2020年代に入り検討された。[4] また、大学も寄付募集を積極的に行うようになり、日本においても国立大学の98・7％が、私立大学の88・7％が寄付募集を実施しているという調査結果もある（Japan Treasure Summit 2020; 日本私立学校振興・共済事業団 2022）。

日米の家計の金融資産構成、税制に対する思想の相違に留意しながらも、諸外国で培われた知見の有効性を見極めながら、いかに日本独自の高等教育と科学研究分野における寄付のモデルを作り上げるのかは、今後の大きな課題である。

3　日本における大学への寄付行動

(1) どのような人が大学に寄付をしているのか

現代の日本社会において、大学に対して寄付をしている人はどのような人々なのだろうか。また、寄付者は、どのような動機で大学に寄付をしているのであろうか。2022年と2023年に実施した大学への寄付意識調査のデータを用いながらここでは検討したい。本調査は、日本人の大学への寄付経験や寄付意識を把握することを目的とし、性別、年齢、地域を国勢調査の分布に合わせウェブ調査で実施した全国調査である。[5] ウェブモニター調査であるため、日本人全体の傾向として一般化することには限界があるものの、「全国寄付実態調査」などで捉えきれていない大学特有の寄付行動や動機の傾向を把握することが可能である。なお、大学への寄付には、企業や財団からの法人寄付も存在するが、本章では個人寄付者の動機に焦点を当てたい。

まず、性別、年齢、学歴、世帯収入といった基本属性別に、過去に一度でも大学（高等専門学校・短期大学・大学院含む）に寄付をしたことのある者の割合をまとめたものが図12－3である。一時点の調査であるため、因果関係を明定することはできないが、特に学歴や年収、子どもの有無と

図12-3　過去に一度でも大学（高等専門学校・短期大学・大学院含む）に寄付したことのある者の割合（基本属性別）

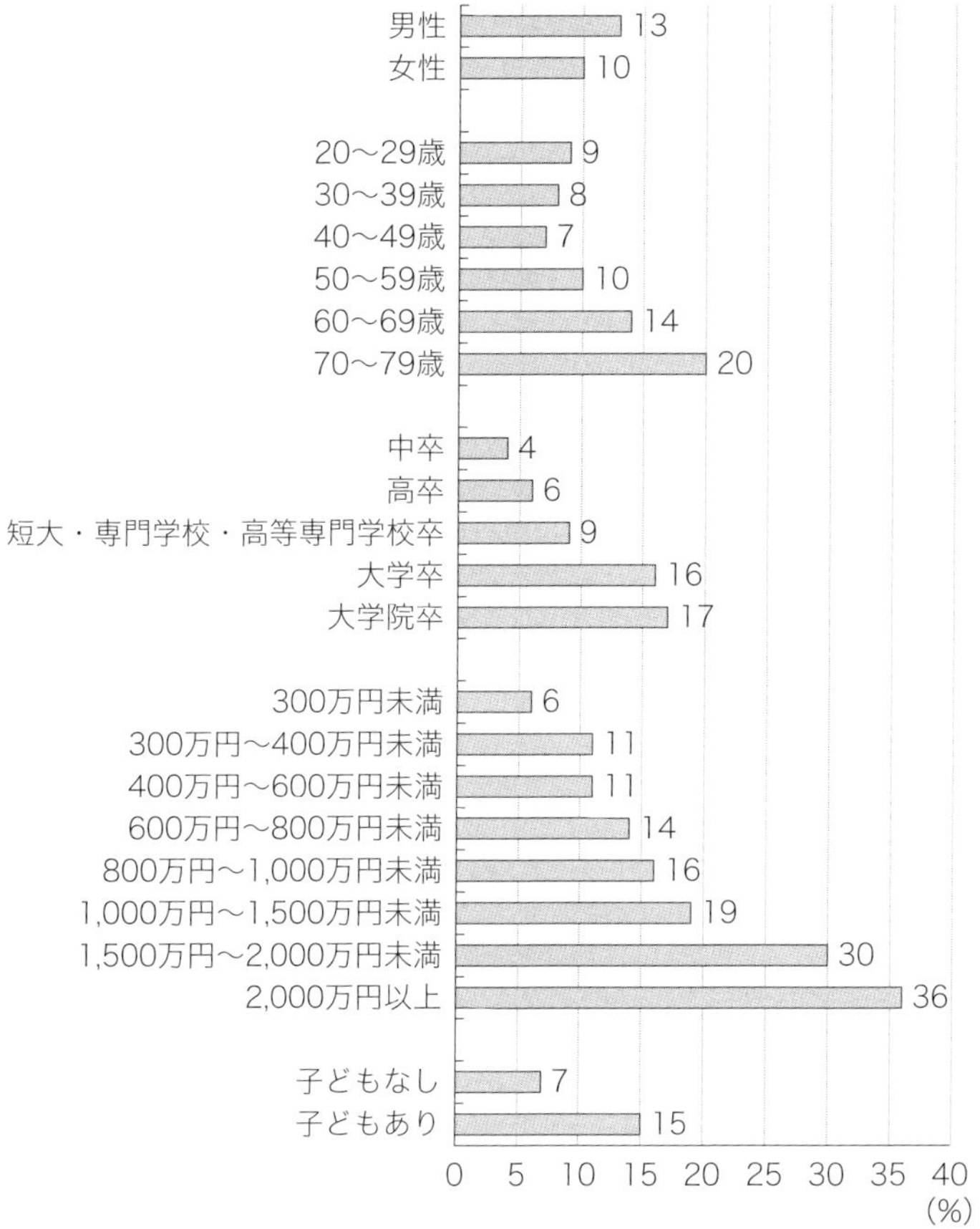

出所：「大学への寄付意識に関する日本的特質の解明」（研究代表：福井文威）の調査データ（2022 年 2 月実施）を用いて筆者作成。

大学への寄付経験には関連性が強くみられる。

事実、寄付経験者の過去の寄付先の大学を確認すると、出身大学に寄付経験がある者が67％、子どもが通学していた大学が30％、勤務先の大学が6％、その他の大学が8％という結果が得られた。すなわち、大学への寄付経験者の多くは、卒業生または保護者としての寄付が主となっており、他大学への寄付というのはそこまで一般化していないといえる。

（2）日本社会における大学への寄付動機

続いて、日本人の大学への寄付動機について検討したい。高等教育や科学研究への寄付動機を説明する代表的なモデルとして、寄付者は大学から受け取る便益に基づいて寄付行動を決定しているとするモデルと、寄付者は大学の活動を通じて実現されるインパクトに応じて寄付行動を決定しているとするモデルが挙げられる。

まず、大学への寄付経験者に対して、大学に寄付をした際の理由を4段階（強く当てはまる、やや当てはまる、あまり当てはまらない、全く当てはまらない）で評価してもらった結果をまとめたものが**図12-4**である。寄付理由として最も多かったのが「出身大学に対する感謝の念があったから」であり、62％の寄付者がこれに当てはまると回答した。すなわち、大学への寄付の場合、過去に受けた大学からの恩への返礼という側面をもっていることが指摘できる。次に挙げられたのが、高等教育の質の向上や科学研究の発展に貢献したいという理由からの寄付であり、5割強の寄付者がこれらに該当すると回答している。一方で、寄付をすることによって享受できる個人的なメリットに

図12-4　大学への寄付経験者の寄付動機

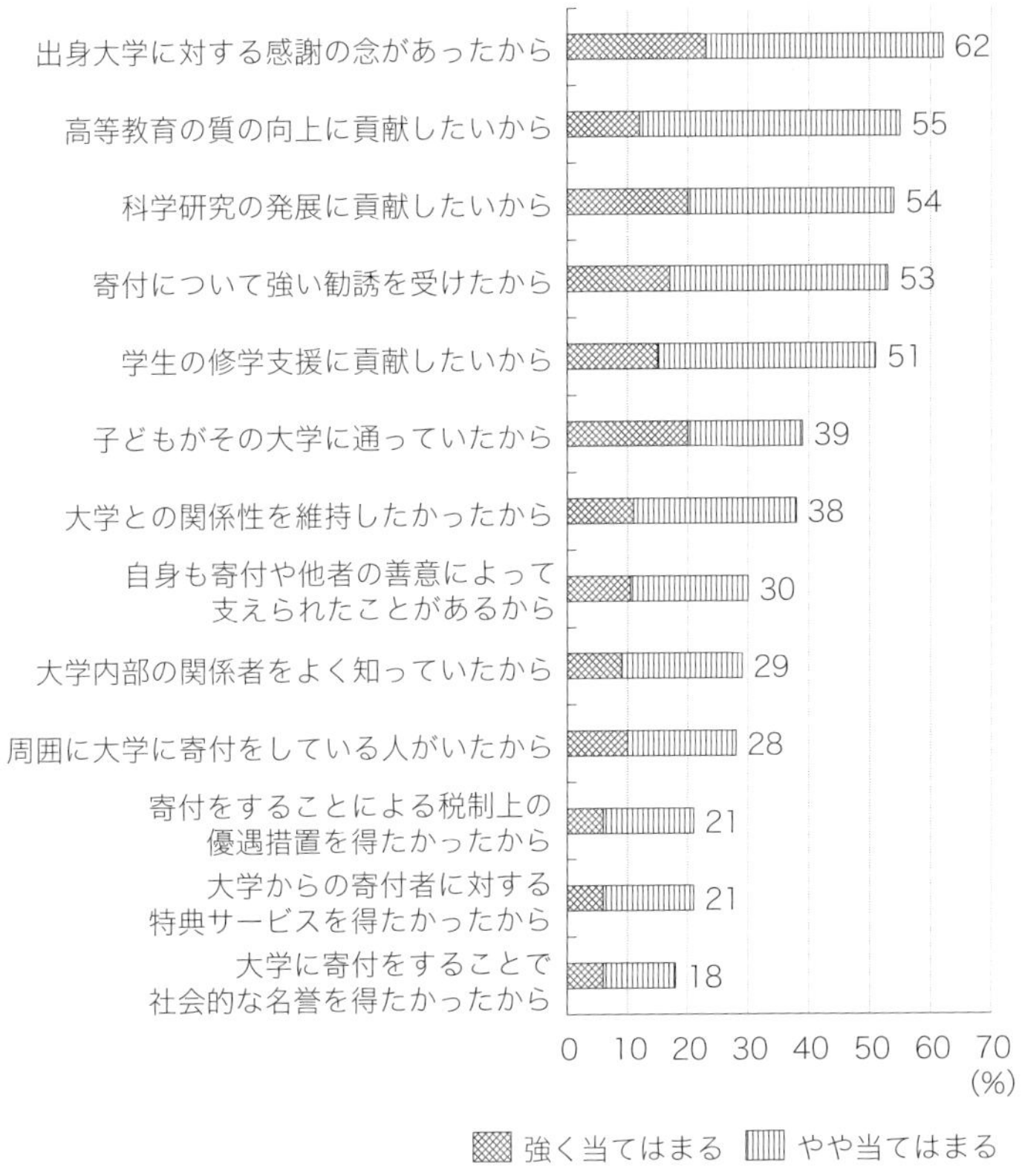

出所：「大学への寄付意識に関する日本的特質の解明」の調査データ（2023年2月実施）を用いて筆者作成。

図12-5　どのような条件があれば大学により寄付をしようと考えるか

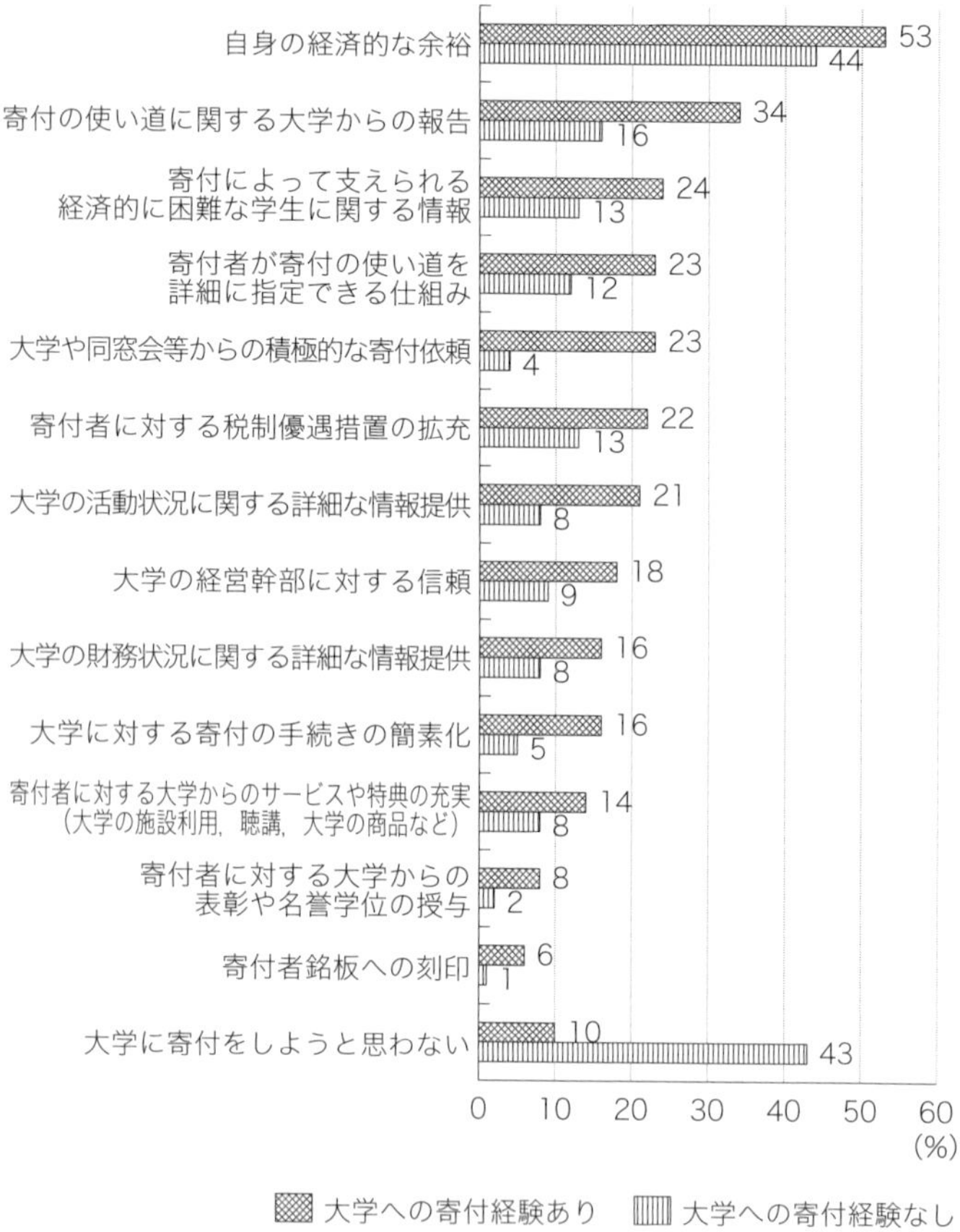

出所：「大学への寄付意識に関する日本的特質の解明」（研究代表：福井文威）の調査データ（2022年2月実施）を用いて筆者作成。

関する項目は、「大学との関係性の維持」が38％とやや高いものの、「寄付をすることによる税制上の優遇措置」については21％、「寄付者に対する特典サービス」が21％、「寄付をすることを通じての社会的な名誉」が18％となっており、他の項目と比較して低い傾向がみられた。

以上が寄付経験者の寄付動機の傾向であるが、寄付がより促進されるための条件について、大学への寄付未経験者の意識も含めてまとめたものが**図12－5**である。ここから明らかなように、最も多かった回答は「自身の経済的余裕」であり、寄付行動の前提として経済的な豊かさの必要性が改めて確認された。これに続いて、「寄付の使い道に関する大学からの報告」、「寄付によって支えられる経済的に困難な学生に関する情報」、「寄付者の使い道が詳細に指定できる仕組み」の回答割合が高いことが確認でき、寄付のインパクトに関する情報を条件とする傾向がみられた。反対に、「寄付者に対する大学からのサービスや特典の充実」、「大学からの表彰や名誉学位の授与」、「寄付者銘版への刻印」といった寄付をしたことに対する見返りを選択した回答者は、少ない傾向が確認された。なお、大学への寄付未経験者の43％は「大学に寄付をしようと思わない」を選択しており、一定数の人々が大学を寄付先として選ばない意思をもっていることも判明した。寄付行動を抑制する理由として、寄付先の団体に対する信頼や寄付に対する不安感があることが一般的に指摘されている（詳しくは、**第2章**参照）。事実、本調査においても大学が社会の発展に貢献していないと考える層ほど、寄付をしないと回答する確率が高かった。

以上の結果をまとめると、高等教育と科学研究への寄付の動機は、ふるさと納税のような寄付をすることで私的便益を享受することを前提とする寄付動機とは異なった側面が強いと考えられる。

図12-6　出身大学に初めて寄付をしたタイミング（卒業後の年数）

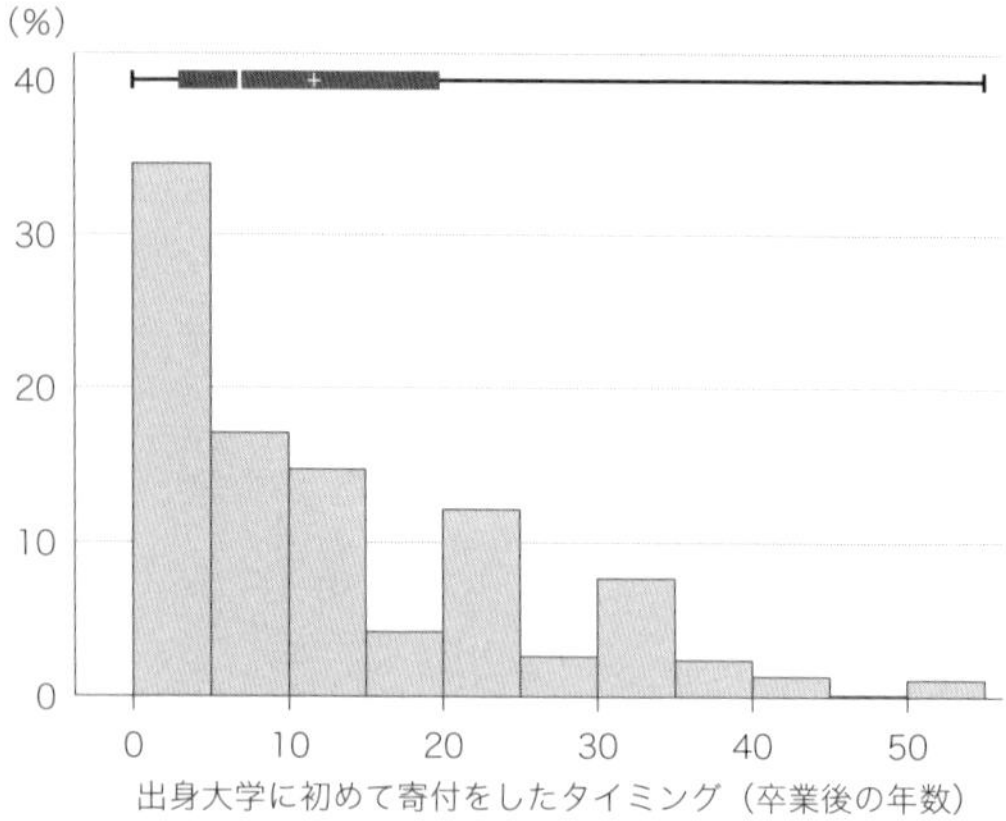

出所：「大学への寄付意識に関する日本的特質の解明」（研究代表：福井文威）の調査データ（2023年2月実施）を用いて筆者作成。

教育プログラムの質の向上、学術研究の強化、学生の経済的支援などをはじめとして、寄付によって何が実現されるかに重きがおかれている。特に、複数の目的を有する大学組織の活動は複雑であり、寄付者と大学の間にある情報の非対称性の解消が、寄付をする条件として重要視されているともみることができるだろう。

（3）大学と寄付者の関係性

最後に、大学と潜在的な寄付者の間にある特有の構造について指摘しておきたい。第1に、大学の場合、潜在的な寄付者の多くが、過去に寄付受領側（大学）のメンバーであった経験を有するという特徴がある。「私は、A大学の出身であり、A大学の一員である」という意識、すなわち組織アイデンティフィケーション（organizational identification）

や帰属意識（sense of belonging）が大学への寄付行動の重要なファクターとなることが近年の実証研究においても指摘されている（Drezner and Pizmony-Levy 2021）。この観点に立つと、大学のファンドレイジングは、大学に寄付をすることの社会的便益や私的便益を強調するのみならず、潜在的な寄付者が大学組織の一員であるという意識を醸成する活動も射程に入れる必要があるだろう。

第2に、大学のファンドレイジングは、他の非営利団体と比較して、潜在的な寄付者との関係構築の期間が長期間にわたるという構造がある。たとえば、大学を卒業してから出身大学に初めて寄付をするまでの期間を算出すると平均で12年かかっており、卒業後20年以上経ってから初めて寄付をしたという者も25％近くいる（**図12－6**）。この特性を考慮すると、寄付募集活動の成果は短期的な寄付の獲得額によってのみ評価されるのではなく、いかに潜在的な寄付者との長期的な関係性を維持し続けることができるかという視点も必要となる。

なお、大学と寄付者の関係においては、時に利益相反の問題をはじめとして倫理的・法的・社会的問題の温床となることにも意識を払わなければならない。事実、入学者選抜や研究結果が寄付により歪められることは社会的批判の対象となってきた（福井 2021）。このファンドレイジングと倫理の問題については、**第9章**も参照されたい。[6]

注

（1）たとえば、2018年の中央教育審議会答申『2040年に向けた高等教育のグランドデザイン』や

（２）２０２１年の内閣府『第６期科学技術・イノベーション基本計画』において、高等教育と科学研究分野への寄付の拡大が政策課題として掲げられている。なお、日本については大学への寄付額に関する信頼にたり得る統計が十分に整備されていない状況にあることを指摘しておく必要がある。たとえば、大学の財務諸表における現物寄付の中には、大学の研究者が国から支給された科学研究費補助金によって購入した設備備品等も会計上含まれていることに留意する必要がある。

（３）具体的には、株式形態の寄付を大学等の非営利団体に寄付した場合、アメリカでは、キャピタルゲイン課税が免除されるのみならず、寄付資産の時価額を所得税から所得控除することが可能となっている。詳しくは、福井（2018）を参照されたい。

（４）２０２３年６月時点において、アメリカやイギリスと同等の株式寄付に対する税制優遇措置は、日本においては実現には至っていない。

（５）２０２２年の調査では成人男女（学生除く）５０５３名に実施した。また、２０２３年は2回のサーベイ実験を行い、それぞれ成人男女（学生除く）２１１７名と、最終学歴が大学または大学院卒の者２１１２名に実施をした。

（６）本研究はＪＳＰＳ科研費（JP20H01700; JP17K14015）の助成を受けたものである。

第13章　なぜ人々はふるさと納税をするのか？

西村　慶友

要点

◦ふるさと納税は開始から14年で約8300億円にまで毎年、実績を伸ばし続けている。

◦ふるさと納税は「寄付金税制の応用」により成り立ち運営されていることから、制度として「寄付」と考えられるが、対価として得られる「返礼品」の存在により賛否両論の評価を受けている。

◦定量的な分析の結果、ふるさと納税は利己的要素と利他的要素により実施されている。

◦自治体は積極的に地域の課題を周知し、それをふるさと納税で解決することを目的とした使途を設定すべきである。

◦被災地への寄付は返礼品を目的としないケースが多い。また、年収が上がるにつれて被災地へふるさと納税を実施した割合が増加している。

1　ふるさと納税の成り立ちと課題

ふるさと納税制度が始まって14年が経過した。２００８年４月に誕生した同制度は、順調に実績を伸ばし続けており、総務省の調査によると、初年度に約81億円だった実績額は、２０２１年には約８３０２億円まで大きく成長を遂げた（総務省 2022）。２０１４年以降、各自治体が返礼品を充実させた結果、各種メディアがふるさと納税を取り上げるケースが増加し、実績件数、実績額ともに大きく成長するに至っている。民間企業がビジネスとして支援事業に乗り出し、ポータルサイトを運営し、インターネット広告やテレビＣＭなどのプロモーション活動を行っていることも大きな要因となっていよう（図13－1）。

ふるさと納税制度については過去の研究において、また世論においても、様々な観点から賛否両論といえる評価を受けている。地方創生に資するための施策でありながら、返礼品として提供される「特典」にのみ注目が集まっていることから、制度創設本来の目的を達成しているのか、評価が分かれているところだ。

そもそも、ふるさと納税は「寄付」であろうか。本章における議論を始める前に、制度の成り立ち・意義を確認しておきたい。

ふるさと納税制度は、２００８年４月に公布された「地方税法等の一部を改正する法律」により現実のものとなった。議論の中で、ふるさと納税の名前の通り、『税』を分割する方式の可能性」

図13-1　年度別のふるさと納税実績の推移

出所：総務省（2022）をもとに筆者作成。

について検討が行われたが、議論を重ねる中で個人住民税のもつ「地域社会の会費」としての位置付け、地方公共団体のもつ「課税権」、租税そのものの「強制性」、そして、「住民間の公平性」などが考慮され、税を分割する方式はとりえないと結論付けられた。これらの問題点を解決するために考えられたのが、「寄付金税制の応用」である。

従来の寄付金控除については所得控除の方式がとられていたが、ふるさと納税制度では国と地方団体の双方が役割を負うべきとの考え方から、所得税と個人住民税の双方を対象とする仕組みが検討された。その上で、個人住民税については税額控除方式、所得税については所得控除方式が採用されることになった。所得税の控除についても税額控除とすることが望ましいとされたが、個人住民税と異なる制度であることから、現行の所得控除の

表13-1　ふるさと納税制度における控除額の変遷

年	適用下限額	所得税の控除額	個人住民税の控除額	
			（基本分）	（特例分）
2008年	5,000円	（ふるさと納税額−適用下限額）×所得税率	（ふるさと納税額−適用下限額）×住民税率（10%）	住民税所得割額の1割を限度
2011年	2,000円			
2015年	2,000円			住民税所得割額の2割を限度

出所：筆者作成。

方式が維持された。一方、個人住民税については、ふるさと納税制度の趣旨から税額軽減効果に限界がある所得控除方式ではなく、高率の控除率を設定することが可能な税額控除方式が望ましいと考えられた。そして、全体の控除率としては、一定の自己負担を課すべきであるという観点から、適用下限額を設け、所得税と個人住民税を合わせて寄付金額の80%の税額が控除される仕組みとして検討された。

その後、二度の制度改正が行われ、2011年度の税制改正により適用下限額が2000円となり、2015年度の税制改正により個人住民税所得割の2割が控除されることとなった。この改正により、実質2000円の負担で済む寄付金額が制度創設時に比べて約2倍となっている。ふるさと納税制度における控除額の変遷を**表13-1**にまとめる。

以上で示した通り、ふるさと納税は「寄付金税制の応用」により運営されていることから、制度として「寄付」であろう。しかし、心情的に寄付であることを認められない点は、制度創設時点の意義と返礼品に注目が集まる実際の運用方法との乖離にある。

2　ふるさと納税の意義

制度創設前の有識者による議論を経てまとめられた「ふるさと納税研究会報告書」（総務省 2007）には、同制度の3つの大きな意義が記されている。

第1の意義である「納税者の選択」は、国民の義務でもある納税について、自らの意志で納税対象を選択できるようにすることで、納税者が納税の大切さを自覚する機会を与えるというものである。

第2の意義である「『ふるさと』の大切さ」については、地方に生まれながら、進学や就職を機会に都会に移住する人が多い昨今において、出産・育児・教育・医療等の行政サービスを地方（の自治体）で受け、（就職してから）納税は都会（の自治体）に行うという実態が地方を疲弊させる一因となっており、この点に思いをきたし、ふるさと納税を通じてアンバランスさを解消させる狙いがある。

第3の意義である「自治意識の進化」は、ふるさと納税制度により、全国の自治体が自らの魅力発信を競い、切磋琢磨の競争が行われることで、地方自治体と住民にとってふるさと納税をしてもらうにふさわしい地域のあり方を考える機会となれば、という思いが込められている。

内閣府の「社会全体の子育て費用に関する調査研究」（内閣府政策統括官（共生社会政策担当）2005）によると、0歳～17歳（出生～高校卒業）までに必要な公費負担（学校教育費、福祉・医療関係費など）は約1600万円と言われている。税金を納めるまで成長させるのは「ふるさと」の役割で、その成果ともいえる納税が「都会」で行われることの違和感を解消させるため、という意図をもった制度ともみなせるだろう。

3　本章の狙い

本章では、ふるさと納税を行うインセンティブを明らかにするために、同制度が制度本来の目的で活用されているかという課題について考える。すなわち、ふるさと納税が利己的な目的で活用されているか、もしくは、利他的な目的で活用されているか、という2つの視点が重要であり、当然、重きを置かれるべきは後者である。そのため、制度を運営する側の自治体と実際に寄付を実施する寄付者から、それぞれ取得したアンケートデータを分析した2つの先行研究を紹介し、異なった方向から検証結果を示す。

自治体と寄付者それぞれから取得したアンケートデータを元にした研究をレビューすることの意図としては、それぞれの主体にとってのメリットが異なることが想定されるからである。まず、自治体の視点として、西村・石村・赤井（2017）から、歳入を増やし住民サービスを充実させたい自治体が、どのような地域的な特性を持ち、どのような寄付の募集を行うことがふるさと納税の実績の増加につながっているのかについて紹介する。その結果を通じて寄付者のインセンティブを明らかにしたい。また、寄付者の視点として、西村・石村（2017）から、ふるさと納税の実施により効用を高めたい寄付者について、個人寄付データの分析を通じて、それが利己的なインセンティブに基づくものなのか、もしくは利他的なインセンティブに基づくものなのかを紹介する。これにより、寄付者のインセンティブについて、さらに踏み込んだ詳細な内容を知ることができる。

4　ふるさと納税のインセンティブ（個別自治体の寄付受け入れデータによる分析）

西村・石村・赤井（2017）では、全国の自治体から独自に取得したアンケートデータを元に、ふるさと納税における、個人のインセンティブに関する実証分析を行った。ふるさと納税を寄付とみなし、寄付先の自治体の特性から、利他的な目的の寄付が多いのか、利己的な目的の寄付が多いのかを探っている。

分析にあたっては、アンケート調査により独自に入手した自治体別データ（2014年度のふるさと納税実績）を用いている。特に、ふるさと納税が、本来の目的である地域活性化を目指して行われているのか（利他的と考えられる）、それとも、特典を目当てに行われているのか（利己的と考えられる）という仮説を検証し、今後の制度改革の方向性を検討した。この調査の新規性としては、詳細な個人のインセンティブについて、全国調査の独自アンケートで初めて明らかにした点が挙げられる。

全国の自治体を大規模（人口5万人以上）・中規模（1万人以上5万人未満）・小規模（1万人未満）と分けて分析を行った結果、寄付者の行動要因として、小規模地域においては、財政的に恵まれない地域に寄付しようという利他的要素はあるが、どの自治体を選択するかの決め手は、返礼品に左右される可能性が高く利己的要素もあること、また、返礼品がない場合には、使途説明など、地域にどのように貢献するのかが明確な自治体に寄付する傾向がみられ、利他的要素があることが明らかになった。つまり、制度として利他的な思いも反映されている点が窺えるということである。

5　ふるさと納税の規定要因（インターネット調査による個票データを用いた分析）

西村・石村（2017）では、インターネット調査による個票データを用いて、ふるさと納税の実施について、個人のインセンティブに関する実証分析を行っている。寄付者個人から取得したアンケートを元に、本来の目的である地域活性化を目指して行われているのか、特典を目当てに行われているのかについて実証分析を試みている。

分析にあたっては、楽天インサイト株式会社のサービスを利用し、全国の個人を対象に行った独自のインターネットアンケート調査結果（５００サンプル回収）を用いて、寄付行動における個人のインセンティブについて明らかにしている。アンケート調査では、寄付金および寄付件数（２０１４~２０１６年）、個人年収および世帯年収、配偶者の有無、寄付の動機（特典、使い道への共感等）、被災地への寄付の有無、特典の種別（肉、米、金券等）等を質問項目としている。これらのデータを用いて、仮説に基づき、寄付実績に対する、利己的動機（特典等）および利他的動機（ふるさと納税の使い道、被災地への寄付等）の効果を実証的に検証している。

その結果、年収が高い人、年齢が若い人ほど多額のふるさと納税を行うことや、特典の取得や税金の軽減を目的としてふるさと納税を行う利己的傾向があることが明らかになった。また、年齢が高い人ほど寄付を行う確率が高まることがわかり、２０１６年単独でみたときには、若い層が多く寄付を行っているが、２０１４年から２０１６年への変化をみると、幅広い世代が寄付を行うようになってきたという傾向を読み取ることができた。注目すべきは被災地への寄付など災害からの復旧への応援や居住自治体の財政状況の考慮など利他的な要素も確認できた点であろう。この結果から、利己的な側面はありつつも、利他的な思いによる寄付が集まる仕組みであることが窺えた。

6　ふるさと納税制度の最適な運用を考える

一連の分析結果から、ふるさと納税は利己的要素（特典の魅力等）と利他的要素（特典がなくとも使途の説明があり地域貢献への影響が明確、被災地の応援等）により実施されていることが明らかになった。やはり、利己的な要素が目立つものの、利他的な要素が確認されたことは制度の運用に光明が差したと感じられる。

ここから得られるインプリケーションとしては、まず、情報発信の重要性である。特にふるさと納税の意義についての情報を発信することは国の大きな役割と考えられる。そのことにより、国民の制度の理解を促進し、利他的な寄付の増加による寄付文化を醸成していくべきであろう。一方、制度を活用する自治体は寄付者および住民に対して情報発信を行っていく必要がある。地域の課題の周知と共有、それをふるさと納税で解決することを目的とした使途の設定、そして寄付が集まった後、実際の活用状況も広くあまねく周知していく必要がある。すなわち、ふるさと納税の募集に当たってはクラウドファンディングのように具体的な使い道を示した上で行うことが望ましい。

使い道に着目して募集されたふるさと納税の事例としては、栃木県足利市が挙げられる。同市は、日本遺産に認定された足利学校の改修費をふるさと納税の使い道として指定できるようにしており、元市民を中心に多くの金額を集めることに成功している。滋賀県豊郷町においては、国の登録有形文化財としても登録されている「豊郷小学校旧校舎群」の管理事業にふるさと納税を充てている。また、都道府県の取り組みでは、大阪府が「太陽の塔内部再生」事業として、ふるさと納税によるクラウドファンディングを実施し、目標金額の1億円を大きく上回る1億5738万7698円の寄付を集めることに成功している。

クラウドファンディング型ふるさと納税の問題点としては、すべての自治体で人の興味を引くような案件が出てこないことである。一般的にクラウドファンディングは寄付を募集する際に、案件のストーリー化などを行う必要があり、返礼品を前面に押し出すプロモーションよりも準備作業に時間を要する。そして、期間限定の募集であることが多く、コストに対する金額のパフォーマンスがそれほど得られないことが多い。これらの課題を解決するためには、元住民や自治体への旅行者などに効果的に情報を発信できる仕組み作りなども合わせて整備していく必要がある。非常に難易度が高い課題ではあるが、大阪府泉佐野市の取り組みを参考として紹介したい。同市は「#ふるさと納税3・0」として、市内での事業展開や出展を検討している事業者を対象に新しい制度の活用方法を提案している。これは事業者が泉佐野市に事業を提案し審査により採択された案件だけが、

図13-2　返礼品が無くてもふるさと納税を実施した人の割合

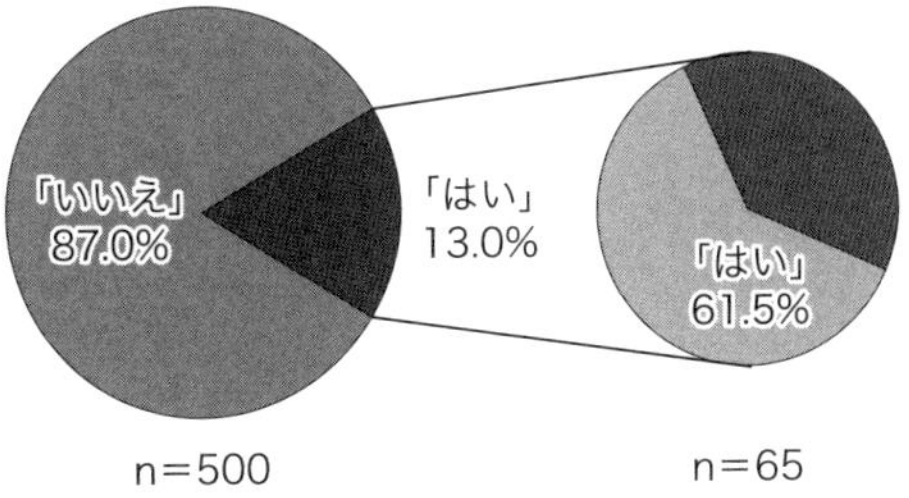

出所：筆者作成。

ふるさと納税によるクラウドファンディングで資金調達を実施できるという制度である。

7　被災地への応援としてのふるさと納税

前述の通り、利己的な寄付に注目が集まるふるさと納税において、被災地への応援という利他的な要素という光を見出すことができた。そこで、本章の締め括りとして、以下のデータを示したい。２０１６年のアンケート調査において、返礼品を受け取れなくてもふるさと納税を実施した人の割合（**図13－2**の左の円グラフ）と、その中で実際に被災地へのふるさと納税を行った人の割合（**図13－2**の右の円グラフ）を示している。アンケート全体での被災地への寄付の割合は実施した人が24・2％、実施していない人が75・8％であったことから、被災地へのふるさと納税は返礼品を目的としないケースが多いことが示されている。

また、**表13－2**に年収別に被災した地域へふるさと納税を実施した割合を記載する。２０１６年は、４月14日の熊

表13-2　年収別被災地へのふるさと納税の実施割合

年収	ふるさと納税実施者	被災地へのふるさと納税	被災地へのふるさと納税率
300万未満	133	33	24.80%
300万～499万	125	22	17.60%
500万～699万	88	17	19.30%
700万～999万	72	23	31.90%
1,000万以上	56	22	39.30%
合計	474	117	24.70%

出所：筆者作成。

本地震、10月21日の鳥取県中部地震、12月22日の糸魚川市大規模火災など多くの災害が起きた年であったが、2016年にふるさと納税を実施した人において、年収が上がるにつれて被災地へふるさと納税を実施した割合が増加していることがわかる。ともすれば、「高所得者だけが得をする制度」と揶揄されがちなふるさと納税制度であるが、こういう側面も事実として存在している。このように利他的なふるさと納税の実施を促進することにより、本来のふるさと納税の目的に立ち帰ることを期待したい。

第14章　短期完結型のボランティアにはどのような特徴があるのか？

岡田　彩

要点

- 現代社会の生活スタイルにマッチする形として、短期間で完結するボランティア活動に注目が集まっている。これは「エピソディック・ボランティア」と呼ばれている。
- 世界7か国のデータから、大規模なスポーツイベントでのボランティア活動では、事務連絡などがスムーズに行われたと感じられており、小規模なイベントでの経験に比べ、全体的な満足度が高いことがわかった。
- ただし、満足度の高さは、「またボランティアしたい」という意思には必ずしもつながっていなかった。整理整頓された環境での活動よりも、混沌とした環境下で他者と試行錯誤しながら活動した経験の方が、再び活動したいという気持ちにつながっているようである。

1　現代社会にマッチする、短期完結型のボランティア活動

「ボランティア活動をしたい！」と思っても、忙しい日々を送る中で、その時間を確保することが難しいと感じる人は多いだろう。実際、内閣府（2020）の調査では、ボランティア活動への参加の妨げとなることの第1位に、「参加する時間がない」がランクインしている。多忙な毎日の中で、週1回や月1回など、他者のために時間やスキル、エネルギーを定期的に提供することは、そう容易いことではないと考えられる。

そんな現代社会に生きる人々の生活スタイルにマッチしたボランティア活動のあり方として、「エピソディック・ボランティア（Episodic Volunteering）」が注目を集めている。週末2日間、あるいは10日間だけなど、短期間で完結するボランティア活動を指しており、地域の夏祭りや運動会、マラソン大会や野球の試合、音楽ライブ、災害発生後の被災地支援など、様々な場面において行われている形態である。名称は、「はじまり」と「終わり」が明確であるという点から、「エピソード」という言葉に由来している（MacDuff 1990）。多忙を極める現代人が、時間的な制約を乗り越え、無理なく参加できるボランティアの形態として期待できるだろう。

「エピソディック・ボランティア」は、ボランティアを募る側、すなわち行事やイベントの主催者にとっても、様々なメリットがある。たとえば、観客誘導など、同じ作業に従事するアルバイトを雇う必要がなくなることから、運営コストの削減につながる可能性がある。通訳など、専門的な

スキルをボランティアが提供してくれることもあるだろう。さらに、ボランティアが活躍することで、周辺のコミュニティからの支援につながったり、参加した人々の満足度を高めることにもつながると考えられている（Smith et al. 2014）。

短期間で完結する「エピソディック・ボランティア」は、ボランティアをする側にとっても、依頼する側にとっても「win-win な形態」として、ますます増えていくことが期待されるのである。

2　スポーツイベントでのボランティア活動――7か国のデータ

「エピソディック・ボランティア」が活躍する行事やイベントの中でも、特にその存在感が際立つ分野の1つに、スポーツがある。地域で開催される運動会や野球、サッカー、ゴルフの試合、マラソン大会など、全国各地で行われる数多くの行事やイベントでは、様々な場面で短期完結型のボランティアが活躍している。観客誘導や会場の清掃、アスリートのサポートやメディア対応の補助といった場面で、ボランティアの姿をみかけたことはないだろうか。東京2020オリンピック・パラリンピック大会でのボランティアに関する報道が記憶に残っているという人も多いだろう。

スポーツイベントでの短期完結型ボランティアは、その後のさらなる活動へのきっかけとなることが期待されている。多くの人が手軽に参加できる可能性が高い形態であるからこそ、ボランティア活動の起爆剤となりうるのでは、と考えられているのだ。実際、東京オリンピック・パラリンピック大会では、日本国内でのボランティア活動がますます盛んになることが「レガシー」の1つとして挙げられていた。

では、実際に、スポーツイベントでの短期完結型のボランティア活動をした人々は、その経験をきっかけに、「またやりたい」という気持ちをもつに至るのだろうか。この章では、この疑問に対し、日本を含む世界7か国のデータから浮かび上がってきた答えを紹介していく（Okada et al. 2021）。

筆者も参加したこの調査は、国際学会ARNOVA（Association for Research on Nonprofit Organizations and Voluntary Action）に属する世界各国の研究者が企画・実施したもので、主に2017年から2018年の間、同一の質問紙を用いて、世界19か国でデータが収集された。「エピソディック・ボランティア」に関して、複数の国を横断して収集された、貴重なデータである。本章では、そのデータの中から、米国、フィンランド、スイス、日本、インド、ガーナ、タンザニアの7か国において、スポーツイベントでの短期完結型ボランティア活動を行った人々の回答に注目していく。その分析結果から、先の疑問を検討していこう。

なお、分析の対象となったのは、スポーツイベントで短期完結型ボランティア活動を行った、1004名である。男女比は概ね半々であったが（男性49％、女性51％）、年齢は18歳から24歳が23％、45歳から54歳が21％で最も多かった。対象者の50％以上が、週1あるいは月1など、定期的な（periodic）ボランティア活動を行っていなかったことから、短期完結型であるからこそ、ボランティア活動に従事できた層であると推測された。

3　国による活動内容の違い

最初に、浮かび上がってきた国による違いに注目してみよう。特に活動内容に関する項目で、興味深い違いが確認された。

その1つが、活動時間数である。「10時間以上」活動したという回答者は、米国では92％、フィンランドでは70％、スイスでは66％と大多数を占めていたのに対し、日本では「5時間以下」が57％、ガーナでは48％を占めていた。同じスポーツイベントでの短期完結型ボランティアとはいえ、その活動時間数には、かなりの幅がありそうである。

「個人で参加したか、グループで参加したか」という項目でも、国による違いがみられた。「個人」という回答者は、スイスの82％、米国の81％、フィンランドの64％を占めていたのに対し、「グループ」という回答者は、インドの59％、タンザニアの57％、日本の45％、を占めていた。全く知らない他者とともに活動することを好む人が多い国もあれば、良く知っている人とともに、安心して参加することを重視する人が多い国もありそうである。

「与えられた役割」という点でも、国による違いがみられた。全体でみると、アスリートや観客と直接接する立場で活動したボランティアが全体の46％を占めていたが、米国とガーナは、他の国に比べ、ボランティアが務めた役割の幅が広かった。たとえば日本では、イベント前の準備（46％）やイベント後の清掃（32％）に従事するボランティアが多かったが、ガーナでは、広報・マーケティング（40％）や資金集め（23％）に従事した人も多くみられた。米国では、コロナ禍以前に行われた調査であるにもかかわらず、オンラインでの活動（50％）も活発に行われていたことがわかった。

4　大規模イベントでは、スムーズな活動を経験

こうした国による差異には、文化的な影響も垣間みえるものの、ボランティアが活動したイベントの規模や性質にも左右されると考えられる。今回分析対象としたデータでは、全国規模のスポーツイベントでの短期完結型のボランティア活動をした人の回答が多くを占めた国（米国、フィンランド、スイス）と、小規模なイベントでのボランティアの回答が多い国（日本、タンザニア、インド、ガーナ）が含まれていたことから、規模に注目した傾向も検討することができた。

大規模なイベントの場合、主催者がボランティアをコーディネートする経験を年々積み重ねてきていることが推測される。毎年開催されるマラソン大会や4年に1回開催される世界大会などを思い浮かべてみると、ボランティアの役割が明確に定められ、提供する研修の内容、ボランティアへの連絡のあり方、問い合わせへの対応方法、ボランティア同士の交流を促す方法など、経験に基づいた方法がある程度定まっている場合が多い。

確かに、大規模イベントでのボランティアが多かった米国、フィンランド、スイスの回答をみると、ボランティアが、主催者との関係において、非常にスムーズな経験をしたことが浮かび上がってきた。たとえば、「イベントに関する事務連絡（活動内容や時間）は良く整理されていた」と感じ

図14-1　イベントに関する事務連絡（活動内容や時間など）は良く整理されていた

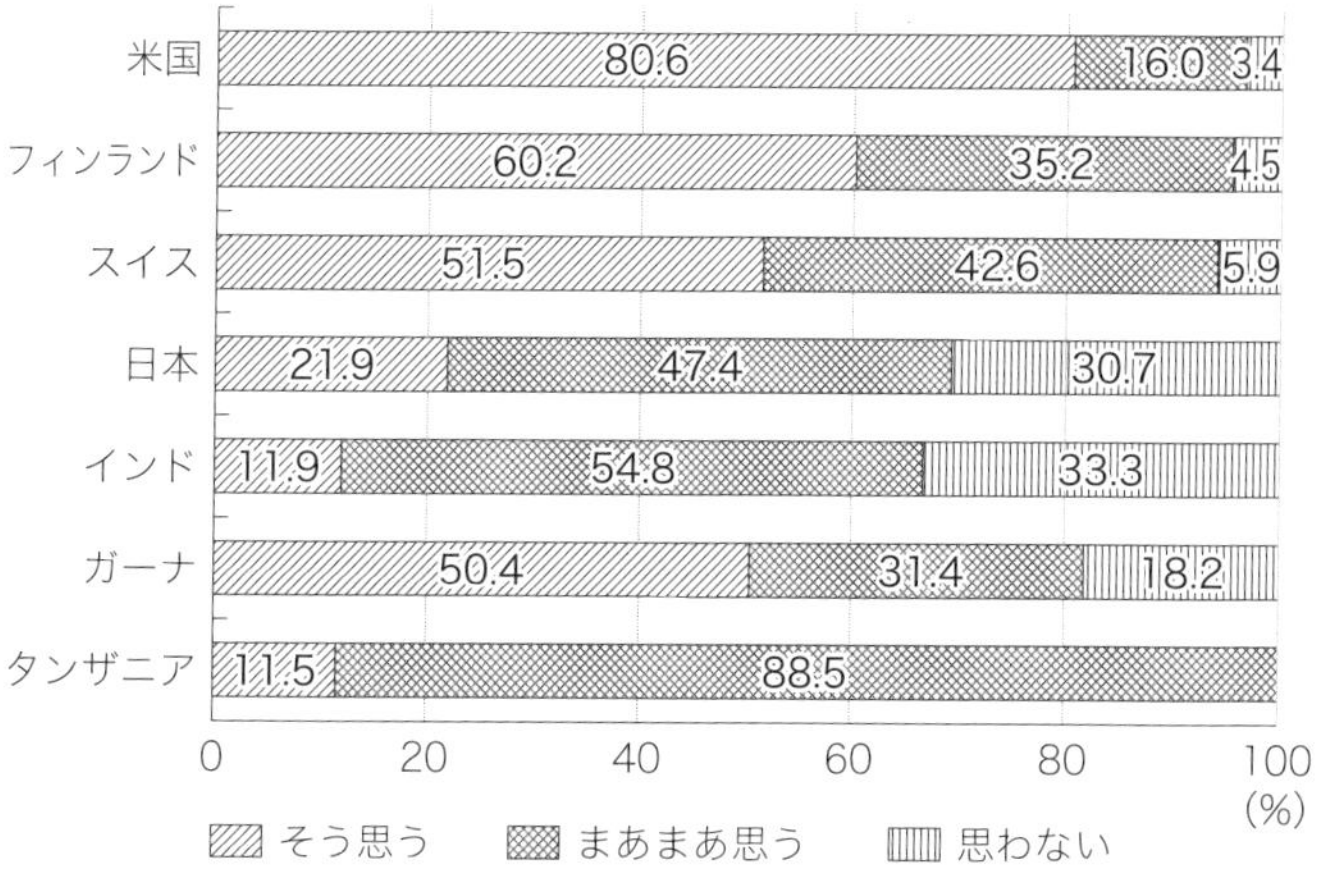

出所：Okada et al.（2022）より筆者作成。

たボランティアは、米国（80・6％）で最も高く、続いてフィンランド（60・2％）、スイス（51・5％）となっていた（**図14－1**）。一方、小規模なイベントでのボランティア経験者が多く含まれた日本やインドは、良く整理されていなかったと感じる回答が約3割を占めていた。事前になかなか連絡が来ず、具体的にどのような活動をするのか、あるいは何時から何時までの活動であるかを十分把握することなく、ボランティア活動を開始するなど、ストレスを感じる状況下で活動した人がいたのかもしれない。同様の傾向は、「イベントの事前研修・説明」への評価についても確認された。

　大規模なスポーツイベントをはじめ、ボランティアへの対応が整理整頓された環境では、感謝の気持ちを示すことも、必要なこととして予め整えられている可能性が高

図14-2　活動に対して感謝されたと感じた

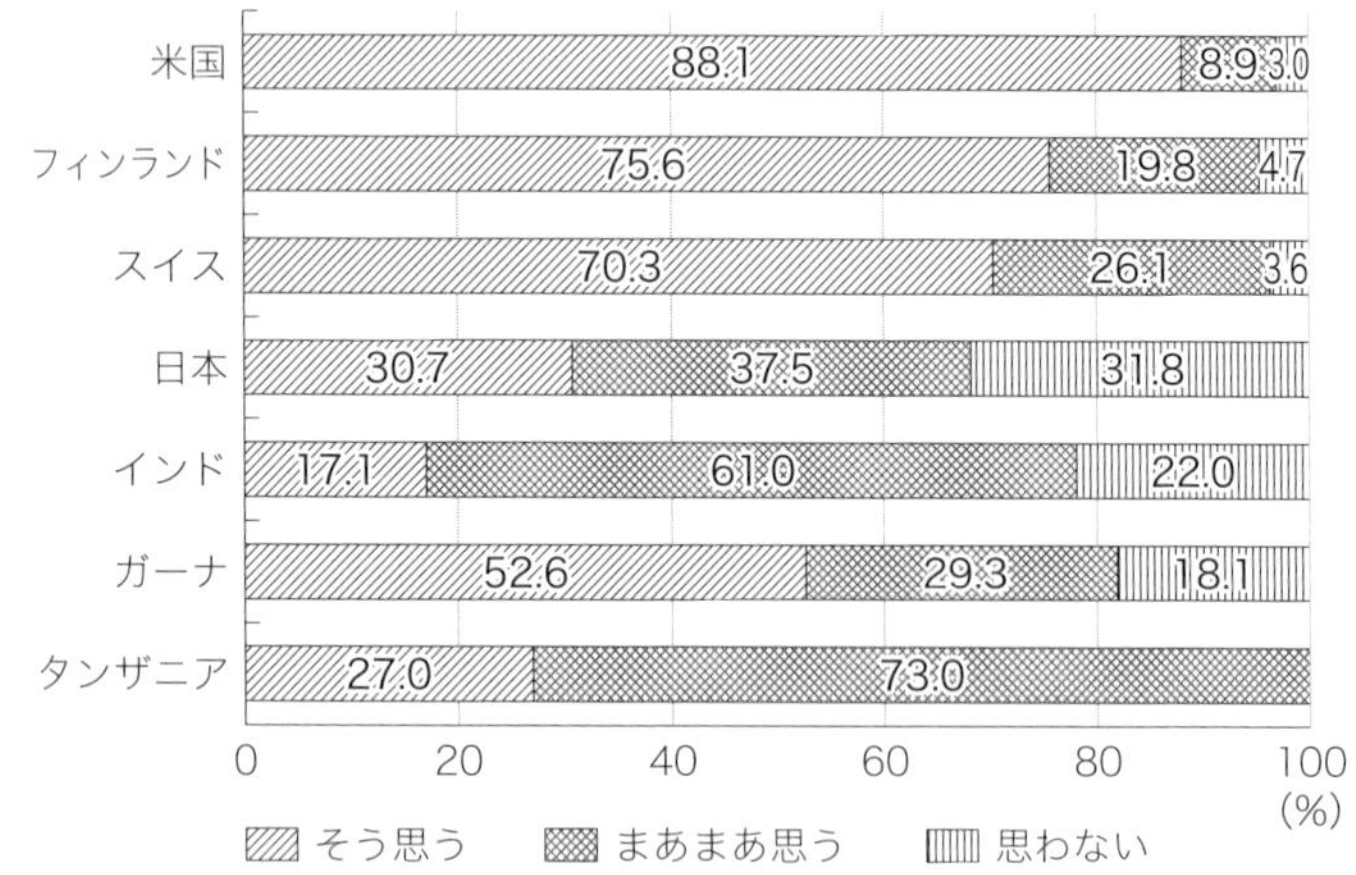

出所：Okada et al.（2022）より筆者作成。

い。ボランティア休憩室に「ありがとう」のメッセージが掲げてあったり、後日感謝のメッセージが届くこともある。「活動に対して感謝されたと感じた」という設問では（図14－2）、大規模イベントでのボランティア経験者が多かった米国、フィンランド、スイスにおいて「そう思う」という回答が7割以上を占めた一方、日本、インド、ガーナでは、感謝を感じなかったボランティアが一定の割合確認された。

「他者と共に活動することに満足したか」という設問に対する答えにおいても、国による違いが浮かび上がってきた。大規模なスポーツイベントで活動した人が大多数を占めた国々で、「そう思う」と回答した人が圧倒的に多く、米国（86・5％）、フィンランド（75・0％）、スイス（54・3％）という結果であった。一方、小規模なイベントでのボランティア経験者が多かった日本では「そう思う」が31・8%にとどまり、「思わない」が27・1%に上っていた。大規模なイベントでは、主催者によるコーディネートがスムーズに行われた結果、他のボランティアや、参加者とのやり取りに困難が生じにくかったことが推測される。

5　「満足」と「またやりたい」のギャップ

活動全体に対する満足度には、どのような違いがみられたのだろうか。図14－3をみると、全体的な満足度という観点からも、大規模なスポーツイベントでのボランティアの方が高い結果につながっていることが確認できる。米国、スイス、フィンランドでの満足度が総じて高かった一方、日本やインドでは、25%以上が「あまり良くなかった」「全然良くなかった」を選択していた。活動がスムーズではなかったり、混乱が生じたなど、何らかのストレスを伴う経験になったと推測できるだろう。

直感的に考えると、満足度の高いボランティア経験をした人は、再び同じようなイベントでボランティアをしてみたいと考えるのではないか、と推測される。ストレスが少なく、物事が円滑に進む環境に再び身を投じてみたいと思う可能性は、高そうである。しかし、この調査では、必ずしもその傾向が当てはまらないという、興味深い知見が浮かび上がってきた。

短期完結型のボランティア活動を経験した人に、類似するイベントで再びボランティアをしたいかどうかを尋ねたところ（図14－4）、大規模なスポーツイベントでの経験者を対象とした米国

図14-3　全体的な満足度

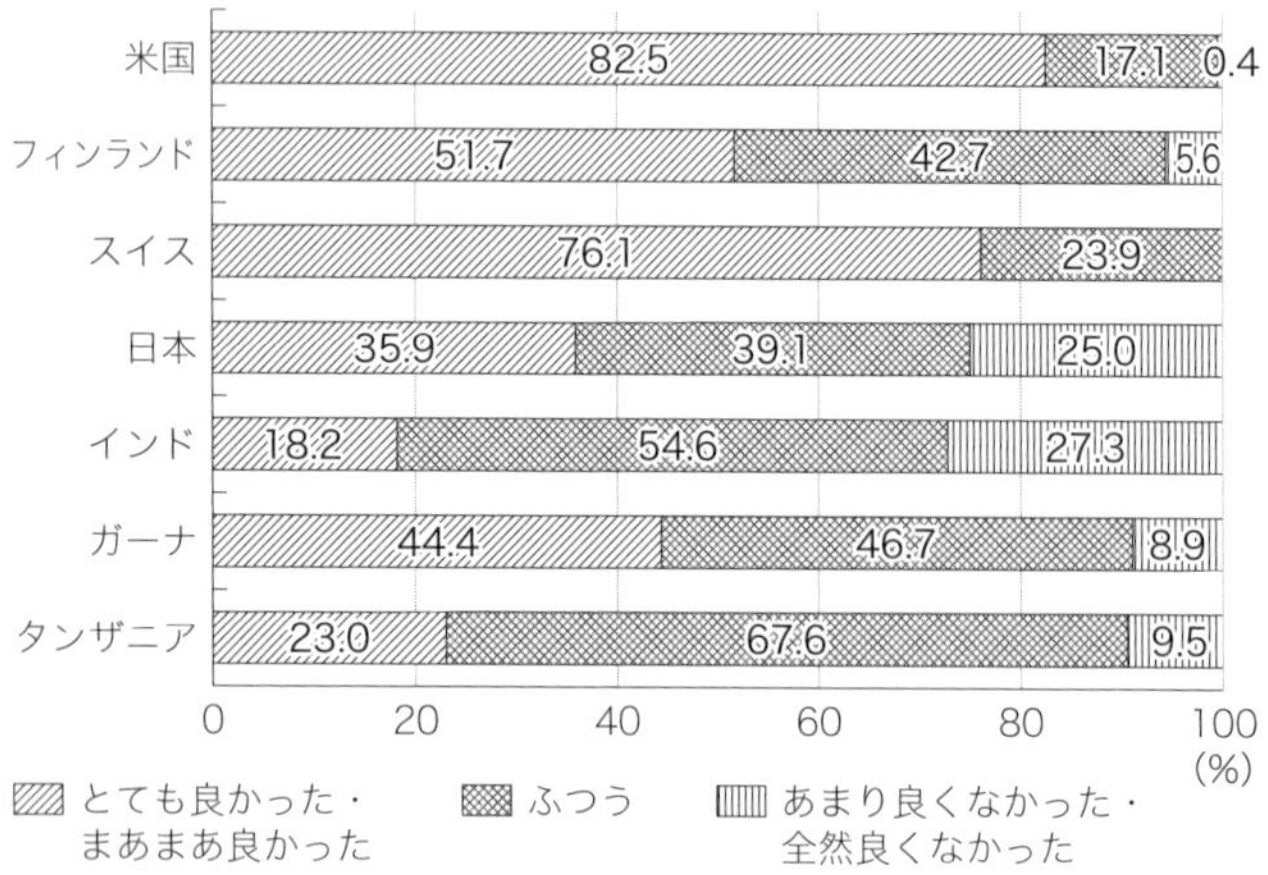

出所：Okada et al.（2022）より筆者作成。

図14-4　類似のイベントで再度ボランティア活動をしたいか

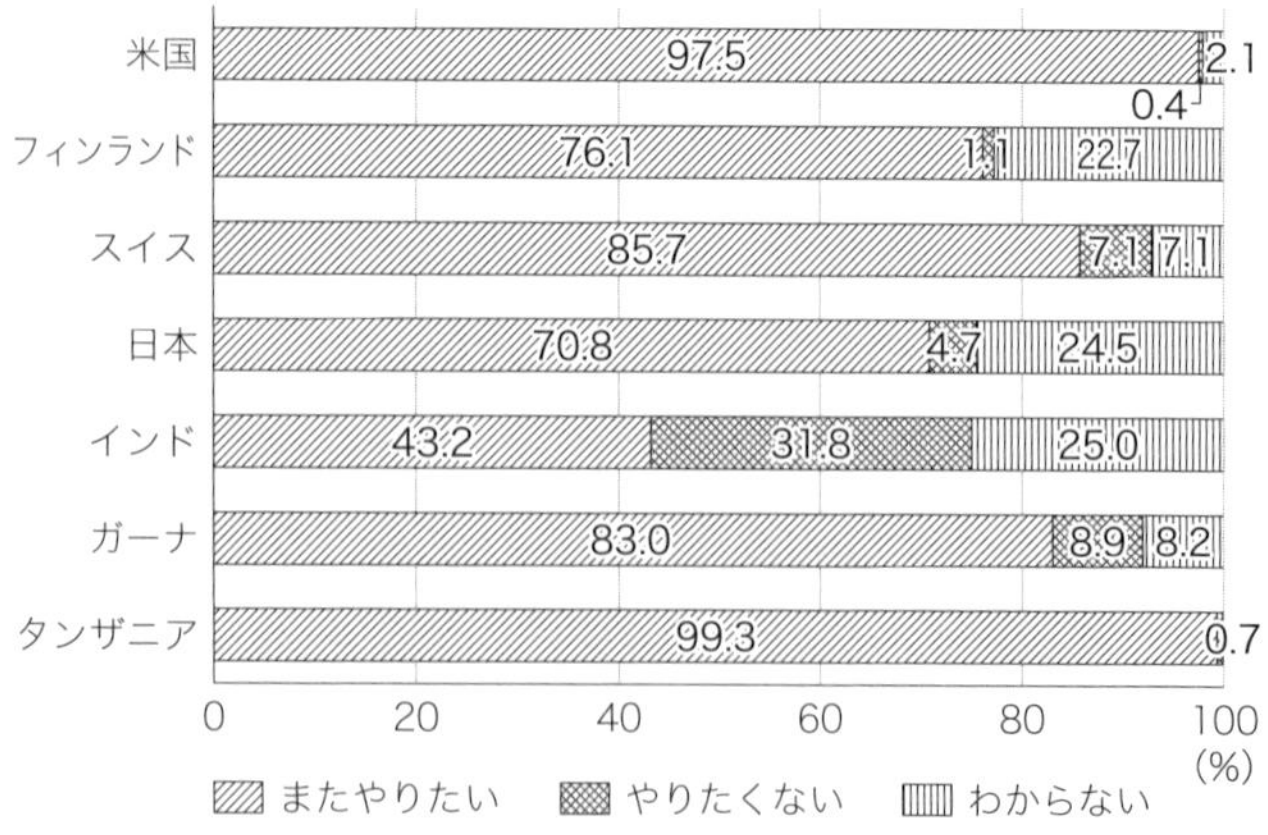

出所：Okada et al.（2022）より筆者作成。

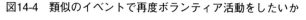

小規模なスポーツイベントでの経験者が多かったタンザニア（99・3％）、ガーナ（83・0％）でも（97・5％）、スイス（85・7％）、フィンランド（76・1％）でその割合が高いことが確認された。一方、「またやりたい」と考える回答者が多くみられた。満足度が比較的低かった日本でも、約70％のボランティアが再び活動する意図をもったことが明らかとなった（図14－4）。短期完結型のボランティア経験の満足度と、再び活動する意欲をもつかどうかは、どうも同じ傾向にあるわけではないようである。

この点をさらに探求するために、統計的な推定（順序ロジットモデル）を行ったところ、高い満足度に影響したポイントとして、「イベントの事前研修・説明は十分なものだった」「主催団体からの連絡はスムーズだった」「適切に感謝された」「他者と共に活動することに満足した」が特定された。一方、「またやりたい」という意図に影響したのは、「他者と共に活動することに満足した」という点のみであった。大規模スポーツイベントのように、丁寧なコーディネーションのもとでボランティアをした人は、雑なマネジメントのもとでボランティアした人に比べて、そのイベントでのボランティア体験の満足度は高くなるが、「またやりたい」という意図は必ずしも生まれない、といえそうである。

この結果は、どのように解釈できるだろうか。整理整頓された環境で活動することは、わずらわしさが少なく、スムーズな経験となると予測される。自分が担当すべき役割が明確であり、必要な研修も提供されれば、安心して活動に従事できるだろう。わからないことは、きちんと問い合わせる手段が提供され、ボランティアとしての活動への感謝も、折に触れて示される可能性が高い。

一方、小規模なイベントなど、主催者側が提供する環境が粗い場合、ボランティアがストレスを感じる状況は多くなりそうである。自分がすべきタスクが曖昧で、何が求められているのか、どう動くべきかがわからない場合もあるかもしれない。しかし、そのような混沌とした環境こそが、ボランティア自身が創意工夫しながら、他の人と協力して問題を解決したり、物事を成し遂げる機会を生み出すのではないか（Taks et al. 2015）。ストレスフルな状況に置かれるからこそ、自分が必要とされているという感覚が生まれ、似たようなイベントで「またやりたい」という気持ちを生み出すのではないか（Maas et al. 2021）。そのような解釈も可能かもしれない。

6　試行錯誤してこそ、ボランティア?!

整理整頓された環境におけるストレスの少ないボランティア体験が、「またやりたい！」という意図に必ずしもつながっていないという知見は、筆者と研究チームにとっても、驚きの結果であった。誰かが敷いたレールに乗って活動するよりも、脇道に逸れつつ、ボランティア活動を共にする他者と試行錯誤しながら、イベントを支えていく。それこそが、仕事ではない、ボランティアの面白さなのかもしれない。

実務者の挑戦③

D×P――今井紀明

「ガス電気が止められている」
「食事が食べれていない」
13歳～25歳の登録者が1万1000人を超えるオンライン相談「ユキサキチャット」には日本全国から悲鳴のような声が子どもたちや若年層から日々、届いている。その状況に対応していくため、緊急事態宣言の1回目からチャットで話を聞きつつ、面談を実施し、場合によっては食糧支援や給付支援を実施している。食糧支援はこの3年で13万食を超えており、給付支援は6000万円を超えている。

私は認定NPO法人D×Pという団体の代表を務めており、ユキサキチャットの運営などを行っている。創業から12期目になり、スタッフも30名を超える組織となってきた。10年かけて国や企業がサポートできていない子どもたちの支援をスタッフや寄付者の方、ボランティアの方々と作ってきた。コロナ禍では、全国の子どもたちの対応ができる体制を整えた。2022年度は全体で約1・9億円の予算のうち、9割は寄付だ。そして、そのうちのほとんどは個人寄付だ。寄付型のＮＰＯだったからこそ、コロナの状況下でもすばやく対応して子どもたちと日々、接することができている。これが行政の委託事業の場合、定められた契約内容に基づくため、緊急対応をスピーディーに行うのが難しかっただろう。

オンライン上で僕らはいつもやりとりしている。顔がみえない、文字しかみえない、一見無機質かもしれないやりとり。しかし、僕らは顔をみせない面談をしたり、時には対面で会ったりもしながら全国の若年層と関わりを続けている。少しでも気持ちが届けばいいと思い、食糧支援をするときの箱には毎回ポストカードを入れているし、食糧支援はカスタマイズも行っている。調理器具がなくて、お湯のみでしか調理ができない方のためのセットや電気やガスを使えない状況の方もいるため、常温の食事セットなども用意する。また、生理用品がなくて外に出ることができない女性もいるため、状況によっては生理用品なども送って安心して暮らせる状況を作り出している。

食糧支援や現金給付をする若年層に共通するのは、何らかの理由で親に頼れないということだ。たとえば、親がそもそもいない、親から虐待を受けて施設などで暮らしているなどがある。また、ひとり親家庭などで経済的に頼りづらかったり、親と関係性が悪く家を出て一人で暮らしていたりする。親に頼れずに暮らす相談者の多くは、コロナ禍だと緊急事態宣言などの影響でアルバイトの就業時間が減ったり休業補償が出なかったり、急に仕事を辞めさせられたりして困窮状態に陥ってしまった。

アルバイトで働き生計をたてる若年層は、１回目の緊急事態宣言から相談がきていたが、いまは国立大学の学生や新社会人など、２０２３年の春から新生活を始めたという若年層からも相談が届くようになった。現在では物価上昇に苦しめられている状況の子たちからも相談が多い。コロナの長期化で借金や滞納が多くなり、物価上昇がその後の生活に影響を及ぼしているのだ。

「所持金があと３００円しかない」と言われることもあった。想像する。あと、３００円しかなくてお米も少ししか残っていない。一人ひとり、ぎりぎりまで相談せずにきたのだろう。仕事も自分でみつけようとしてきたことは話を聞いているとわかる。このコロナの長期化の2年間で借金や対応を多く抱え、精神的にもしんどくなった状態をどうやったら自力で切り抜けられるだろうか。この3年でみてきた子どもたちや若年層の状況は金銭的な問題だけを抱えているわけではない。親が失業し、親にお金を送らなければいけなかったり、親の面倒をみたりもしている。加えて自分自身も精神疾患の当事者になっていることも多かったりする。複数の問題を抱え、その状況を一人の力で解決できるのだろうか。そんなことは私たち大人になってからも難しいだろう。この子たちを、自己責任といって切り捨ててはいけないのではないか、と私は考えてNPOとして活動してきた。

こういった子たちの支えになるセーフティネットを私たちは民間から作ってきた。それは寄付の力による影響が大きい。寄付は独立した資本であり、そういった資本があったからこそユキサキチャットのような独自の事業を作ることができてきた。

寄付は社会を作る資本だ。社会のモデルとなる事業を作り、そして国や企業ができない支援を作ることができる。日本はオンライン上のセーフティネットが未整備であり、相談先もまだ少ない。それを変えていく必要性があるし、僕たちは4000名近い個人寄付者さんとともにそのモデルを作り続けている。

国ができなければ民間で、やりとげていく。D×Pのビジョンである「ひとりひとりの若者が自分の未来に希望を持てる社会」は単なる目標ではなく、実現していくことを目指している。ひとりひとりに対して未来に希望をつくりたい。その思いで僕らは仕事をしている。

今日もユキサキチャットに連絡がくる。「しんどい」と。この状況、ひとりでよくがんばっているし、すごいよ、と声をかける。画面上のやりとりかもしれないが、それは始まりだ。人と人との温かみがそこにはあるはず。冷たくない、頼れる存在や支援を僕らはつくっていく、今日も明日も。

第Ⅳ部

寄付研究の新展開

第15章　寄付者は寄付からどのようなメリットを得るのか？

渡邉 文隆

要点

- 寄付には、困っている人を助けられるという利他的なメリットのほか、寄付者自身が精神的な満足を得られること、社会的な評価が高まることがメリットとして指摘されている。
- 米国や欧州に比べ、アジアにおいては、人間関係を深めることが寄付によるメリットとして重要である。
- 日本では、寄付により自らの所属するコミュニティの利益を図ることもある一方、自分と同じような境遇の人や自分が関心をもったテーマについて、見返りを求めない寄付もみられる。
- 寄付者が意図しないメリットとして、健康への好影響が生じている可能性がある。
- 寄付者のメリットはファンドレイザーとのコミュニケーションの中で生じる面もあり、ファンドレイザーの役割は重要である。

1　寄付によって誰がメリットを得るのか

寄付は、時として困窮している受益者のためになされる。あるいは、遠い未来に少しでも影響を与えようとしてなされる。このように、寄付によってメリットを得る第一のグループは、寄付を受け取る非営利組織のサービスを活用する人々や、将来世代である。非営利組織は各国で相応の雇用を生み出すセクターになっており、その面では、寄付を受け取る組織で働いている人々は、寄付によって日々の活動ができているという意味で、メリットを受け取っているといえる。

具体的な「人」ではないが、政府はどうだろうか。人々が自発的に助け合うことによって、政府はその責任の一部を軽減できているといえるかもしれない。少なくとも、政府が一定の条件を満たした寄付に税控除を付与することは、政府にとって人々の行う寄付がメリットのあるものである、ということを示しているようにみえる。

これらをふまえた上で、本章では、寄付をする当人の受け取るメリットを考える。時として、寄付は無償の善意に基づくとされる。あるいは、そのようにあるべきだと考える人もいるかもしれない。しかし、寄付によって寄付者以外の人々が様々なメリットを得る中で、寄付者だけはメリットが全くないとしたら、そのような行動をとりたい人は非常に少なくなってしまうだろう。しかし現実として、寄付文化が成熟しているとされる米国のみならず日本でも、人々はかなりの量の寄付をしている（**第1章**参照）。これらはどのように説明できるのか、既存の研究からみてみよう。

寄付について一般の人と話すと、良く言われるのは「富裕層が寄付をするのは税金の面でメリットがあるからでしょう」という意見である。たしかに、ＯＥＣＤ加盟国のうちほとんどの国で、一定の条件を満たす寄付に対して、何らかの税控除が適用されている（Andreoni and Smith 2021）。寄付をする際に、税控除を受けないよりは、受ける方が経済的なメリットがあるのは間違いないだろう。しかしながら、支払った寄付額よりも多い金額が還付されることはないので、仮に税控除の分を差し引いたとしても、寄付者は「損」をしている。

では、なぜ寄付者はそのような「損」をしてまで、寄付をするのだろうか。寄付が自由意志に基づいているとするならば、その「損」を埋め合わせるような何らかのメリットがあると考えるのが自然だろう。

2　寄付という現象をどのようなメリットで説明するか

たとえば、「その寄付によって、困っている人を助けたいから」という説明を考える。自分にとっては損であっても、その寄付によって助かる人がいるならば（相手にメリットが生じるならば）お金を出したい、という心情である。相手が助かる、ということを純粋に願う利他的な人が寄付をしているという説明は、これまでの研究でも主張されてきた。純粋な利他性による寄付、という考え方である（Becker 1974）。

純粋に利他的な動機だけで人が（自分にとっての「損」にもかかわらず）寄付をすると仮定してみ

ると、そこからは「困っている人がいなければ、寄付は生じない」という予測が可能である。純粋に利他的な人が寄付を続けてきた寄付先団体があるとして、その組織がある日、政府から大規模な助成金を受けたとする。それによって今年の活動には十分な資金が提供され、「困っている人」がいなくなった場合、純粋に利他的な寄付者は、わざわざ「損」をしてまで寄付はしないだろう。このような状況は、他の資金によって寄付が押し出されてしまう、という意味で「クラウディング・アウト」と呼ばれている（Eckel et al. 2005）。

ところが、この理論的な予測は、現実のデータとは当てはまりが良くない。つまり、おそらく寄付者は純粋に利他的な動機だけで寄付をしているわけではない。これを説明できる新たなアイデアは、「寄付者は、寄付そのものからメリットを得ているのではないか」というものであった（Andreoni 1989, 1990）。それは主に、心理的なもの、あるいは社会的なものだと考えられてきた。

寄付の心理的なメリットとしてわかりやすいものは、「自分のことを善い人だと思える」というものが挙げられる（Adena and Huck 2020）。自分自身の信じる価値（たとえば民主主義など）の実現に近づける、ということ、あるいは自分のアイデンティティ（Chapman et al. 2020）に沿った社会貢献ができる、ということも心理的なメリットだろう。寄付先団体や受益者からのお礼の言葉や手紙（Merchant et al. 2010）は、こうした心理的なメリットをより強くする。寄付は依頼によって生じることがよくあるが、少額でも寄付をすることによって寄付の依頼から解放される、というのも心理的メリットといえるかもしれない。

社会的なメリットとしては、「その寄付によって周囲から善い人だと思われる」というものが挙げられる。権威ある組織に寄付をすることで、寄付者としての自分の威信を高めることができる（Harbaugh 1998）、ということもあるが、これはしばしば偽善的だということで批判の的にもなってきた（Ostrower 1995）。大学における寄付者銘板などは、社会的なメリットを強化する役割を担っている。なお、このような社会的メリットをすべての人が望んでいるわけではない。寄付者銘板などを辞退する人は多くいるし、匿名で寄付をすることで、あえて周囲に知られないように寄付をする人もいる。

3　アジア、そして日本の寄付者が得ているメリットは？

以上の議論は、ほぼすべてが欧米の研究者による先行研究をもとにしているが、アジアや日本でも全く同じことがいえるのか？という疑問が生じるかもしれない。また、アジアの中で、日本が特殊であるのか、そうでないのか、という疑問も生じる。

寄付研究については、これまで欧米のデータを用いたものが多かったが、近年は（英語でアクセス可能な）アジアの寄付研究も多くなってきている。[1] アジアと一口に言っても非常に多様であるが、その共通した特性として指摘されていることが2点ある。

1つは、寄付者が人間関係を手がかりに寄付を行い、それによってその人間関係やビジネス上の関係性の深化というメリットを得る、という点である（Shapiro 2018a）。アジアの寄付者は、米国で寄付の戦略的な方法として推奨されているような、自らテーマを決め、（未知の団体を含めて）広く寄付先を選ぶというようなスタイル（Arrillaga-Andreessen 2011）をとることは少ない。むしろ、どちらかというと受け身の状態から、しばしばすでに人間関係のある人から依頼されることによって寄付先を決めることが多いという。アジアの寄付者は、寄付によって自分自身の内的な価値を実現することよりも、寄付によって構築される社会的な関係性の方にメリットを感じることが多いのかもしれない。

アジアにおける寄付に共通する特性の二つ目は、アジアの寄付者が多くの場合、社会的な課題に対する政府のアジェンダに沿う形で寄付を行っている、という点である（Shapiro 2018b）。イギリスにおける研究でも、ナショナル・アイデンティティの強さは国内の寄付先に対する支援意向と強く関連することが知られているが（Hart and Robson 2019）、アジアにおいては、政府との調和的な関係性が寄付のメリットとして大きいようだ。権威主義的な国家においては、その国家の方針に沿った寄付を行うことで、体制に対する恭順の意を周囲に示すことができる、というメリットも生じる。

それでは、日本においてはどうか。日本では、仏像や寺社といった宗教施設や社会インフラの整備に寄付を活用することは「勧進」という形で古くから行われており、助け合いの仕組みとしての頼母子講、学校建設のための寄付などが連綿と続いてきた（Okuyama and Yamauchi 2015）。これらの寄付は、功徳や互助機能、インフラ整備による地域の生活改善といったメリットを寄付者に提供してきた。これらには、自分自身や自分の所属するコミュニティにとってのメリットのために行う寄付という側面がある。

では、日本人は見ず知らずの人を助けるための利他的な寄付をしないかというと、そうではない。**第1章の表1－1**の通り、日本人の19％が共同募金会に寄付を行っている。共同募金はその多くが募金の集められた地域で使われているとはいえ、基本的には不特定多数のための寄付であるといえよう。しかし一方で共同募金は「助け合い」という言葉によって表現されてきており（野口 2017）、寄付者自身が困った時には地域の福祉事業によって助けてもらえる、という含意がある。

おそらく、寄付者にとっての見返りがないことを打ち出してなお長期にわたって成功してきた日本の寄付募集として代表的なものは、あしなが育英会の「あしながさん」制度であろう。あしなが育英会については筑波大学の副田義也教授のグループが社会学的な調査を長年にわたって行ってきており、寄付者である「あしながさん」についても詳細な考察が行われている（副田 2003）。本章ではこれまで、寄付全般、あるいはアジアにおける寄付全般における寄付者のメリットについて論じてきたが、日本で多くの人々（副田による調査の時点で2万7000人以上）から継続的な寄付を受け入れてきたこの制度において、寄付者がどのようなメリットを得ていたのかを具体的に紹介することは意義があると考える。

この制度はそのネーミングからわかるように、ウェブスターの小説『あしながおじさん』に由来しており、見知らぬ遺児を陰ながら長年にわたり支援するという「ロマンティックな魅力」（副田 2003: 399）がある。あたかも物語の登場人物になったかのような感覚を寄付者が抱けるというのは大きな魅力であろう。副田は「あしながさん」のうち6090人のデータをもとに、この制度に人々が入った時の気持ちとして、遺児を応援したい、という動機のみならず、半数以上が「社会参加をしたい」という動機をもっていたことを示している。「社会参加」というと退職者など仕事を通じた参加が難しくなった人々にとってのメリットであるような印象があるが、実際には若い年齢層の人ほど社会参加という動機を挙げる割合が高い（29歳以下で75・7％）（副田 2003: 400）。

「あしながさん」の多くは自分を幸福であると意識しているが、それは人並みの生活水準と健康に恵まれ、家族が仲良く暮らせているという認識に依っている。そして、多くは自分の生活が周囲の人々からの支えによるものであるという感謝の気持ちをもっており、その恩返しとして見知らぬ遺児を支援している（副田 2003: 401）。一方で、「あしながさん」の中には過去における不幸な体験が寄付の遠因になったと答える人が多い（副田 2003: 402）。過去の自分が不幸を体験し、周囲の支えによって現在の生活に到達したと感じているからこそ、次は自分が支える側になろうとしていることがわかる。なお、これまでの不幸の内容としては、家族との死別や貧困体験、そして学費の苦労などが挙げられている。これはまさに、あしなが育英会の支援を受ける遺児やその保護者が直面している課題と重なる。

こうした寄付者の心情を「メリット」という言葉で表すことが適切であるかは議論の余地があるものの、「あしながさん」は過去の自分と同様の苦難に直面する遺児たちを支援できること、自分が幸せな暮らしを送れるようになるまでに受けた支えに対する恩返しができること、を動機として継続的な寄付に踏み出すということがわかる。

あしなが育英会と異なる文脈の日本の寄付として、最後にクラウドファンディングを通じた科学研究支援の動機に関する研究（網中・吉岡（小林）2020）を紹介する。あしなが育英会がインターネット普及前から「あしながさん」を募ってきたのに対し、科学研究に対するクラウドファンディングを通じた寄付は、インターネット以降の現象である。しかし、実はこの2つには共通する傾向もみられる。

同研究では、成果や見返りへの期待のほとんどが、支援の動機に対して有意な影響を与えていないことが示されている。むしろ、人類の知識へ貢献できるようなプロジェクトであること、国外に対しても貢献できるような研究成果を目指すプロジェクトであることが、支援意向と支払意思額の両方に対して正の影響を与えていた。ただし、支援意向については、寄付者本人が関心のあるテーマであることも強く影響しており、寄付者は共感できるプロジェクトに対して、選択的に利他性を発揮することがみてとれる。

科学研究への支援意向に「関心のあるテーマであること」が影響する点、「あしながさん」の多くが、過去の自分と同様の境遇にある遺児を支援している点には、共通する部分がある。つまりは、日本の寄付者は自分との何らかの関連性が見いだせた場合に、恩返しのための寄付や見返りのない寄付に心理的なメリットを感じるのだろう。これは、自分の所属するコミュニティにおける相互扶助的な寄付のメリットとは一線を画するものだといえる。

4　寄付者の意図せざるメリットとファンドレイザーの役割

これまで議論してきたことは、寄付者の動機を手がかりにしてきた部分が大きい。動機は基本的には行動に先立って発生するものであり、それは寄付者が主観的に行うメリットの予測に基づく。したがって、理屈の上では、寄付者が事前に予想しえなかった寄付のメリット、というものもありうる。

そのようなメリットとして、健康が挙げられる。通常、寄付者は「この寄付によって健康になろう」とは考えないだろうが、寄付を含む様々な向社会的行動によって得られる「社会との結びつき」は、健康や長寿と因果関係があることを示す多くの研究が存在する（Yang et al. 2016）。ボランティア活動については、１３９か国を対象とした研究において、主観的健康と有意に関連することが示されている（Kumar et al. 2012）。米国の研究ではあるが、寄付も後年の精神的な健康につながるという研究結果がある（Choi and Kim 2011）。また、英国での研究では、地元の団体への寄付がウェルビーイングと関連すると報告されている（Appau and Awaworyi Churchill 2019）。また、亡くなった人を偲んでの寄付が、残された人々にとって心理的メリットをもたらすことも指摘されている（Routley and Sargeant 2017）。

ところが、「自分が幸せになるために寄付をしましょう」というメッセージは寄付を促進するどころか、逆効果であることが示唆されている（Anik et al. 2009）。寄付者にとっては、事前に予測することで寄付意向を高めるようなメリットと、そうでないメリットがあると思われる。これらを判断して最適なコミュニケーションを設計できるかどうかは、非営利組織のマーケティング担当者やファンドレイザーの手腕にかかっている。

寄付者の非常に繊細な心理的メリットを理解し、全方位的ではなく選択的にしか利他的にならな

表15-1　寄付者が寄付から得るメリットに関する問いの例

研究分野	問いの例
公共経済学	寄付者の効用はどのようにモデル化でき，どのモデルが実証データと整合的であるか
社会心理学	寄付者の心理的・社会的効用はどのような構成概念間のメカニズムで生じるか
非営利組織研究	欧米とアジアにおいては，寄付者の感じるメリットはどう異なるか
歴史社会学	寄付者は歴史的にどのようなメリットを享受してきたか，ある団体の歴史の中で寄付者に提供されてきたメリットはどのようなものだったか
法学・倫理学	寄付者が得てしかるべきメリットと，そうでないメリットはそれぞれどのようなものか
生理学・健康科学	寄付行動は，人々の健康にどのような影響を及ぼすか
経営学（マーケティング論・サービス科学）	寄付者がメリットを感じられるようなコミュニケーションをファンドレイザーが行うにはどうすべきか

出所：筆者作成。

い寄付者と自らの団体との関連性を生み出していくのは、ファンドレイザーの仕事である。特に寄付者が受動的で既存の人間関係から寄付先を選ぶと言われるアジアにおいて、ファンドレイザーの役割は非常に大きい。寄付によるメリットを寄付者が感じられるかどうかは、ファンドレイザーがどのような関係性を築くか、どのようなコミュニケーションを行うか、どのような寄付を依頼するか（たとえば、毎月の寄付（Minguez and Sese 2022）か単発の寄付か、それとも遺贈か）にかかっている。なお、寄付者に対して、ファンドレイザーは法的・倫理的に適切でないメリット（不適切な経済的見返りなど）を提供してはならないことも付け加えておきたい。

本章で触れてきたように、寄付者のメリットに関する研究は、様々な学問分野からのアプローチを要する（表15－1）。寄付は社会にとって、また受益者にとって価値ある行為であり、寄付者がそれに値するメリットを享受できるように様々な学術研究の成果を活用することは、非営利組織にとって重要なテーマだと考える。

注

（1）当然ながら、これはアジアに寄付の伝統や文化がなかったということではない。

第16章　お人好しは好かれるのか？

河村悠太

要点

- 心理学の一部の研究領域では、他者の人助けを人々がどう評価するのかについて調べられてきた。
- 人助けを行う人は、一般的に他者から肯定的に評価される。
- しかし、人助けをする人が常に好かれるとは限らない。社会的規範から外れている極端な人助けや、ほかの人の評価を相対的に毀損するような人助けは肯定的に評価されない可能性がある。
- 極端な人助けを好まない傾向は日本で特に強くみられるかもしれない。
- 人助けの帰結だけではなく、行為者がなぜその行動をとったか、すなわち行為者の動機もふまえて行動は評価される。

1　人助けの心理学

お年寄りに電車の座席を譲る、道がわからなくて困っている人を案内するといった日常場面の援助から、溺れている人を助けようとする、被災地にボランティアに行く等の非常時の援助に至るまで、他者利益のための行動は私たちの社会のあらゆる場面で観察される。寄付という行動もまた、広い意味ではこれらの人助けの一形態だと捉えることができる。

心理学およびその近接領域では、寄付も含めた多様な人助けにまつわる様々な謎――どんな理由で人助けをするのか、どんな場面で人助けをするのか、他者の人助けをどう評価するのか、など――を明らかにしようと試みてきた。この章では、その中でも人助けに対する人々の評価についての知見を整理し、寄付に関する実社会の問題にどのような示唆を与えうるかを議論する。

なお、人の行動を調べる方法には色々なものがあるが、本章では、人を対象とする実験や調査を通して関心のある問いに迫ろうとする研究を中心に紹介する。ほかの章とはやや毛並みの異なる内容となるが、このような研究領域があることに関心をもっていただければ幸甚である。

2　人助けは一般的に肯定的に評価される

人助けを行う人は、一般的に他者から肯定的に評価されることが知られている。Hardy and Van

Vugt (2006) は、公共財ゲームと呼ばれる実験課題を使ってそのことを示している。イギリスの高校生・大学生(1)を対象として行われたこの研究では、8人の参加者が1グループとなって、金銭のやり取りを繰り返し行った。参加者は毎回、実験者から一定の金銭を受け取り、その金銭を手元に残しておくか、集団のために使うかを決めた。実験課題の詳細は割愛するが、参加者は金銭を集団のために使うことで、自分の利益を犠牲にほかのメンバーの利益を増やすことができるような状況だった。実験の結果、ほかのメンバーの利益のために行動した人ほど、その集団の中での地位を高く評価される傾向にあった。また、より現実場面に即した研究として、Bereczkei et al. (2007) がハンガリーの学生を対象に行った実験では、実験の中で慈善団体に支援を行った人は、そうでない人に比べて周りから好意的に評価されていた。

注意していただきたいこととして、これらの研究は、人助けをする人が他者からどうみられているか気にしている、あるいは好かれたくて人助けをしているといった見方を示しているものではなく、あくまで人助けの結果として周りから肯定的に評価されることを指摘している。ただし、人助けが良い評価につながるということは、良い評価を受けることを目指して人助けを行うという動機も働きうるということである。人は誰にもみられていないときよりも誰かからみられている場面の方がより他者のために振る舞う (Bradley et al. 2018)。また、寄付をした人の名前をウェブサイト等で掲載するような試みは、実際の寄付を募る場面でも観察される。このように、人々は一般的に人助けをする人を肯定的に評価し、そのことは人助けを促す1つの要因にもなっている。

3　人助けが好ましく評価されないとき

人助けをする人が周りから良い評価をされるという話を聞けば、「そんなことは当たり前じゃないか」と思われるかもしれない。しかし一方で別の研究は、人助けをする人が常に好かれるとは限らないことを指摘している。Parks and Stone（2010）は、Hardy and Van Vugt（2006）と似たような実験課題を使って、自己利益よりも他者利益を優先しようとする人がどのように評価されるかを調べた。この研究では、参加者は5人の集団に所属し、それぞれのメンバーが集団のために振る舞うか自分のために振る舞うかを選択するという課題を行うと説明を受けた。しかし実際は参加者以外のほかの4人の行動はプログラムによって決められており、自己利益を優先する人もいれば、集団の利益のために振る舞う人もいるような状況が作られていた。課題の後で参加者にほかの4人について評価してもらったところ、自己犠牲を省みず他者の利益を優先しようとする人はむしろ好まれていなかった。

Parks and Stone（2010）は参加者に対して、他者奉仕的な人を好まなかった理由を尋ね、その回答をもとに、人助けをする人が好まれない原因について2つの可能性を提案している。1つは、自己利益を省みない極端な他者奉仕は、自他に公平に振る舞うべきだという社会的規範から外れているから好かれないという説明である。もう1つは、極端に他者奉仕的な人の存在は、ほかの人の評価を相対的に毀損するからという解釈である。やや強引ではあるがイメージのしやすい具体例として、1万円の寄付をしている人が大半の集団の中で1人だけ10万円を寄付した人がいるという場面を考えてみたい。ほかの人の評価を相対的に毀損するという解釈は、10万円を寄付した人がいることによってまるで1万円の寄付が少ないかのように感じられるために高額の寄付者が好まれないという説明だといえる。Parks and Stone（2010）の実験は、極端な人助けを行う人が好まれないという話だったが、好かれないどころか周りから罰を受けるという研究すらある（たとえば、Herrmann et al. 2008）。善行が好かれないという結果はいささか直観に反するが、一方で高額の寄付が「偽善だ」と非難されるような状況を目にしたことはないだろうか。この実験はそのような現実場面を反映したものだといえる。

4　日本は人助けを好まない社会なのか

善行が好まれないという現象は国や文化圏によって異なる可能性が指摘されている。たとえばHerrmann et al.（2008）は、文化の異なる16の国や地域（アメリカ、サウジアラビア、ギリシャなど）でHardy and Van Vugt（2006）やParks and Stone（2010）と同じような実験課題を実施した。ただしこの研究では、それぞれの参加者が自分と同じ集団の他者を罰することが可能な状況であった。このような状況では、全く集団のために尽くさないメンバーは文化によらず罰を受けやすかった。しかし、他者奉仕的な人物が罰を受けるという傾向は国や地域によって大きくばらついていたことが報告されている。

彼らの研究は日本のデータを含んでいなかったが、人助けを否定的に評価する傾向は特に日本で顕著かもしれない。Kawamura and Kusumi（2020）は、日本の参加者に対して他者のために振舞った人物に関するシナリオをオンライン上で提示し、その人物の評価を依頼した。具体的には、ある人物がくじで1万円に当選したが、手違いでもう1人の当選者がいたため、その当選者と1万円をどのように分けるか決める、といったシナリオであった。シナリオ中の人物の行動は3通りあり、具体的には、くじで手に入れた1万円を①ほかの当選者に全額渡す（全額分配）、②ほかの当選者と5000円ずつ平等に分ける（平等分配）、③すべて自分のものにする（総取り）、であった。明らかに全額を分ける人の方が平等に分ける人に比べて他者利益に貢献している。しかし、それぞれの人物に対する参加者の評価を比較すると、全額を他人に分ける人物は、半分を分ける人物に比べて好意的に評価されていなかった。

この背景には、日本ではほかの人の平均的な振る舞いから外れた行動をとることが肯定的に評価されないことがあるかもしれない。この研究では追加実験で、日本だけでなくアメリカ在住の参加者を対象として同様の検討を行っている。また、この追加実験では、分配者に対する評価だけでなく、参加者に平等分配・全額分配がどの程度一般的でない振る舞いだと思うかを尋ねていた。すると、全額分配がほかの人の平均的な振る舞いから外れているという認識自体は2つの文化圏で共通していたが、そのような分配を肯定的に評価するかどうかという点には違いがあった。具体的には、日本でもアメリカでも全額分配は平等分配に比べて一般的でない（＝規範から逸脱した）行動として認識されていた。しかし、全額分配が平等分配ほど肯定的に評価されないという傾向は、日本で

図16-1　より多くの分配に対する日米の評価の差異

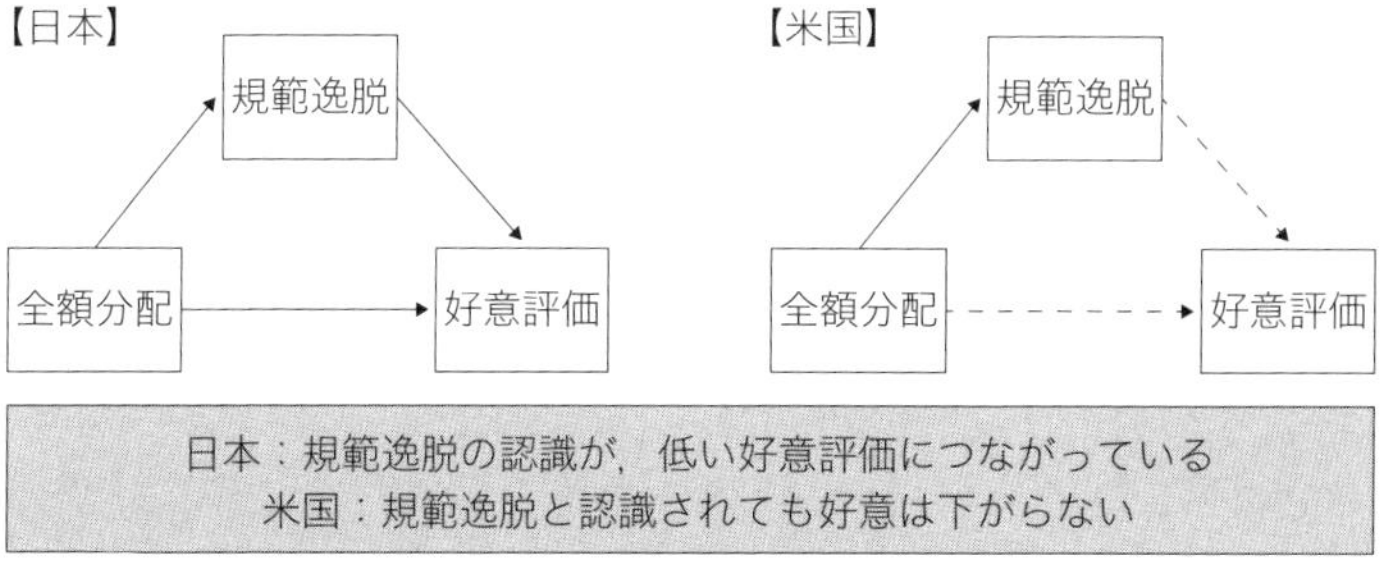

出所：筆者作成。

のみ観察された（図16－1）。

日本で極端な人助けがどのように評価されるかを調べた研究は少ない（最近の例外としてHashimoto et al. 2023）。そのため、この研究のみから結論を下すのは時期尚早であろう。しかし、「出る杭は打たれる」ということわざにあるように、日本の人々は極端な善行をとる人物を好まないという示唆は、多くの人の直観に合致するようにも思われる。今後のさらなる研究の積み重ねが望まれるところである。

5　人助けの動機によっても評価は変わる

人助けが好意的に評価されないのは、周りの人の振る舞いから外れている極端に他者奉仕的なときだけではない。人は行動の結果だけではなく、行為者がなぜその行動をとったか、すなわち行為者の動機もふまえて行動を評価する。他者の人助けを評価する際も同様で、文化圏による違いは多少存在するものの、基本的には「困っている人を助けたい」という他者利益を志向した動機ではなく、「見返りが欲しい」といった自己志向的な動機で行動した人は好意的に評価されにくい。興味深いのは、見返り欲しさに人助けを行った人は、全く人助けを行わなかった人よりも否定的に評価されることである（Newman and Cain 2014; Carlson and Zaki 2018; Kawamura et al. 2022）。ここではNewman and Cain（2014）が報告している実験の1つを紹介したい。この実験では、ある経営者が自分の店舗のビジネスを展開するために慈善事業に寄付をした、または同じ目的のために広告に投資した、という2種類の架空のシナリオを用意し、参加者にいずれかのシナリオを読んでもらっている。参加者は、シナリオを読んだ後で、経営者がどの程度道徳的だと思うかを回答した。すると、慈善事業に寄付をした経営者は、広告に投資した経営者よりも道徳的だと評価されにくい傾向にあった。つまり、何らかの自己利益のために寄付をしていると認識された場合には、広告への投資のように全く他者利益とは関係ない行動をとっている場合よりも肯定的な評価を集めづらかったようだといえる。

ただし、行為者が期待する見返りの種類によっても行為者の評価は異なっている。たとえば、Newman and Cain（2014）のようにシナリオを使ったほかの実験では、感情的な見返りを求めて人助けをしている場合（例：人助けをして良い気分になりたい）、物理的な見返り（例：寄付をして税控除を受けたい）や社会的な見返り（例：周りから褒められたい）を求めている人と比べると肯定的に評価されやすかったことが示されている（Carlson and Zaki 2018; Kawamura et al. 2022）。また、興味深いことに、動機にかかわらず単に見返りを得ているだけでも評価は多少左右される。たとえば、これらの研究では日本・アメリカで一貫して、人助けの結果として物理的な見返りを得ている人は、動機が説明されていなくても肯定的に評価されにくかったことを示している。おそらく、見返りを得ているという事実の背後に、見返りを期待するような動機を推察するからだと考えられる。

6 まとめ

ここまで、心理学や近接領域の基礎研究に基づいて、人助けは基本的には周りから好意的に評価される行動であること、一方で状況によっては好意的に評価されないことを述べてきた。本章の最後に、これらの知見が現実の社会問題にどのような示唆を与えうるかについて考察したい。

第2節で述べた通り、人助けが一般的に肯定的に評価されることを利用して寄付を増やすために、寄付をしたことがほかの人にも伝わるようにする取り組みは実社会の中でも観察される。人助けをした人を表彰する、寄付をした人の名前をウェブサイトに記載するといった試みはその1つであろう。これらは、人助けが常に肯定的に評価されるのであれば、人助けを促す試みとして機能するだろう。しかし、「極端に他者奉仕的な人はむしろ好まれない」という知見をふまえると、個人名を公開するという方法は極端な人助け、たとえば高額の寄付を促すには効果的ではないかもしれない。実際、先行研究では、寄付をしたことを他者に知らせるかどうか選択できる場合に、寄付額がきわめて低い人だけでなくきわめて高い人も匿名での寄付を行いやすかったという報告がある（Raihani 2014）。つまり、寄付額が低い人だけでなく、高額の寄付者もまた、自身の行動が人に伝わることを望んでいないという可能性が示唆されている。また、周りから好かれるために人助けを行うことを良しとしない文化圏では、匿名状況の方が寄付を多く集めていたという研究もある（Lambarraa and Riener 2015）。そして第4節でも述べた通り、極端に他者奉仕的な行動を好まないという傾向は日本で強いことをふまえると、特に日本では、人助けの可視化がむしろ人助けを減らす可能性を考慮すべきかもしれない。これらの議論は推測に基づく部分も多く、今後実証的な検討が行われるべきではあるが、文化特有の心理傾向をふまえた施策の重要性を示唆している。

注

（1）研究1は高校生、研究2、3は大学生を対象としていた。

第17章　法律で寄付はどのように扱われるのか？

小出　隼人

要点

。民法学において、「贈与が社会公共のためになされるとき」を一般に寄付と呼び、①個々人が直接に一定の寺社、学校、社会事業施設に寄付する場合と、②寄付の募集者が多数の人から寄付を集める場合（義援金等）に分けて検討されてきた。

。学説では、上記①の場合を「無償で金銭を贈る」という民法上の贈与（民法５４９条）とし、②の場合は特殊な贈与として、寄付は寄付者から募集者へ信託的に譲渡されるとする。信託的譲渡とは、寄付者からの寄付について、募集者は寄付の目的に従って寄付を使用すべき義務を負い、寄付が募集者から受益者に移転することにより、寄付の目的が達成されるというものである。

。近年は信託法上の信託により寄付を法的に構成する見解もみられる。

1　はじめに

本章は、「寄付はどのように法的に構成されるのか」、といった問題意識の下、民法学の観点から「寄付の法的構成」に関する学説の議論状況を概観し、今後の課題や近時の立法例について述べるものである。

近年、日本では、台風や地震等の大規模災害が多く発生しており、災害時における被災者支援等では、寄付が積極的に活用される（鵜尾 2014；日本ファンドレイジング協会編 2021）。たとえば、東日本大震災では、寄付を通じて被災者を支援する人々が多くみられ、被災地の復旧・支援に関わる主要なＮＰＯへの支援金と称される寄付も多く寄せられた（日本ファンドレイジング協会編 2012, 2017）。しかしながら、実務では問題も生じているようである。たとえば、寄付金を騙し取る行為や、寄付金の使途等を明示せずに集金を行い、最終的に使途が不明、あるいは寄付が目的どおりに利用されなかったことで批判を浴びるという問題等である（筑波 2008；中島 2019）。そのほか、東日本大震災で当時、義援金の募集を行った日本赤十字社の報告書では、義援金は公的資金ではないが、そのシステムは強い公共的な性格、役割を有し、善意の寄付金という性格から、法令等の具体的な定めがないとの指摘もあった（日本赤十字社 2013）。

そして、こうした実務的な問題が生じる原因の1つには、これまで寄付に関しての法的検討が十分ではなく、寄付者と寄付を募集する者（以下「募集者」という）との間の法的関係をどのように解するかが不明確であったことにあると考えられる。また、募集者は、通常信用のある人物であり不正行為をあえてすることは稀であること、寄付が「無償」で行われることから寄付者は「法的な責任を追及することを避ける」こと、「寄付に関わる当事者間の法的関係」が不明であるがゆえに訴えることを躊躇してしまうこと等が古くから指摘されている（中島 1922: 227-228）。

今日では、寄付が無償で行われるとしても、寄付者は寄付金の使途や、募集者の活動に強く関心をもっているようであり（日本ファンドレイジング協会編 2012, 2013）、それに対し募集者は、寄付の目的に従い忠実に寄付の管理と処分を行うことが求められるであろう。こうした状況をふまえると、前述の実務的な問題は法的紛争へと発展する可能性もあり、「寄付者と募集者との間の法的関係はどのように解されるのか（たとえば、契約はあるのか）」、「契約があるならば寄付者にはどのような権利があり、募集者にはどのような義務があるのか」、といったような法的観点からの検討が必要である。その際、私人間の権利義務関係を規律する民法は大きな役割を担うであろうし、寄付に参加する人々の法的な地位・関係を明らかにするということは（大村 2000: 111-113）、日本の寄付文化の醸成にもつながると思われる。それでは、寄付はどのように法的に構成されるだろうか、以下では主要な論者の見解を中心に民法学における議論状況を概観する。

2　民法学からみた「寄付」：議論状況の概観

我妻栄博士は、4つの特殊の贈与の1つとして寄付を論じており、義援金等の三者間（寄付者、募集者、受益者）で行われる寄付を募集の目的に使用すべき義務を伴う信託的譲渡と解する（我妻1957:233-238, 柚木・高木編 1993: 14-15）。来栖三郎博士（来栖 1974）は、「贈与が社会公共のために為されるとき」を「寄付」と述べており、2つの場合に区別している。①個々人が直接に一定の寺社、学校、社会事業施設に寄付する場合、②発起人（筆者注：募集者）[1]が多数の人から寄付を集める場合（公募義捐金）である。来栖博士は、寄付は、①のように二者間で行われる場合と、②のように、寄付者と受益者の間に、寄付者から財産を集め、受益者に財産を移転する役目を負う発起人が存在する場合があるとする。そして、①の場合は、後述の民法上の贈与と考えられ、②の場合は、寄付者から寄付金が発起人に信託的に譲渡されると考えられている（信託的譲渡説）（来栖 1974: 224、柚木・高木編 1993: 14-15）[2]。

現代において寄付には様々な類型があるように思われるが、とりわけ民法学においては、①募集者と受益者が一致する場合（寄付者・募集者兼受益者型）と、②義援金等にみられる寄付者、募集者、受益者（被災者等）の三者が関与する場合（以下「三者関与型」という）に分けて述べられている（**図17－1**）。そして、寄付は「無償で金銭を贈る」こと、すなわち「贈与」であると理解するのであれば、民法第549条では「贈与は、当事者の一方がある財産を無償で相手方に与える意思を表示し、相手方が受諾をすることによって、その効力を生ずる」と規定しており、前述の①、②の場合を民法上の贈与とみることができそうである。しかしながら、寄付者から募集者への贈与に着目すると、前述の②の場合は、募集者は寄付者から直接的な利益を受けず、寄付者は受益者（被災者等）のために贈与（寄付）をなしているのであって、募集者のために贈与をしているとはいえない。

図17-1　寄付の態様と法的構成

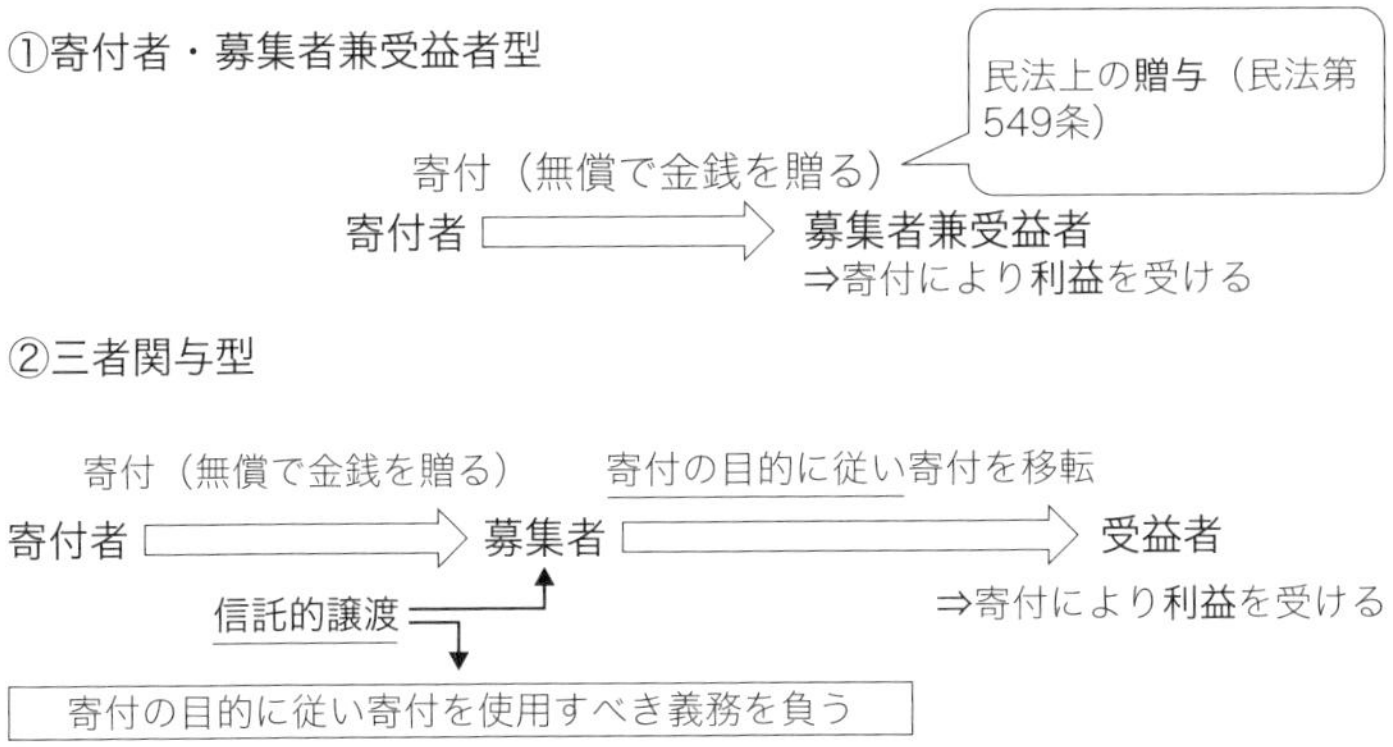

出所：筆者作成。

この点、我妻博士は、募集者は寄付によって利益を得ているわけではないから、贈与とみるのは不適当であるという（我妻 1957: 233-238）。このように一見すると、前述の②の場合を民法上の贈与として捉えることについては注意を要する（潮見 2021: 42）。

そこで学説では、三者関与型の寄付を、単に贈与として論じるのではなく、特殊な贈与として論じており、寄付は寄付者から募集者へ信託的に譲渡されるとする（信託的譲渡説）。そして、信託的譲渡説（加藤 1962: 8）によれば、募集者は寄付の目的に従って寄付（主に金銭）を使用すべき義務を負い、寄付が募集者から受益者に移転することにより、寄付の目的が達成されるという。さらに、募集者が義務を履行しない場合、寄付者は募集者に義務の履行を請求でき、それでも履行されない場合は、契約を解除し、寄付の返還請求等が可能であると説明される。

信託的譲渡説には、寄付の目的が達成されることを重視し、募集者に寄付の目的に従った寄付の処理義務を負わせ、これに対応する寄付者の請求権を基礎付ける意図があるのである（加藤 1962: 8）[3]。

3　近年の学説：寄付と信託法上の信託

「信託」とは、ある者（委託者）が、法律行為（信託行為）によって、ある者（受託者）に財産権（信託財産）を帰属させつつ、同時に、その財産を一定の目的（信託目的）に従って、社会のためにまたは自己もしくは他人（受益者）のために、管理・処分すべき拘束を加えることによって成立する法律関係である（信託法第2条1項、3項参照）（四宮 1989: 7, 河上 2014: 54）。そして、近年では三者関与型の寄付を信託法上の信託として構成する見解がみられる。たとえば、山本敬三教授は、公共的な慈善目的のために財産が無償で譲渡される場合は、一般的に寄付と呼ばれるとし、寄付を信託型の贈与とする（山本 2005: 331）。寄付者・募集者・受益者の三者が関与する寄付と、委託者・受託者・受益者の三者からなる信託には、当事者の構造という点で共通性があると思われ、寄付には、財産権の移転（寄付金）や一定の目的（寄付の目的）に従い財産を管理・処分するという特徴もあることから、信託法上の信託に手がかりを求めて寄付の法的構成について検討することも可能であろう。

そして、三者関与型の寄付を信託法上の信託として法的に構成するメリットには、次のようなものが考えられる。たとえば、募集者は寄付の目的に従った財産の管理・処分を忠実にしなければならないという忠実義務や、募集者の固有財産と、集めた寄付金を分別して管理しなければならないという分別管理義務を生じさせること等である（森泉 2004: 262, 神田・折原 2019: 81-89。信託法第30条、第34条等参照）。さらに、信託では、財産は、委託者から受託者に移転して信託財産となるので、その財産は委託者の倒産等の影響を受けない（神田・折原 2019: 3-4, 61-63）。また、信託財産は、受託者の所有に属するものの、受託者の債権者は信託財産に対して強制執行することはできず、受託者が破産しても破産財団には属しないので、受託者の債権者からの強制執行や受託者の倒産等からの影響を受けない（倒産隔離性）（神田・折原 2019: 3-4, 61-63。信託法第23条、第25条等参照）。したがって、寄付金を信託財産と解することができれば、募集者の債権者による寄付金への強制執行や、募集者が倒産した場合において、寄付金が募集者の破産財団に属すること等のリスクを回避することができる。

寄付が無償で行われるとしても、寄付の目的が達成されることは尊重されるべきであろうし、特に義援金等の寄付はきわめて公共的な性格・役割を担っているので、募集者は寄付の目的に従い寄付を確実に受益者（被災者等）へ分配する必要があると思われる。受益者（被災者等）を十分に保護するために、時には「信託」の力を借りることも必要になるのではないだろうか。

4　おわりに

これまで民法学の観点から「寄付の法的構成」に関する議論状況を概観してきた。今後の課題については様々考えられるが、紙幅の都合上、「寄付の類型に応じた法的枠組の必要性」についてのみ述べることとする。そして最後に、寄付に関する近時の立法例として、２０２２年12月に成立した「法人等による寄附の不当な勧誘の防止等に関する法律」（令和４年法律第１０５号）を簡単に紹介したい。

（１）寄付の類型に応じた法的枠組の必要性

民法学におけるこれまでの研究は、義援金等でみられるような三者関与型の寄付を主な検討対象としてきた。しかしながら、そもそも義援金等の寄付の実態について未だ不明確な点も多く（中嶋 2014）、今後は義援金等の寄付の詳細な実態調査も含め検討する必要性があると考えられる。さらに、現代の寄付の類型に目を向けると、クラウドファンディング、クリック募金、ポイント還元等のオンラインによる寄付（日本ファンドレイジング協会編 2012）や、不要となった食品を福祉施設やＮＰＯ等に無料で提供するフードバンクが活発に利用されており、寄付の類型は多様化している。そこで、今後は多様な姿を有する寄付を詳細に分析し、寄付の類型に応じた法的枠組を構築する必要性もあると考えられる（小出 2020: 272-275）。

（２）「法人等による寄附の不当な勧誘の防止等に関する法律」（令和４年法律第１０５号）について

近時、宗教法人・宗教団体等に対する高額な寄付の問題が大きな注目を集め、その法規制については２０２２年８月26日に消費者庁において「霊感商法等の悪質商法への対策検討会」が設置され、同年10月17日には報告書が公表された。(4) この報告書の公表を受け、その後は国会内で議論されることとなり、２０２２年12月10日には「法人等による寄附の不当な勧誘の防止等に関する法律」（以下、「本法」という。消費者庁ウェブサイト 2023a）が成立した。本法は、法人等による不当な寄付の勧誘を禁止するとともに、当該勧誘を行う法人に対する行政上の措置等を定めることにより、消費者契約法とあいまって、法人等からの寄付の勧誘を受ける者の保護を図ることを目的としている（本法第1条）。以下では、本法の内容に関し、本法の適用対象や、不当勧誘の防止のための配慮義務・禁止行為について簡単に紹介する。(5)

本法の適用対象は、寄付者と法人等の契約による寄付に加えて、契約ではない寄付（単独行為）も対象としている（本法第2条）。この単独行為とは、寄付者が無償で財産上の利益を供与するという一方的な意思表示のことである。また、本法の「法人等」とは、宗教法人・団体に限らず、広く法人または法人ではない社団・財団（ただし、代表者もしくは管理者の定めがある者に限定）に及ぶとされる（本法第1条。消費者庁ウェブサイト 2023a・b、宮下 2023a: 40）。

本法は、法人等が寄付の勧誘を行うに際しては、十分に配慮しなければならないとして、配慮義務を規定している。主な内容としては、①寄付の勧誘が、個人の自由な意思を抑圧し、寄付に関する適切な判断が困難な状況に陥らないようにすること、②寄付により、個人・配偶者・親族（当該個人が扶養義務を負う者のみ）の生活の維持を困難にすることがないようにすること、③寄付の勧誘を受ける個人に対し、寄付の勧誘を行う法人等を特定するに足りる事項を明示するとともに、寄付される財産の使途について誤認させるおそれがないようにすることである（本法第3条1号～3号。

宮下 2023a: 41)。本法において配慮義務は努力義務にとどまるため、配慮義務に違反した場合の民事的効果に関する規定は置いていないが、配慮義務の存在を前提にその違反が違法であるとして、不法行為に基づく損害賠償責任の追及（民法第709条）や、公序良俗違反（民法第90条）により寄付自体の無効を主張することも可能であると考えられている（消費者庁ウェブサイト 2023c、宮下 2023a: 41)。

そして、本法は禁止行為として、寄付の勧誘に際し、不当勧誘行為で寄付者を困惑させることを禁止している（本法第4条)。不当勧誘行為とは、たとえば、不退去、退去妨害、勧誘をすることを告げずに退去困難な場所へ同行すること等である。また、本法第1条に「消費者契約……とあいまって」との表現があるが、これは本法第4条が、消費者契約法第4条3項で取消事由とされている項目の一部と対応しているためである（宮下 2023a:41)。禁止行為（本法第4条）の効果として、寄付者には、法人等が禁止行為（本法第4条）を行ったことを理由に、寄付の意思表示の取消しが認められている（本法第8条1項)。

そのほか、禁止行為として、本法第5条では、法人等が、借入等により寄付のための資金調達の要求をすることも禁止しているが、本法第5条に違反した場合の民事的効果について規定はない。しかしながら、そもそも本法第5条（および本法第4条）に違反する行為があった場合、前述の配慮義務（本法第3条）と同様に、不法行為に基づく損害賠償責任（民法第709条）の追及や、公序良俗違反（民法第90条）により寄付自体の無効を主張することが可能であると考えられている（消費者庁ウェブサイト 2023c、宮下 2023a: 42)。なお、本法においては、配慮義務違反や禁止行為違反があった場合の行政措置や罰則等も規定されている（配慮義務違反、禁止行為違反の行政措置については本法第6条、第7条参照。禁止行為違反に関する罰則については本法第16条〜18条参照。河上2023: 51）。

以上が本法の簡単な紹介であるが、本法に対しては「日本の寄付文化の醸成を抑制するのではないか」、という批判も考えられる（消費者庁ウェブサイト2023d）。しかしながら、本法は寄付そのものの規制ではなく、寄付に関する「不当勧誘」を防止するための規制に主眼を置いていることに注意されたい（宮下2023a: 40）。本法により、法人等の不当な寄付の勧誘行為が防止されることが期待されれば、私たちの寄付への理解や勧誘への安心感が高まり（消費者庁ウェブサイト2023d）、日本の寄付文化の醸成に寄与するとも考えられる。宗教法人・団体等による霊感商法・高額献金により被害を受けた被害者の十分な救済のため、本法の実効性を高める必要があり（宮下2023b: 20）、今後本法がどのように運用されていくのか引き続き注視していきたい。(6)

注

（1）本章では、義援金等における寄付において、寄付（主に金銭）を募って寄付者からの寄付を受け取り、その寄付を受益者（被災者等）へ移転する役目を担う者を募集者と呼ぶが、論者によっては本章の募集者を発起人（そのほか世話人、受寄者）と呼ぶ場合がある。

（2）寄付の法的構成に関する近年の先行研究として、金井憲一郎「三者間贈与の法的構造とその特質――英米法からみた寄付と公益信託に関する一考察」博士論文（中央大学大学院法学研究科、２０１５）があり、問題意識、日本法学説の整理等については、同博士論文1‐18頁、21‐77頁を参照。そのほ

（３）か、金井憲一郎「寄付の法的性質をめぐって」信託フォーラム第19号（２０２３）76－77頁も参照。

（３）そのほか、寄付者が寄付の目的に応じて寄付金を使用するという負担付きで募集者に贈与する「負担付贈与」（民法第５５３条）も考えられるが、紙幅の都合上、ここでは詳述しない。

（４）「霊感商法等の悪質商法への対策検討会」公表の報告書、会議資料等については消費者庁ウェブサイトを参照（https://www.caa.go.jp/policies/policy/consumer_policy/meeting_materials/review_meeting_007/アクセス日２０２３年９月28日）。

（５）本法については、消費者庁ウェブサイト（2023a・2023b・2023c・2023d）を参照（https://www.caa.go.jp/policies/policy/consumer_policy/donation_solicitation/　アクセス日２０２３年９月28日）。また、本文で参考にした文献は、宮下（2023a）、宮下（2023b）、河上（2023）である。

（６）本研究はＪＳＰＳ科研費（22K13312）の助成を受けたものである。

第18章　公務員の寄付行動にはどのような特徴があるのか？

小田切康彦

要点

。公務員の本業以外での社会貢献活動が期待されている。

。独自で行ったアンケート調査によれば、２０２１年２月〜２０２２年１月の期間に何らかの寄付を行った公務員の比率は38・８％である。

。世帯年収、居住地、職位、職種、職場での国民・市民との接触頻度、職場における業務外活動許可基準の周知度、といった要因が公務員の寄付行動と関連している。

。公務員の寄付行動は、公務員としての仕事に影響を受けている。

1　公務員の社会貢献活動と寄付

近年、公務員の本業以外での社会貢献活動が期待されているという。総務省の調査によれば、平成30年度における地方公務員の兼業許可件数のうち、社会貢献活動に該当する件数は1万1506となっている（第32次地方制度調査会 2019）。また、こうした社会貢献活動を促進するための制度化を行うケースも増えている。たとえば、神戸市では、2017年より、公務員の民間団体への兼業の許可の運用形態の1つとして、「地域貢献応援制度」を導入している。これは、市の職員が、そのスキルを活かして地域における課題解決に積極的に取り組むことを目的とした制度であり、農村地域でのNPO活動や手話通訳業務といった活動への許可がなされている。この他、奈良県生駒市や京都府福知山市等を含め、同様の制度化を行う自治体が散見される。こうした動向は、人口減少に伴う地域公共人材の確保や、多様で柔軟な働き方へのニーズの高まりを背景とする取り組みであると理解できる（小田切 2021）。

これらの社会貢献活動は、主としてボランティア活動等が想定されたものであるが、本書のテーマである寄付についてはどうだろうか。公務員は、その職務に公正性や信用性、中立性等が求められることから、兼業・副業や政治的行為等について法令による制限が設けられてきた。そのため、一見すると寄付のように直接的に金銭のやりとりが発生する行為には消極的であるようにも思われる。しかし、**第1章**の調査結果で示されているように、公務員は、他の職業に比べて特段寄付率が

図18-1　公務員の寄付率（2021年2月～2022年1月の寄付経験）

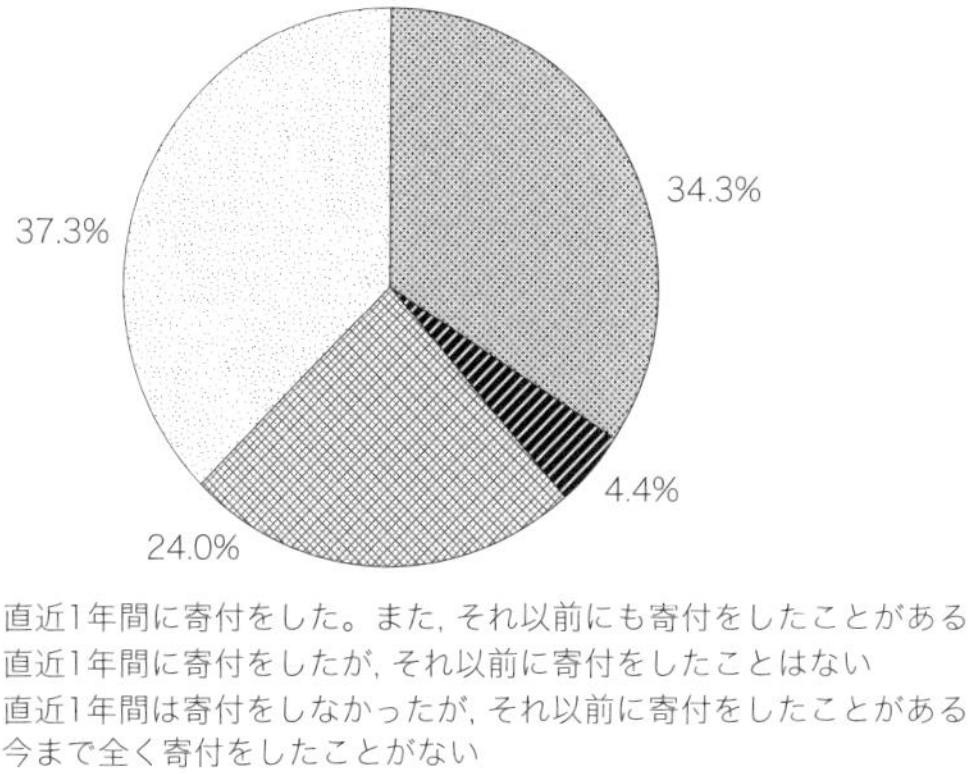

出所：筆者作成。

低いということはなく、一般的に寄付が行われている。では、どのような公務員が寄付を積極的に行っているのだろうか。独自で実施したアンケート調査結果をもとに、その実態に迫ってみたい。

２　公務員の寄付経験

以下、本章で用いる調査データは、２０２２年２月に実施したインターネット調査に基づくものである。本調査は、全国の公務員を対象に実施したものであり、１３７４名から回答を得た。このうち、質問への回答拒否等があったケースを除く１２２３名の調査結果を用いる。[1]

図18－1は、公務員の寄付経験について質問した結果である。調査では、「あなたは個人として『寄付』をしたことがありますか。直近の１年間（２０２１年２月～２０２２年１月）とそれ以前（２０２１年１月以前）の状況に分けてお答えくだ

さい」という質問に対し，「直近1年間に寄付をした。また，それ以前にも寄付をしたことがある」「直近1年間に寄付をしたが，それ以前に寄付をしたことはない」「直近1年間は寄付をしなかったが，それ以前に寄付をしたことがある」「今まで全く寄付をしたことがない」という4つの選択肢によって回答を得た。(2)

直近1年間に寄付を行いそれ以前にも寄付経験がある人は全体の34・3％，また，直近1年間に初めて寄付をした人は4・4％であった。他方で，直近1年間には寄付を行っていないが，それ以前に寄付経験がある人は24・0％，そして，今まで全く寄付経験がない人は37・3％であった。調査対象や質問が異なるため比較には注意が必要であるが，**第1章図1－1**との比較でいえば，直近1年間の公務員の寄付率は概ね4割弱とみてよさそうである。

3　どのような社会的属性をもつ公務員が寄付を行うのか

性別，年齢，学歴，収入といった社会的属性によって寄付行動に違いがあることは，前章までに論じられた通りである。本章でも，どういった社会的属性をもつ公務員が寄付を行っているのか，検証してみたい。

図18－2は，社会的属性別にみた直近1年間の寄付率(3)を示したものである。寄付率に差がみられるのは，年齢，世帯年収，居住地，といった属性である。高年齢層であるほど，世帯年収が高い人ほど寄付を行っている点は，先行研究の知見と整合的である。また，居住地が北海道，東北地方，

図18-2　公務員の社会的属性別にみた寄付率

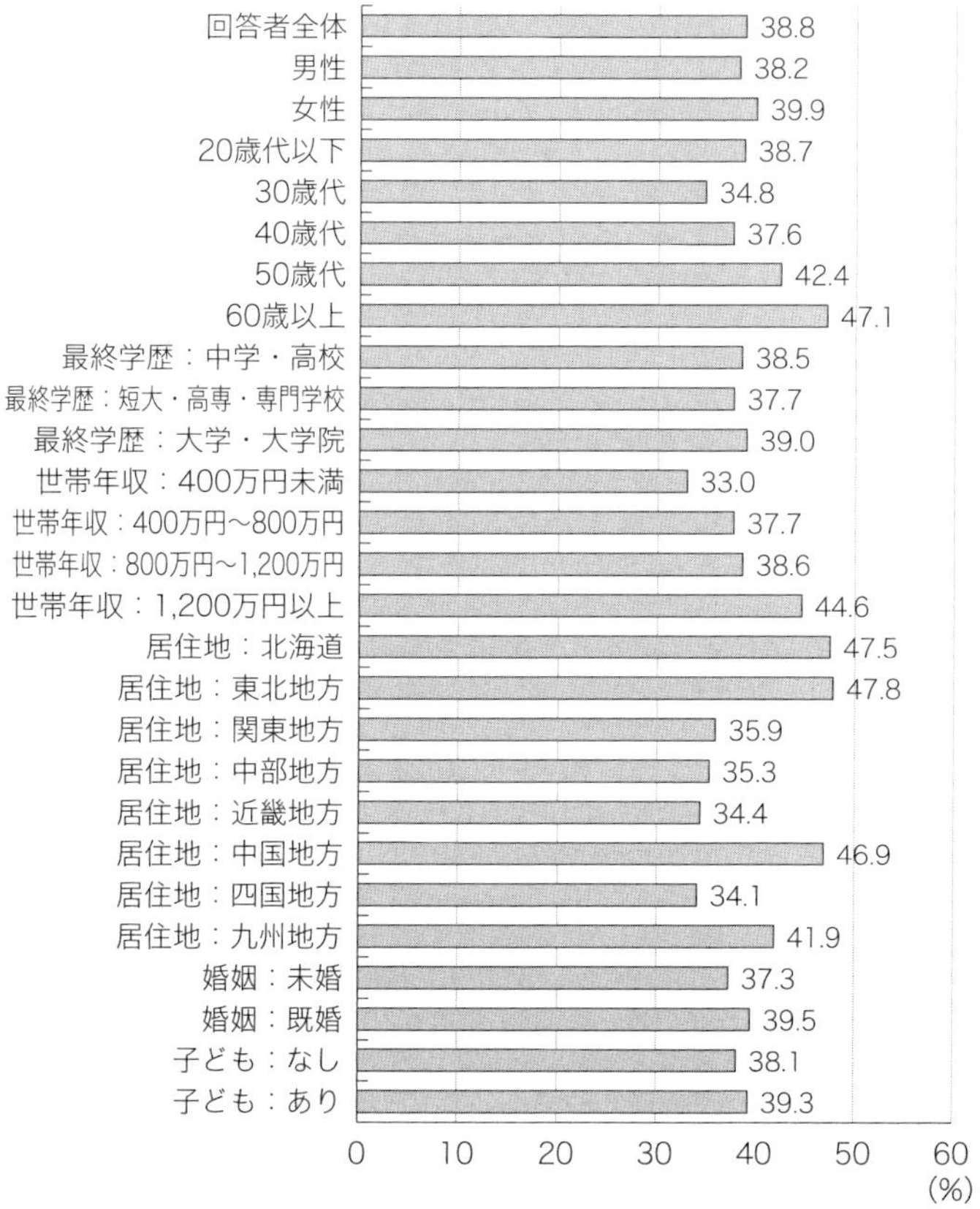
回答者全体 38.8
男性 38.2
女性 39.9
20歳代以下 38.7
30歳代 34.8
40歳代 37.6
50歳代 42.4
60歳以上 47.1
最終学歴：中学・高校 38.5
最終学歴：短大・高専・専門学校 37.7
最終学歴：大学・大学院 39.0
世帯年収：400万円未満 33.0
世帯年収：400万円～800万円 37.7
世帯年収：800万円～1,200万円 38.6
世帯年収：1,200万円以上 44.6
居住地：北海道 47.5
居住地：東北地方 47.8
居住地：関東地方 35.9
居住地：中部地方 35.3
居住地：近畿地方 34.4
居住地：中国地方 46.9
居住地：四国地方 34.1
居住地：九州地方 41.9
婚姻：未婚 37.3
婚姻：既婚 39.5
子ども：なし 38.1
子ども：あり 39.3
0 10 20 30 40 50 60
(%)

出所：筆者作成。

中国地方、である人がより寄付を行う傾向がみられるが、これは、地域性という捉え方もできるが、どちらかといえば高齢化や該当地域での災害の有無といった別の要因に依るところが大きいのではないかと思われる。その他、性別や学歴等については寄付率に大きな差はみられない。

本調査は現役の公務員に限定して調査を行っており、定年退職後世代は調査に含まれていない。また、公務員になるためには一定の学歴をもつことが条件となり、学歴は均質化する。公務員における社会的属性と寄付行動との関連は、日本人全体を分析した場合と比較して明確にあらわれないことが確認できる。なお、後述する職場属性や職場環境の影響をふまえて回帰分析を行ってみると、統計的に有意となる社会的属性は、世帯年収と居住地のみである。

4　どのような職場属性をもつ公務員が寄付を行うのか

公務員の寄付行動といっても、それを個人的な寄付とみなす以上は、仕事ではなくプライベートでの裁量による寄付行動ということになる。ただし、前述の通り、公務員は法令によって兼業・副業や政治的行為等について制限が設けられており、また、職務の内外を問わず遵守すべき義務等も規定されている。つまり、公務員の仕事とプライベートは切り離しにくく、寄付行動を捉える上では仕事との関連性を考慮する必要がある。以下、公務員の職場属性や業務の違いに着目して寄付行動を捉えてみたい。

公務員の職場属性別に、直近1年間の寄付率を示したのが**図18－3**である。ここでは公務員とし

図18-3　公務員の職場属性別にみた寄付率

出所：筆者作成。

ての身分（国家公務員か地方公務員か）、所属機関（勤務する団体）、職種、職位といった属性を取り上げている。まず、寄付率に大きな差がみられるのは職位である。職位が上がるほど寄付率は高くなり、特に局長・部長級の職位にある人は81％が寄付を行っている。公務員の職位は、基本的には年功制に基づいており、年齢や収入の高さがこの結果に影響を与えていると考えられる。他方で、統計的には、年齢や世帯年収よりも職位の方がより強く寄付率と関連している。一般的に、職位が上がるほど、より模範的・規範的な行動をとることが求められる。たとえば、管理職の方が組織内での募金に積極的に寄付を行う等、職位が高いことそのものが寄付率の違いに結び付いている可能性もある。

職種についても寄付率に差がみられる。研究職、教育職、非正規職員、その他、と回答した公務員の寄付率は他に比べて高い。ただし、同じく公務員の寄付経験について調査を行った小田切（2021）では、税務職、教育職、研究職、非正規職員、の寄付率が高い結果となっている。研究職、教育職、非正規職員、は比較的寄付を行う傾向にあると解釈できるが、より多くのサンプルに基づく分析が必要である。

なお、これら職位と職種は、回帰分析によって社会的属性の影響を考慮した場合でも、統計的には有意となる。

5　社会貢献活動へのアクセスのしやすさは寄付行動と関連するのか

人々のボランティア活動への参加経路を分析したErtas（2020）は、公務員は、民間企業の労働者と比べて、職場を経由してボランティア活動を開始する比率が非常に高いことを明らかにしている。そして、公務員は、社会貢献に参加できる機会へアクセスしやすい職業であると指摘している。この「社会貢献活動へのアクセスのしやすさ」は、公務員の寄付行動を理解する上でも重要である。たとえば、公務員の業務には、福祉課や市民課のように国民・市民やNPO・ボランティア団体等と直接的に関わる業務がある一方で、人事や総務のように内部管理系の業務もある。もし社会貢献活動と近い距離で仕事をする人の方が、その機会が得られやすく、行動を起こしやすいとすれば、寄付行動についても、そうした業務における社会へのアクセスの機会を考慮する必要がある。

この点について検証したのが、**図18－4**である。まず、業務における国民・市民との接触機会と寄付率について分析した。具体的には、「あなたは、現在の職場での業務において、国民・市民等の外部の方とどのくらいの頻度で接触（面会、電話、Eメール、テレビ会議など）していますか」という質問に対して、「全くない」から「毎日」までの選択肢で回答を求めた。この国民・市民との接触頻度別に寄付率をみてみると、接触機会が全くない人の寄付率が24・8％であるのに対し、接触機会がある人の寄付率は40％以上と大きな差があることがわかる。接触機会が増えるほど寄付率が高まるわけではないようであるが、日常の業務における国民や市民と接触機会の有無は、寄付行動に関連しているといえる。

次に、現在の職場における業務外活動許可基準の周知の程度と寄付率について分析を行った。具体的には、「あなたが勤務している団体・機関では、業務外での社会貢献活動や兼業・副業等にか

図18-4　業務での国民・市民等との接触頻度、および業務外活動許可基準の周知度と寄付率

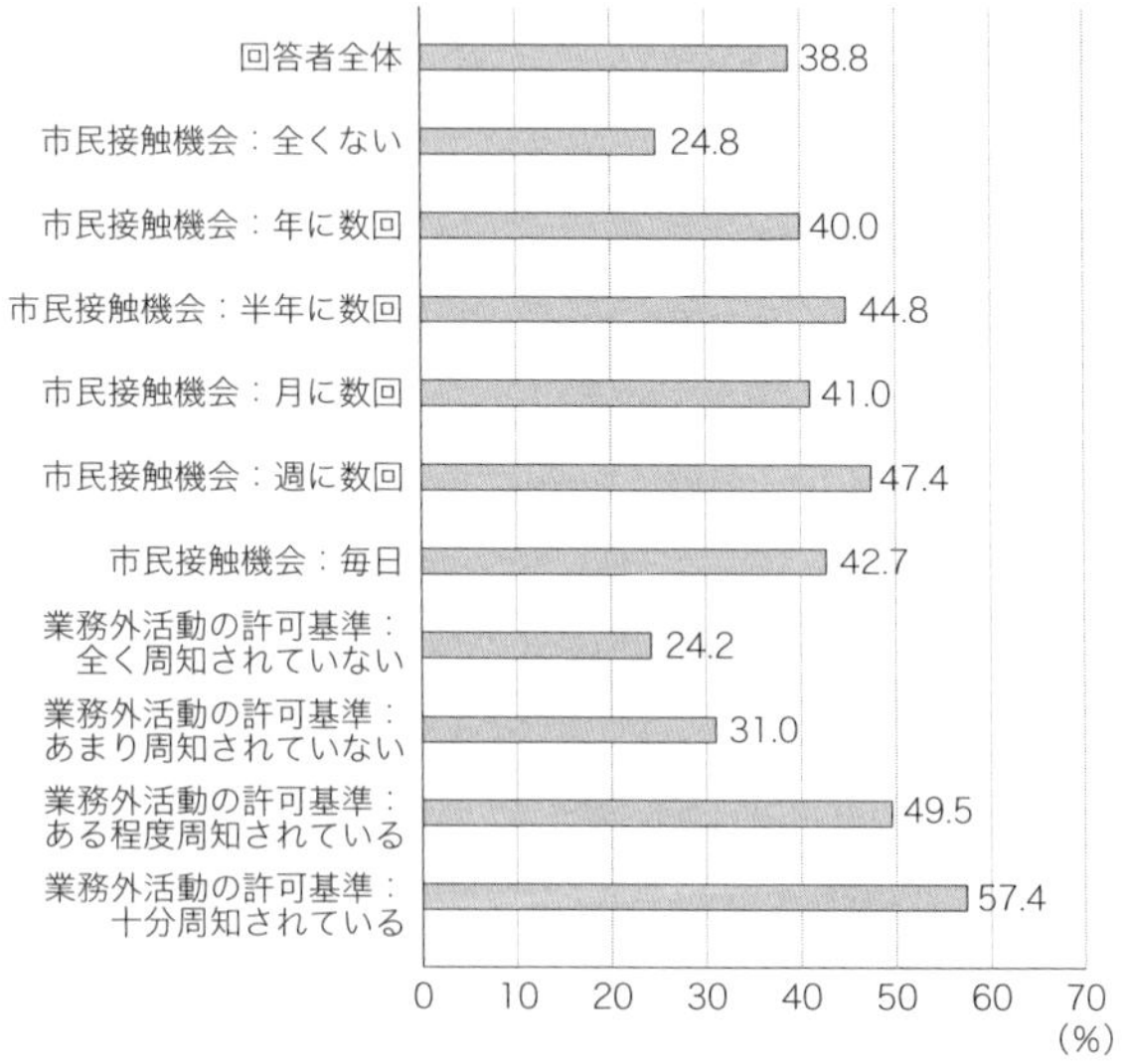

出所：筆者作成。

かる許可基準・申請手続について、どの程度周知されていますか。それぞれ実情として近いものを選んでください」という質問に対して、「十分周知されている」から「全く周知されていない」までの選択肢で回答を求めた。ここでいう業務外活動の許可基準とは、公務員の本業以外で社会貢献活動や兼業・副業等について許可を出すための基準であり、法令から国・自治体が独自で定める規則等まで含まれる。こうした業務外活動の許可基準は、公務員への十分な理解が浸透していない実態が明らかにされており（公益財団法人東京市町村自治調査会 2020）、その周知の程度が寄付行動と関連するかどうかという論点である。調査結果からは、こうした許可基準が周知されているほど寄付率が高いことがわかる。許可基準が十分周知されていると回答した人の寄付率は57・4％と、過半数を超えている。

なお、以上の2つの要因は、回帰分析によって社会的属性や職場属性の影響を考慮した場合でも、統計的に有意となることを確認している。

6　調査結果が示唆すること

以上、積極的に寄付を行う公務員の実態について取り上げてきた。本章で分析に用いた調査結果からは、世帯年収、居住地、職位、職種、業務における国民・市民等との接触頻度、業務外活動許可基準の周知度、といった要因が寄付行動と関連していることが示唆された。これらの結果から得られる含意は、公務員の寄付行動は、公務員制度や職場での業務に依存する側面があるという点である。このことは、制度設計や業務のあり様によって、寄付が促進されることも抑制されることも起こり得る、ということを意味している。寄付が個人の自発性に基づいて行われるものであるという理念に照らし合わせれば、そうした制度や業務に依存する寄付のあり方は議論になりそうではあるが、いずれにせよ、公務員制度に規定される公務員は、その寄付行動も公務員としての仕事に影響を受けているということである。

最後に、本調査は、新型コロナウイルス感染症拡大の影響下で実施されたものである。平時とは異なる期間での調査であることが、その結果にどの程度影響を及ぼしているか、継続的な検証が必要である。

注

（1）管見の限り、日本の公務員をサンプリング可能なリストは存在しない。本調査では、国家公務員、地方公務員を含め、全国の多様な属性をもつ公務員にアクセスできるインターネット調査を選択した。調査について詳しくは、小田切（2022）を参照されたい。なお、インターネット調査は、標本の代表性の評価が十分にできない可能性や、回答に電子端末を用いることによる測定誤差等、課題が指摘されている（三輪ほか 2020）。

（2）質問に際しては、「ここでの寄付は、自分や家族のためではなく、募金活動や社会貢献などを行っている人や団体に対して、金銭や物品を自発的に提供すること、と考えてください」という定義を回答者に提示したうえで、回答を求めた。

（3）ここでは、「直近1年間に寄付をした。また、それ以前にも寄付をしたことがある」および「直近1年間に寄付をしたが、それ以前に寄付をしたことはない」と回答した回答者の寄付率を、直近1年間の寄付率とした。

第19章　応援消費にはどのような可能性があるのか？

水越　康介

要点

- 応援消費という言葉は、2011年の東日本大震災を契機として用いられるようになり、2020年からのコロナ禍において、より広く一般化した。
- 応援消費に含まれる言葉として、推し活がある。こちらも、2011年ごろから用いられるようになり、コロナ禍において、より広く一般化した。現在では、応援消費という言葉は、エシカルな消費行動だけではなく、ファンの消費行動の双方を含む。
- 応援消費を行う動機や人々の属性は様々である。重要なことは、寄付やボランティアよりも、応援消費の方が気軽にできると考える人々がいるということである。
- 応援消費に近い行動として、政治的消費主義やバイコットがある。いずれも消費行動を通じて社会を変えることや支援することを目的としており、世界で広がりをみせている。2023年の日本の調査では、約17・8％の人々にその経験があった。応援消費もまた、社会を変える力となる可能性がある。

1　応援消費とは何か

応援消費という言葉は、苦境の地域や業界を消費で支援することを意味し、２０１１年の東日本大震災を契機にして広く使われるようになった（渡辺 2014; Stanislawski, Ohira and Sonobe 2015)。その後、２０２０年からのコロナ禍において、再び応援消費という言葉が注目されるようになる (Mizukoshi and Hidaka 2020; 水越 2022)。**図19－1**にみるように、新聞紙面上での出現数も２０１１年と２０２０年に２つのピークがみられる。

応援消費は、２０２０年の日経ＭＪヒット商品番付で東の大関に選ばれるなど、東北に限らず、日本全国において使われるようになっている。２０２０年12月5日の朝日新聞では、応援消費をしたことがあるかどうかの調査結果が紹介されている。１５８１人のうち半数を超える52％が応援消費をしたことがあり、さらに「いいえ」と答えた人のうちでも、53％は機会があればやりたいと答えたとされる。応援消費という言葉を使わずとも、誰かを応援しようと思って消費行動をしたことがあるかどうかを尋ねれば、そういえばそうした消費行動をしたことがあるという人々も多いだろう。

応援消費という言葉について、コロナ禍を経て、２０１１年から変わったのはその対象や地域だけではない。今日では、応援消費が意味することは様々に広がっている。消費を通じて応援できるのならば、対象は何でもよい。東日本大震災の際には、義援だと思って東北産のリンゴを購入した

図19-1　新聞紙面上に登場する「応援消費」の出現数の推移

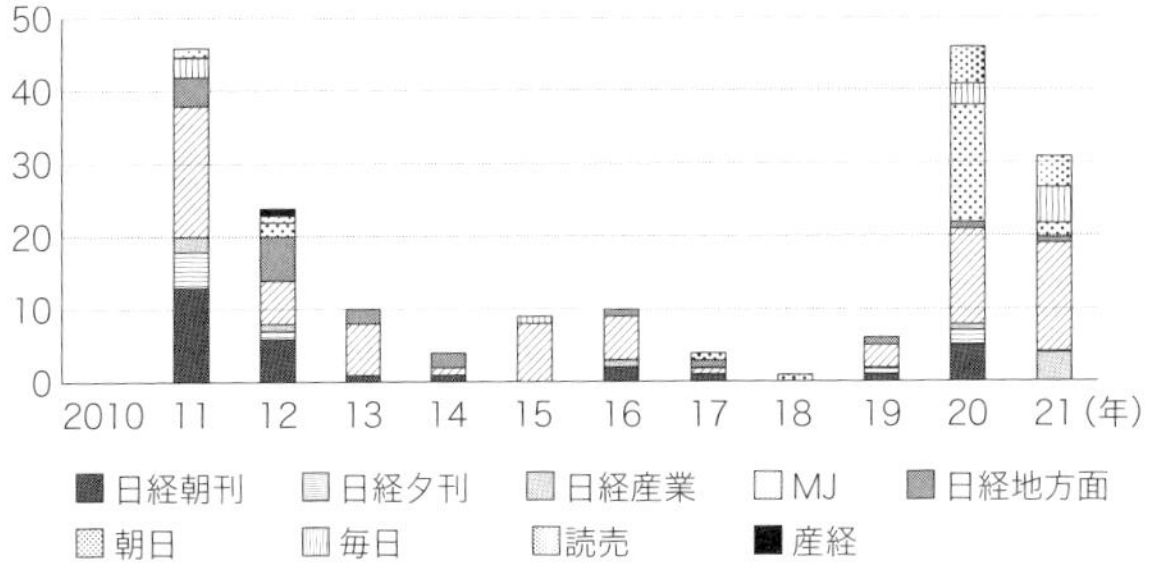

出所：筆者作成。

ことが応援消費であるとされた。観光で被災地に赴くことも、現地への移動費や宿泊費、食事をしたりお土産を買うということで応援消費になる。遠方の被災地だけではなく、コロナ禍で困っていた身近なレストランや飲食店はもちろん、休業しているライブハウスやアーティストを支援する動きもまた、応援消費だと考えられた。実際にその場に行かず、強い支援の気持ちがなかったとしても、たとえばオンライン上でクラウドファンディングに参加することや、今や日本に広く普及したといえるふるさと納税を行うこともまた、応援消費であるとみなされる。そして興味深いことに、一般のメーカーが生産し、販売する化粧品を買うときにすら、「支援・応援のために」公式店舗や通販で買うことがあり、人によってはこれも応援消費に含まれる。２０２０年12月13日の日経ＭＪでは、「演劇から飲食店、化粧品――。応援消費はあらゆる分野に広がる」とある。あらゆるところに、応援消費の芽は遍在している。

アーティストを支援する動きと関連して、特に類似した言葉として推し消費や推し活を挙げることができる。推し活とは、好みのアイドルやアニメのキャラクターなどを熱狂的に応援する活動であり、応援対象は「推し」と呼ばれる。こちらは応援消費とは異なり、倫理的な性格を伴わない。ただ、この言葉は、２０２１年10月27日の読売新聞ではＡＫＢ48の飛躍により10年くらい前から広がったとされている。さらに２０２１年には、推し活が流行語大賞にノミネートされてもいる。つまり、応援消費と推し活という言葉が用いられるようになった時期はほぼ一致しており、より一般に広がりをみせたのも同じくコロナ禍を前後してである。倫理性の程度の違いはあるが、消費行動を通じて、他者や社会を応援する動きが総じて強まってきているとみることができる。アイドルの楽曲や関連グッズを購入することをお布施や募金と称する人もいる。倫理性を伴う応援消費と、そうではない推し消費や推し活の距離は思っている以上に近い。

2　応援消費を促進する3つの要因

応援消費が２０１１年から今日にかけて広まっていった大きな要因として、大きく3つの点を指摘することができる。情報技術の発達、日本の文化性、そして新自由主義的な意識の広まりである。

1つ目は、インターネットやＳＮＳを中心とした情報技術の発達である。被災地の農作物を購入したいという場合、従来であれば、流通業者がその農作物をまず仕入れ、その上で一般の人々に各地域で販売する必要があった。しかしながら、インターネットやＳＮＳの発達により、売り手と買い手はプラットフォーム上で直接取引ができるようになった。配送はもちろん必要であるが、売りたいという情報発信も容易であり、買いたいという人々も簡単にアクセスすることができる。また、応援消費の文脈で語られるクラウドファンディングといった仕組みを用いれば、人々から少額の支援を効率的に集めることによって、まとまった資金を得ることもできる。

もちろん情報技術が普及する以前から、被災地や困っている人々を応援する消費行動はみられていた。たとえば、1995年の阪神・淡路大震災の頃の新聞記事では、復興セールが行われていたことが紹介されている。と同時に、神戸での商品購入が支援にもつながるという逸話について、眼から鱗が落ちるような新しい発想であるとも紹介されている。1995年はインターネット元年とも呼ばれ、Windows95やPHSが話題となった時期でもある。このころから情報技術に後押しされ、応援消費が具体的に姿をみせ始めたものと考えられる。この点は、推し消費や推し活についても同様である。いわゆるファンや追っかけは昔から存在したものの、今日的な応援行動は、インターネットやSNSを抜きにして考えることはできず、デジタル化されることで装いを新たにしている。

2つ目の要因として考えられるのは、日本の文化性である。倫理性を伴う応援消費という点からは、寄付やボランティア活動を比較対象として想定することができる。この際、特に日本では長らく寄付文化が存在しないことが指摘されてきた（日本人や世界の寄付の動向については**第1章**を参照）。寄付文化は欧米では宗教とも結びついているとされ、日本での寄付文化の醸成はたびたび議論されている。また、日本では陰徳の文化も存在し、寄付しないだけではなく、寄付しても公言しない、公言してはならないとも考えられてきた（Stanislawski, Ohira and Sonobe 2015）。漢の淮南子には「陰徳アル者ハ必ズ陽報アリ」と記されており、「陰徳陽報」「陰徳を積め」という教訓のよりどころになっている。

こうした文化において、消費行動を通じて、寄付やボランティアと同様に困っている組織や人々に貢献できるという応援消費は、受け入れやすいものであったと考えられる。消費行動は、基本的には自分のための行動であり、食材であれば美味しいものが食べたいという気持ちや、旅行であれば美しい景色をみたいといった自己の欲求や自己の利益に基づいている。応援消費は、寄付やボランティアではなく消費行動であると考えることができ、陰徳のために隠す必要もない。ただし、この気持ちは必ずしも日本人だけのものではない点には注意する必要がある。海外においても、こうした感覚や行動はサイコロジカルカバーとして知られてきた。物を購入することや、税金が免除されるという自己の利益を言い訳にすることによって、寄付やボランティアという他者の利益の提供は行いやすくなる（Holmes et al. 2002）。

最後に3つ目の要因として、日本の特殊性だけではなく、こうした応援消費の広まりを世界的な傾向として捉えることができる。この際に重要になるのは、1980年代以降、着実に世界的に広まってきた新自由主義的な発想である。新自由主義とは様々な文脈で語られるものの（稲葉 2018）、ここでは特に市場原理を用いることで、社会の問題を解決することができ、社会をより良くすることができるという考え方一般を指している。

市場においては、様々な活動に対価が設定されるようになる。寄付やボランティアも例外ではない（仁平 2011）。本来的に寄付やボランティアは対価を伴わない一方向的な贈与であるが、寄付やボランティアを促進させるためには、お礼を設定することや、場合によっては金銭的な補償を行うことが有効な方法となりうる。先に少し述べたように、こうしたお礼の設定は、人々の心理的な負担を軽減し、寄付やボランティアへの参加意向を強める。実際、いわゆる寄付付き商品や有償ボランティアなど、これらはすでに日常的にみることができるようになっている（大平 2019）。応援消費は、こうした新自由主義的な発想に後押しされることによって、応援するという贈与的な行動が消費と結び付けられたものであると考えることができる。

3　政治的消費主義

応援消費は、政治的消費主義としての側面を有している。政治的消費主義とは、消費行動を通じて社会を変えようという試みや考え方を指す。最もよく知られる政治的消費主義の行動はボイコット（boycott）運動であり、消費行動と結びつく場合には不買運動として展開される。これに対して、購買行動を通じて対象組織や企業を支援する試みはバイコット（buycott）運動と呼ばれる。たとえば、オーストラリアとアメリカの核廃絶運動の一環として、核兵器を搭載した船舶の入港を拒否するニュージーランドの製品購入が奨励されたことや、ゲイの権利を守るためのキャンペーンとして、支援企業に対するバイコットが展開された例などがある。さらに近年では、バイコットもボイコットも生じた例としてナイキが挙げられている（Copeland and Boulianne 2022）。２０１８年、ナイキ

図19-2　ヨーロッパ圏を中心とした2002-2003年のボイコット・バイコット経験者の割合

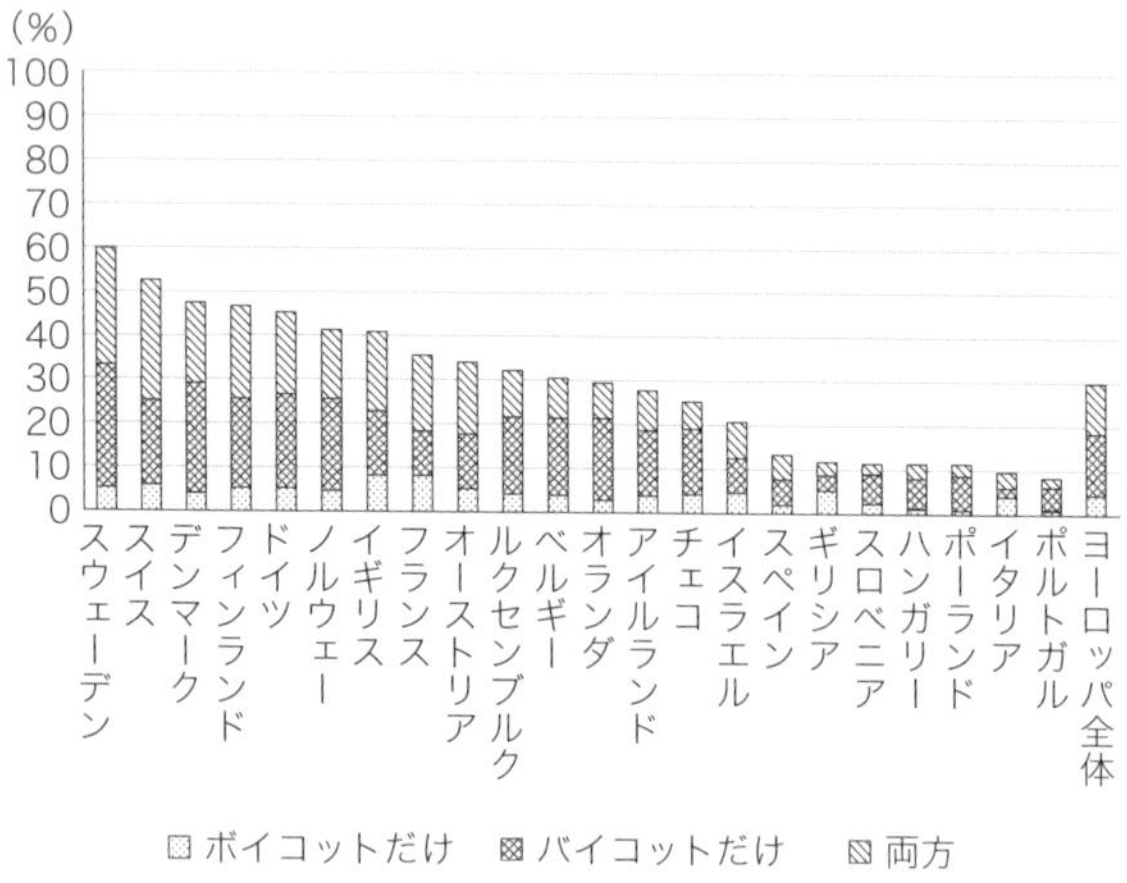

出所：Yates（2011: 202）および European Social Survery をもとに筆者作成。

はアメリカンフットボールのスター選手であるコリン・キャパニックを新広告キャンペーンに起用することを発表した。キャパニック選手は、２０１６年、アフリカ系米国人に対して警察の暴力があった際、試合での国歌斉唱の際の起立を拒否し話題となっていた。このため、ナイキやキャパニック選手を支持してバイコットに向かう人々と、逆に非難してボイコットを行う人々が現れたという。

バイコット運動は、古くから行われてきた一方で、世界的に注目されるようになってきたのはやはり１９９０年代以降である(Friedman 1996)。国や文化によっても違いがあり、特に北欧ではバイコットだけ、ボイコットだけ、それから両方を行うという人々の割合が5割に達している（Yates 2011）（**図19－2**）。アメリカもほぼ同様で

図19-3　日本におけるバイコットとボイコットの調査結果

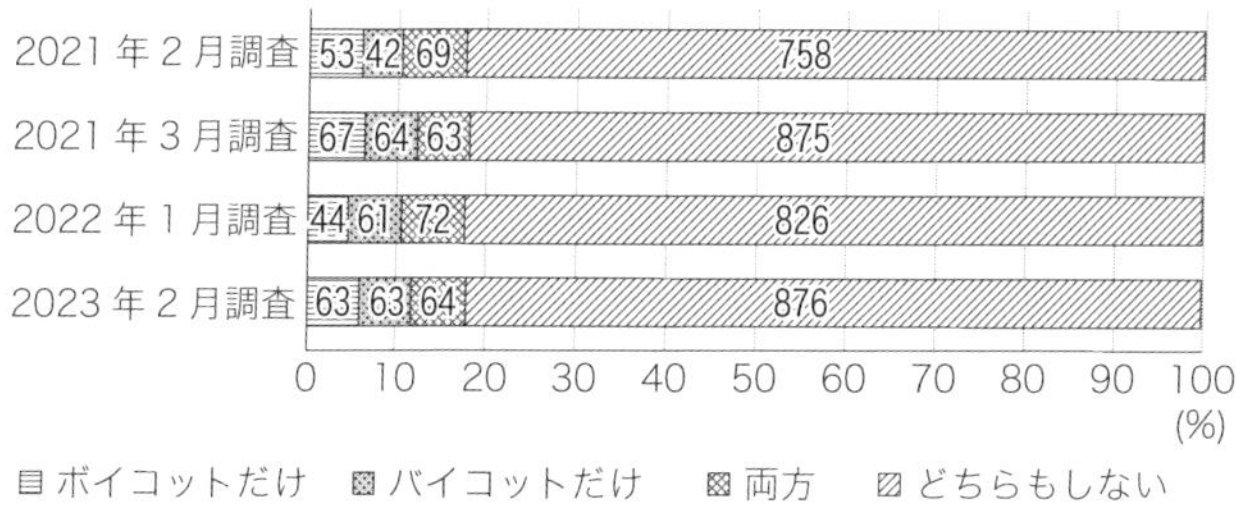

出所：水越ほか（2021），水越（2022）をもとに筆者作成。

あり、調査によってばらつきはあるが3割から5割程度がバイコットやボイコットを行っている（Copeland 2014; Endres and Panagopoulos 2017）。

日本では、ボイコットに比べるといよいよバイコットという言葉は知られていない。社会的、倫理的な理由で消費行動をすることがあるか（バイコット）、あるいは取りやめることがあるか（ボイコット）という問いに対しては、おおよそ2割程度があると答えている。コロナ禍を経た結果からも、大きな変化はまだみられない（**図19－3**）。

応援消費という点では、日本でも約5割の人々がコロナ禍において行ったと答えていた。こちらは、必ずしも社会性や倫理性の強くない、推し活に近い消費行動も含まれていると考えることができる。そもそも推し活という場合、AKB48から思い起こされるのは「総選挙」であり、消費行動を投票とみなすという点では政治的消費主義の性格を有している。冒頭で述べた通り、応援消費と推し活は倫理性の有無という点で区別されるが、類似点も多く見出すことができる。日本においても、応援消費と合わせて、今後はバイコットをはじめとした政治的消費主義の涵養が進むことが予想される。

4　消費行動の新しい可能性

寄付やボランティアと合わせ、社会や他者、あるいは環境への配慮が高まることは現代において重要なことである。その意味において、応援消費の広まりは歓迎すべきものであろう。同時に、その背景として市場の役割が大きくなっていることについては、注意すべきでもある。応援と消費という2つの行動について、理想的には応援の比重を高めるべきであって、消費はそのための手段であることが望ましい。このバランスを具体的にどのようにとっていくのかを考え実践することが、これからの社会には求められている。

実務者の挑戦④

パブリックリソース財団――岸本幸子

寄付は人生の軌跡、未来への投資

1996年、ニューヨーク・コミュニティ・トラスト（以下、NCT、当時全米最大のコミュニティ財団）のドアを開けたとき、目の前に広がった光景を私は忘れない。巨大な書架に、寄付者の顔写真つきのリーフレットがずらりと並んでいた。1つひとつのリーフレットには、NCTに寄付した人の人生と寄付の活かし方がコンパクトに記述されていた。寄付は人生の軌跡であり、未来への投資であると知った瞬間だった。当時私はNPOのマネジメントやファンドレイジングを学びにニューヨークの大学院に留学中で、街の活力や多様性に目を見張っていた。しかし、NCTに並ぶリーフレットをみたとき、このような市民の力がニューヨークの進化を支えていると納得したのだった。NCTのような組織を日本で創りたい。その目標をもって1999年に帰国したが、実際に財団設立に至るには2013年まで時間がかかった。

パブリックリソースという提案

2000年に私は、現在の公益財団法人パブリックリソース財団（以下、PRF）の前身となる、NPO法人パブリックリソースセンター（以下、CPRD）の創設に参画した。私たちは「パブリックリソース」という造語を通じて、「NPOや市民が非営利活動を行うときに活用される〝共的〟な経営資源」、

「〝新たな公共〟をつくる〝共創・共益〟の社会資源」という概念を提案した（パブリックリソース研究会編『パブリックリソースハンドブック――市民社会を拓く資源ガイド』ぎょうせい、2002年、1頁）。NPOの資源、たとえば資金について、NPOが限られたパイを奪いあうのではなく、市民、企業、行政、財団等のもてる資源を公共の場にひらくシステムをつくり、私の領域にある資源をパブリックリソースに転換していこうという呼びかけだった。「「システムとしての資金開発」に注目し、仕組みの提案と実験的創設を重視する」（同上書、6頁）は、以後CPRD、PRFの基本方針となった。この方針に基づき、米国における女性たちの資金調達組織を紹介するウィメンズファンドフォーラム開催（2001年）、オンライン寄付サイト開設（現在のGive One。https://giveone.net/）（2002年）のほか、2001年からはSRI（社会的責任投資）のための企業の社会性評価を開始、2007年には米国における寄付関連金融商品（CRT残余財産信託、CLT先行寄付信託）の動向に関する調査研究を行うなど、企業や金融機関への働きかけも続けた。また寄付の成果評価を目指し、評価手法としてのSROI（Social Return on Investment）の研究と導入を行った。

公益法人改革のもとで生まれた新しい財団

CPRDは実践型の調査研究機関だったが、東日本大震災の際に内外から被災地復興のための多額の寄付を預かったことが契機となり、ミッションを整理した。社会貢献したい市民、企業の想いを実現するための寄付推進の財団法人パブリックリソース財団として再スタートし、2013年1月に内閣府から公益認定を受けた。

私たちが基本財産300万円のみで財団を設立できたのは、2008年の公益法人改革の賜物である。主務官庁制度を外れ、第三者の認定委員会による公益認定となり、基本財産も最低300万円と明確になった。このように公益財団設立が容易になったことは、民間寄付やフィランソロピーの推進という点から非常に意義が深いと思う。

通常の公益財団法人は出捐者が一者であることが多く、資産の運用益をもって公益目的事業を行うことが多い。それに対してＰＲＦは全国および海外からの不特定多数の市民や企業の寄付を受け入れ、寄付金を原資に、幅広い分野の社会をよくする活動を対象とした助成活動を行っている。２０１３年１月の設立以来２０２３年３月までに累計43億円を超えるご寄付を頂き、現在では年間５００以上の団体に助成している。

オリジナル基金を活用した寄付文化の推進

なぜＰＲＦのような中間組織が必要なのか。寄付を考える人たちは皆、何かしら社会貢献の目的を定めている。しかし「志を実現できる寄付先はどこにいるのか」「信頼できる団体か」「お金はどのように使われるのだろうか」「不動産や株式などの寄付も受け取ってもらえるか」「活動報告はもらえるだろうか」「寄付のインパクトはどのように測れるだろうか」、そのような疑問をもつことが多い。ＰＲＦは、ＣＰＲＤ以来のノウハウを活かして、このような悩みに答えつつ、寄付者と社会的インパクトを出せる寄付先をつなぐ仲介者の役割を担っている（**図④－１**）。

ＰＲＦの事業の中心はオリジナル基金（本名称は　オリジナル基金®　として商標登録されている）の創設である。寄付者はＰＲＦにオリジナル基金を創設することで、自分で新規に財団を設立するのと同様の効果を、低いコストと簡易な手続きで実現することができる。つまり、オリジナル基金の創設は、公益財団法人であるＰＲＦへの寄付として税制優遇の対象となる。専門家の力を借りて独自の助成プログラムを策定できるのに加え、財団設立と異なり助成プログラムの見直しや修正は容易なので、社会の

図④-1　寄付者とパートナーをつなぐコーディネーターの役割

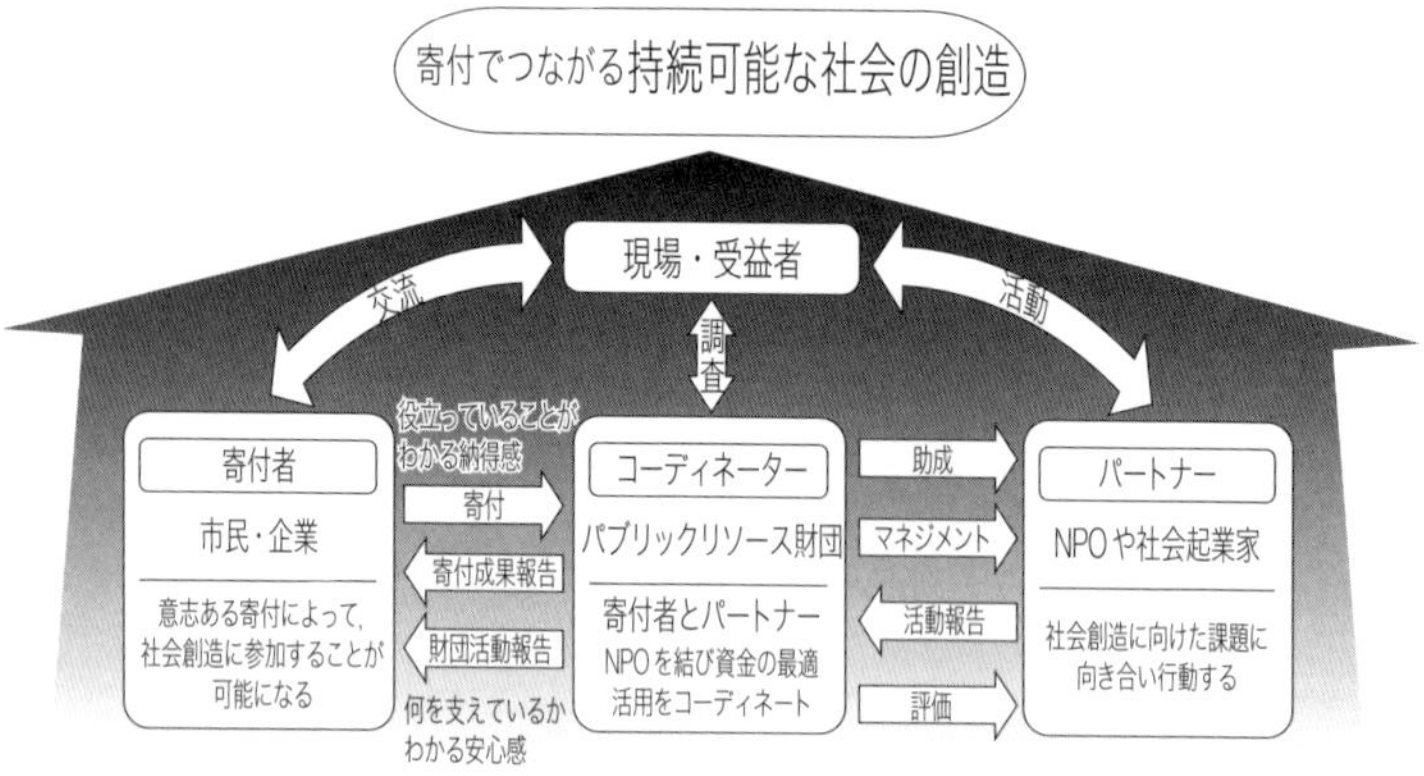

出所：筆者作成。

変化に応じた柔軟な社会貢献が可能となる。遺言で寄付先を自分の名前を冠した基金としたり、不動産寄付で基金を創設したりすることもできる。受け取った寄付金を助成金として使い切る「パス・スルー型」基金が多いが、運用益をもって助成金とする「エンダウメント型」とすることも可能である。２０２３年６月末現在、全52基金がアクティブに運営されている。

寄付者は社会変革者

ＮＰＯや社会起業家は社会変革者と呼ばれるが、日々寄付者と接していると、寄付者もまた社会変革の担い手であると実感する。オリジナル基金の創設者たちは、社会の周縁からのＳＯＳや問題提起を敏感に受け止め、何かしなければと行動する人々である。

２０１５年に創設されたふくしま未来基金は、福島を愛し、30年後の姿を構想する地元実業家の志から生まれた。放射線情報の測定、子育て支援、女性の仕事の場づくり、多文化共生、農業団体、コワーキングスペースなど、福島を支える多くの担い手が

図④-2　寄付者の志を活かす助成プログラムのデザイン

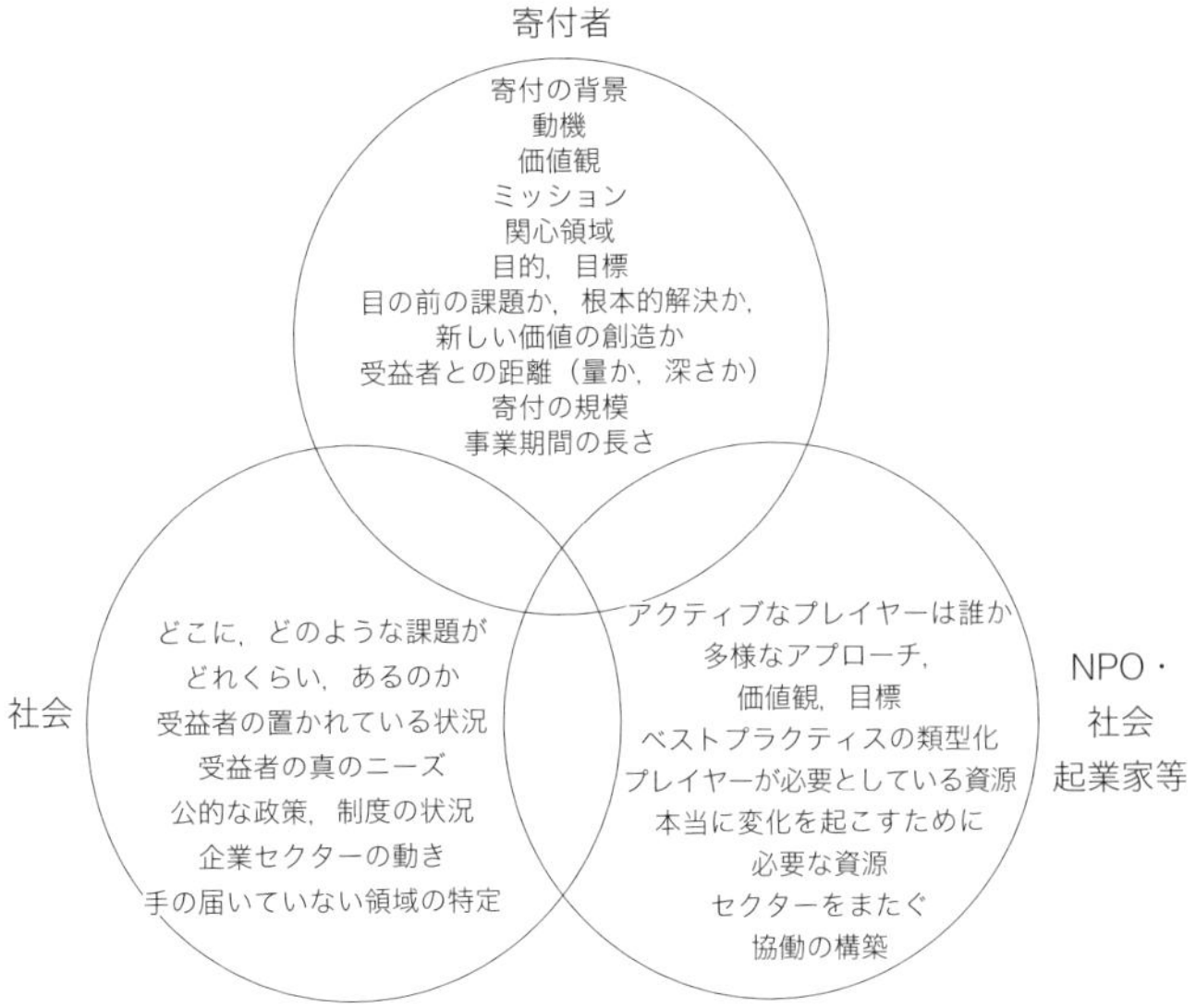

出所：筆者作成。

同基金から育った。

その後、女性支援は２０１６年、子ども団体の組織基盤強化は２０１７年、移民難民支援は２０１９年、プラスチックごみ対策は２０１９年に基金がスタートしている。近年はウェルビーイングやダイバーシティ・アンド・インクルージョンを追求する基金も発足した。どの基金も世論が固まるより早い時期に始まっていると思う。

このような新たな、独自のテーマが寄付者から持ち込まれると、私たちは寄付に込められた想いに耳を傾けると同時に、課題の構造や発生状況、政策・制度の動向、ＮＰＯや社会起業家のアプローチの状況などをもとに、どこにくさびを打ち込めばいいのか、寄付の使途を考え、助成プログラムを設計する（**図④－２**）。

その始まりは、寄付者の方々の社会情勢に対するアンテナ、周縁にいる人たちへのまなざしである。その意味で、寄付者は社会変革の担い手であると思う。

オリジナル基金を創るには一定の資産を必要とする。今後は、企業や金融機関と連携し、寄付者の裾野をより広げるための仕組みづくりに積極的に取り組んでいきたい。

寄付に関連したブックガイド20

坂本 治也

❶ 日本ファンドレイジング協会編『寄付白書２０２１』

（日本ファンドレイジング協会、２０２１年）

数年おきに発行されている『寄付白書』は、その時々の日本の寄付の動向を豊富なデータとともに総合的に分析しており、寄付の現状を押さえる際には大変有益である。最新版の『寄付白書２０２１』では、２０２０年の寄付の動向を解説するとともに、コロナ関連の寄付動向や社会的投資の現状についても分析を行っている。

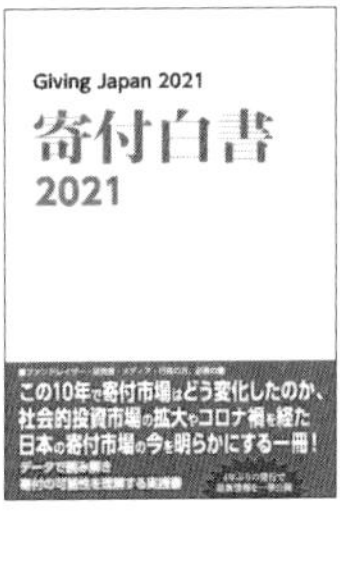

❷ **日本ファンドレイジング協会編『寄付白書2017』**

（日本ファンドレイジング協会、2017年）

人はなぜ寄付をするのか。どういう要因が寄付行動を規定しているのか。『寄付白書2017』では、2016年の寄付動向を解説するとともに、NPO研究、行動経済学の分野での寄付研究のレビューがまとめられている。研究者による寄付研究のエッセンスを概観するのにとても役立つ内容となっている。

❸ **近藤由美『世の中を良くして自分も幸福になれる「寄付」のすすめ』**

（東洋経済新報社、2014年）

「寄付なんてただの偽善でしょ？」という認識で止まっている人たちに、最初に読んでもらいたい入門書。日本の寄付の歴史と現状、実際に寄付をしている人たちの事例紹介、寄付の効能、非営利団体とは何か、寄付先の選び方など、基礎的な情報が網羅的にわかりやすくまとめられている。

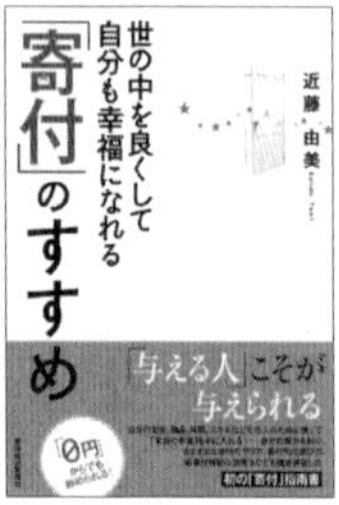

❹ 渋澤健・鵜尾雅隆『寄付をしてみよう、と思ったら読む本』（日経ＢＰマーケティング、２０１８年）

タイトル通り、寄付に興味関心があったら、まず手に取って欲しい一冊。寄付が「未来への一票」であり、自分にもリターンがある行為であることがよくわかる。社会課題に取り組む団体の活動紹介、企業のＣＳＲとＣＳＶ、「日本資本主義の父」といわれる渋沢栄一の社会事業、寄付教育の実例など関連トピックも豊富に収録。

❺ 駒崎弘樹『「社会を変える」お金の使い方――投票としての寄付 投資としての寄付』（英治出版、２０１０年）

社会起業家や政策起業家のフロントランナーである著者が、社会を変える手段としての寄付を語った一冊。著者自身の体験談や寄付が支えた社会活動の歴史の解説を交えつつ、なぜ寄付が社会課題解決に結びつくのかをわかりやすく説明する。本書に収録されている「寄付をより深く知るための用語集」も参考になる。

❻ **鵜尾雅隆『改訂版　ファンドレイジングが社会を変える――非営利の資金調達を成功させるための原則』**（三一書房、２０１４年）

日本にファンドレイザーという専門職を定着させた立役者である著者がファンドレイジングの原則と実践を熱く語った一冊。単なる資金集めではない「社会変革の手段」としてのファンドレイジングの魅力と重要性を本書を通じて知ることができる。「おもしろい寄付」20連発などの関連トピックも興味深い。

❼ **徳永洋子『改訂新版　非営利団体の資金調達ハンドブック――ファンドレイジングに成功するポイントのすべて』**（時事通信社、２０２３年）

ファンドレイザーが実務を行っていく際に、どういう点に留意すべきなのかを体系的にまとめた「ファンドレイジングの教科書」。組織理念、団体運営、寄付者や会員とのコミュニケーション、イベント開催、助成金や事業収入の獲得などについて、実践に役立つ示唆がたくさん得られる。

❽ シンガー、ピーター『あなたが世界のためにできるたったひとつのこと――〈効果的な利他主義〉のすすめ』（NHK出版、2015年）

なぜ寄付すべきなのか、どこに寄付すべきなのか、を功利主義の立場からわかりやすく考察した一冊。一見極端すぎる立場にみえる「効果的な利他主義」は、実際に米国で富豪や知的エリートを中心に一定の支持を得るムーブメントになっている。哲学や倫理学の立場から寄付を考える際の必読文献といえる。

❾ 秋山訓子『クラウドファンディングで社会をつくる――人はなぜ寄付するのか？』（現代書館、2021年）

インターネットを介した一般大衆からの資金調達手法であるクラウドファンディングが昨今急速に発達しており、寄付集めにも多大な影響を与えている。本書はクラウドファンディングを通じた寄付とそこで集まった「善意の資金」が社会貢献・社会変革に役立った事例を多数紹介している。

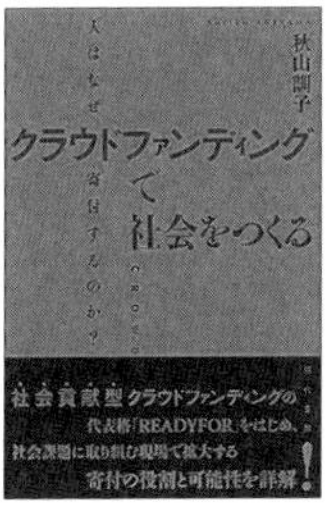

⑩ 福井文威『米国高等教育の拡大する個人寄付』

米国の大学は巨額の個人寄付を集めているが、最初からそうであったわけではなく、1980年代以降に急拡大した。本書は鋭い学術的分析を駆使して、その寄付急拡大の謎に迫った労作である。結論として示される評価性資産に対する寄付税制の影響の大きさは、今後の日本の大学支援政策を考えるうえでも示唆に富む。

（東信堂、2018年）

⑪ 星野哲『人生を輝かせるお金の使い方――遺贈寄付という選択』

死後に遺産から行う寄付である遺贈寄付について総合的に解説した一冊。高齢社会の到来で「人生最後の社会貢献」といえる遺贈寄付に注目する人々が増えている。一部のお金持ちがするイメージが強い遺贈寄付だが、実は誰でも気軽に行うことができる。本書は相続税控除の仕組み、寄付先や相談先の選び方を平易に解説する。

（日本法令、2021年）

⑫ 雨森孝悦『テキストブックＮＰＯ 第3版――非営利組織の制度・活動・マネジメント』（東洋経済新報社、２０２０年）

日本で寄付がいまひとつ拡がらないのは、私たちが寄付の主要な受け手となる非営利組織の意義や実態について十分理解していないためである。本書は非営利組織研究の分野で定評のあるテキストで、ＮＰＯの制度・活動・マネジメントについて基礎から広く学ぶことができる。

⑬ 後房雄・坂本治也編『現代日本の市民社会――サードセクター調査による実証分析』（法律文化社、２０１９年）

寄付を集める側である様々な日本の団体・組織の現状と課題を知るうえで有益な研究書。ＮＰＯ法人、一般社団・財団法人、公益社団・財団法人、社会福祉法人、学校法人、協同組合など多様な法人類型間を比較しつつ、組織の経営状況や人的管理、財務管理などについて様々な角度から分析を行っている。

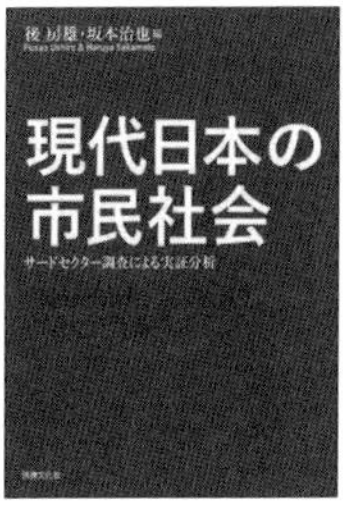

⑭ 三谷はるよ『ボランティアを生みだすもの——利他の計量社会学』

（有斐閣、2016年）

「時間の寄付」といえるボランティアは、誰がなぜ行うのか。本書は日本人のボランティア行動の規定要因を定量的データの分析を通じて明らかにした研究書である。階層や宗教性、家族や近所の人々による社会化の影響などの要因がボランティア行動にどう影響するのかが分析されており、大変興味深い。

⑮ 小田亮『利他学』

（新潮社、2011年）

なぜ人間は寄付やボランティアなどの他者を助ける利他行動をするのか。著者は心理学、経済学、哲学、進化生物学の知見を総動員しつつ、サルなどの霊長類の行動まで視野に入れて、利他行動の謎を科学的に分析している。本書を読めば、人類の進化の過程は利他行動と共にあったことがよくわかる。

⑯ 岩野卓司『贈与をめぐる冒険――新しい社会をつくるには』

（ヘウレーカ、２０２３年）

寄付、プレゼント、お歳暮、ボランティア、臓器移植といった贈与全般について思考をめぐらす際に有力な手がかりとなる一冊。贈与は古代より人間関係や権力構造と密接に関連したコミュニケーション手段であったこと、また資本主義や自然環境のこれからを展望する際に鍵となる重要概念であること、が本書を通じてよくわかる。

⑰ 吉武由彩『匿名他者への贈与と想像力の社会学――献血をボランタリー行為として読み解く』

（ミネルヴァ書房、２０２３年）

なぜ人々は献血を通じて見知らぬ他者に血液を提供するのだろうか。本書は周囲の人々との相互作用、社会化、弱い連帯、中間組織の役割、互酬性の予期、生きづらさなどの観点から、献血の規定要因を実証的に明らかにしている。本書の知見は他者への贈与や利他主義という観点から寄付研究にとっても参考になる。

⓲ 金澤周作『チャリティの帝国――もうひとつのイギリス近現代史』

イギリスは日本の数倍は寄付が活発な寄付大国であるが、それは一朝一夕に出来上がったものではない。本書は、イギリス近現代史において、いかにしてチャリティ団体と寄付文化が長い時間をかけて試行錯誤の末に発展してきたのかを丁寧に描き出している。

（岩波書店、２０２１年）

⓳ 太田耕史郎『地域振興と慈善活動――慈善・寄付は地域を呼び覚ます』

カーネギー、ロックフェラー、稲盛和夫、大原孫三郎など、日米の著名な起業家らによる慈善活動の歴史と思想を幅広く扱った研究書。ピッツバーグ、京都、福岡、岡山などでの地域産業と慈善活動の発展史も丁寧に記述する。経済界の寄付が教育、文化、社会福祉の発展をいかに促したかがよく理解できる。

（勁草書房、２０２２年）

⑳ 谷本寛治『企業と社会――サステナビリティ時代の経営学』（中央経済社、２０２０年）

「企業と社会」論や企業の社会的責任（ＣＳＲ）研究の日本における第一人者による体系的テキスト。現在の企業経営にとってＣＳＲの視点がいかに重要なのかを深く学べる。営利企業が行うフィランソロピー活動についての記述も豊富である。なぜ営利企業は寄付を行うのかを考える際に必読の文献。

実務者の挑戦③　D×P
書き下ろし

第 15 章　寄付者は寄付からどのようなメリットを得るのか？
渡邉文隆，2022，「寄付によって生まれる恩恵と寄付者満足度について考える」日本寄付財団 Academic Research on Donations，https://nippon-donation.org/papers/586/

第 16 章　お人好しは好かれるのか？
河村悠太，2022，「お人好しは好かれるのか」日本寄付財団 Academic Research on Donations，https://nippon-donation.org/papers/592/

第 17 章　法律で寄付はどのように扱われるのか？
小出隼人，2022，「民法学からみた『寄付』――寄付はどのように法的に構成されるのか」日本寄付財団 Academic Research on Donations，https://nippon-donation.org/papers/1332/

第 18 章　公務員の寄付行動にはどのような特徴があるのか？
小田切康彦，2023，「公務員の社会貢献活動と Public Service Motivation」日本寄付財団 Academic Research on Donations，https://nippon-donation.org/papers/1436/

第 19 章　応援消費にはどのような可能性があるのか？
水越康介，2022，「広がる応援消費とその可能性」日本寄付財団 Academic Research on Donations，https://nippon-donation.org/papers/969/

実務者の挑戦④　パブリックリソース財団
書き下ろし

寄付に関連したブックガイド 20
書き下ろし

第７章　ギビングサークルとは何か？

細海真二，2023，「市民フィランソロピーの新たな潮流――ギビングサークルという考え方」日本寄付財団 Academic Research on Donations，https://nippon-donation.org/papers/1350/

第８章　ソーシャルマーケティングとは何か？

瓜生原葉子，2023，「ソーシャルマーケティングと寄付行動」日本寄付財団 Academic Research on Donations，https://nippon-donation.org/papers/1354/

第９章　寄付を集める人が考えるべき倫理とは何か？

岡田彩，2023，「望ましい『寄付集め』とは？ファンドレイジングの倫理を考える」日本寄付財団 Academic Research on Donations，https://nippon-donation.org/papers/1456/

実務者の挑戦②　日本ファンドレイジング協会

書き下ろし

第 10 章　分野によって寄付行動に違いがあるのはなぜか？

書き下ろし

第 11 章　スポーツイベントで寄付は促進されるのか？

醍醐笑部，2022，「寄付とスポーツ――チャリティスポーツイベントが寄付文化の醸成に貢献するために」日本寄付財団 Academic Research on Donations，https://nippon-donation.org/papers/898/

第 12 章　なぜ人々は大学に寄付をするのか？

福井文威，2022，「高等教育と科学研究を支える寄付」日本寄付財団 Academic Research on Donations，https://nippon-donation.org/papers/901/

第 13 章　なぜ人々はふるさと納税をするのか？

西村慶友，2022，「ふるさと納税制度の最適な運営について考える」日本寄付財団 Academic Research on Donations，https://nippon-donation.org/papers/955/

第 14 章　短期完結型のボランティアにはどのような特徴があるのか？

岡田彩，2022，「またやりたい！と思うイベントボランティアとは？――スポーツに着目した国際比較調査からの知見」日本寄付財団 Academic Research on Donations，https://nippon-donation.org/papers/593/

初出一覧

＊初出がある章でも，いずれも一定以上の加筆修正を行っている。

はじめに
書き下ろし

第 1 章　日本人はどれくらい寄付をしているのか？
書き下ろし

第 2 章　日本人はなぜ寄付をしないのか？
坂本治也，2022，「なぜ日本人は寄付をしないのか」日本寄付財団 Academic Research on Donations，https://nippon-donation.org/papers/594/

第 3 章　日本人はなぜ寄付やボランティアを冷笑するのか？
仁平典宏，2022，「冷笑する社会とボランティア――『やりがい搾取』批判を越えて」日本寄付財団 Academic Research on Donations，https://nippon-donation.org/papers/932/

第 4 章　日本人の社会貢献意識は低いのか？
松本渉，2022，「国際比較から考える日本人の社会貢献意識」日本寄付財団 Academic Research on Donations，https://nippon-donation.org/papers/921/

実務者の挑戦①　日本寄付財団
書き下ろし

第 5 章　NPO はどのように寄付を集めているのか？
石田祐，2022，「非営利セクターに対する社会的支援の動向――NPO 法人の寄付収入の変化を視点に」日本寄付財団 Academic Research on Donations，https://nippon-donation.org/papers/591/

第 6 章　どうすれば共感ベースの寄付を増やすことができるのか？
瀬上倫弘，2022，「ファンドレイジングにおける共感メカニズム」日本寄付財団 Academic Research on Donations，https://nippon-donation.org/papers/815/
瀬上倫弘，2023，「共感なき寄付を考える」日本寄付財団 Academic Research on Donations，https://nippon-donation.org/papers/1476/

26: 311-342.

Copeland, L., 2014, Conceptualizing Political Consumerism: How Citizenship Norms Differentiate Boycotting from Buycotting, *Political Studies*, 62 (S1) : 172-186.

Copeland, L. and S. Boulianne, 2022, Political Consumerism: A Meta-analysis, *International Political Science Review*, 43 (1) : 3-18.

Endres, K. and C. Panagopoulos, 2017, Boycotts, Buycotts, and Political Consumerism in America, *Research and Politics*, 4 (4) : 1-9.

Friedman, M., 1996, A Positive Approach to Organized Consumer Action: The "Buycott" as an Alternative to the Boycott, *Journal of Consumer Policy*, 19: 214-227.

Holmes, J., Miller, G. D. T. and M. J. Lerner, 2002, Committing Altruism under the Cloak of Self-Interest: The Exchange Fiction, *Journal of Experimental Social Psychology*, 38: 144-151.

Mizukoshi, K. and Y. Hidaka, 2020, Pandemic and Õen Consumption in Japan: Deliberate Buying to Aid the Seller, *Markets, Globalization and Development Review*, 5 (3) : Article 3.

Stanislawski, S., Ohira, S. and Y. Sonobe, 2015, Consuming to Help-Post-Disaster Consumption in Japan, *Asia-Pacific Advances in Consumer Research*, 11: 76-79.

Yates, L. S., 2011, Critical Consumption: Boycotting and Buycotting in Europe, *European Societies*, 13 (2) : 191-271.

森泉章，2004，『新・法人法入門』有斐閣：262.
山本敬三，2005，『民法講義Ⅳ -1』有斐閣：331.
柚木馨・高木多喜男編，1993，『新版注釈民法 14 債権（5）』有斐閣：14-15（柚木馨・松川正毅執筆担当部分）.
我妻栄，1957，『債権各論中巻Ⅰ』岩波書店：233-238.

第 18 章　公務員の寄付行動にはどのような特徴があるのか？

公益財団法人東京市町村自治調査会，2020，『公務員の副業・兼業に関する調査研究報告書――職員のスキルアップ，人材戦略，地域貢献の好循環を目指して』公益財団法人東京市町村自治調査会.
小田切康彦，2021，「公務員における社会貢献活動の実態――アンケート調査に基づく基礎的考察」『徳島大学社会科学研究』35: 1-15.
小田切康彦，2022，「公務員の職務意欲――アンケート調査結果報告」『徳島大学社会科学研究』36: 63-81.
第 32 次地方制度調査会，2019，「【資料 2】地方公務員の社会貢献活動に関する兼業について」第 26 回専門小委員会資料，https://www.soumu.go.jp/main_content/000656248.pdf，アクセス日 2023 年 4 月 20 日.
三輪哲・石田賢示・下瀬川陽，2020，「社会科学におけるインターネット調査の可能性と課題」『社会学評論』71（1）：29-49.
Ertas, Nevbahar, 2020, How Public, Nonprofit, and Private-Sector Employees Access Volunteer Roles, *Journal of Nonprofit and Public Sector Marketing*, 32（2）：105-123.

第 19 章　応援消費にはどのような可能性があるのか？

稲葉振一郎，2018，『「新自由主義」の妖怪――資本主義史論の試み』亜紀書房.
大平修司，2019，『消費者と社会的課題――ソーシャル・コンシューマーとしての社会的責任』千倉書房.
仁平典宏，2011，『「ボランティア」の誕生と終焉――〈贈与のパラドックス〉の知識社会学』名古屋大学出版会.
水越康介，2022，『応援消費――社会を動かす力』岩波書店.
水越康介・大平修司・スタニスロスキースミレ・日高優一郎，2021，「日本におけるバイコットおよびボイコットに関する一考察――応援する消費行動の考察に向けて」『JSMD レビュー』5（1）.
渡辺龍也，2014，「『応援消費』東日本大震災で『発見』された消費の力」『現代法学』

潮見佳男，2021，『新契約各論Ⅰ』信山社：42.
四宮和夫，1989，『信託法 新版』有斐閣：7.
消費者庁ウェブサイト，2023a，「法人等による寄附の不当な勧誘の防止等に関する法律（令和4年法律第105号）」，https://www.caa.go.jp/policies/policy/consumer_policy/donation_solicitation/assets/consumer_policy_cms213_230712_03.pdf，アクセス日2023年9月28日.
消費者庁ウェブサイト，2023b，「法人等による寄附の不当な勧誘の防止等に関する法律概要」，https://www.caa.go.jp/policies/policy/consumer_policy/donation_solicitation/assets/consumer_policy_cms104_230401_002.pdf，アクセス日2023年9月28日.
消費者庁ウェブサイト，2023c，「法人等による寄附の不当な勧誘の防止等に関する法律逐条解説」，https://www.caa.go.jp/policies/policy/consumer_policy/donation_solicitation/assets/consumer_policy_cms213_230821_01.pdf，アクセス日2023年9月28日.
消費者庁ウェブサイト，2023d，「法人等による寄附の不当な勧誘の防止等に関する法律 解説資料（Q&A形式）」，https://www.caa.go.jp/policies/policy/consumer_policy/donation_solicitation/assets/consumer_policy_cms213_230704_01.pdf，アクセス日2023年9月28日.
筑波君枝，2008，『こんな募金箱に寄付してはいけない』青春出版社.
中嶋貴子，2014，「東日本大震災における災害寄付の実態と課題――活動支援金を中心に」『OSIPP Discussion Paper』：1-21，https://www.osipp.osaka-u.ac.jp/archives/DP/2014/DP2014J007.pdf，アクセス日2023年9月28日.
中島玉吉，1922，「公募義捐金」中島玉吉『続民法論文集』金刺芳流堂：227-228.
中島誠，2019，「寄付に関する動機の構造」『名古屋学院大学論集 人文・自然科学篇』56（1）：1-14.
日本赤十字社，2013，「災害義援金に関する課題と今後の方向（報告）――東日本大震災における検証と総括を踏まえて」日本赤十字社：1-16，https://www.jrc.or.jp/vcms_lf/20130325_01.pdf，アクセス日2023年9月28日.
日本ファンドレイジング協会編，2012，『寄付白書2011』経団連出版.
日本ファンドレイジング協会編，2013，『寄付白書2013』日本ファンドレイジング協会.
日本ファンドレイジング協会編，2017，『寄付白書2017』日本ファンドレイジング協会.
日本ファンドレイジング協会編，2021，『寄付白書2021』日本ファンドレイジング協会.
宮下修一，2023a，「霊感商法・寄附の不当勧誘と新たな法規制――消費者契約法の改正と寄附不当勧誘防止法の制定」『法学セミナー』820: 38-44.
宮下修一，2023b，「寄附の不当勧誘と民事的効力――民法理論の観点からの検討」『ジュリスト』1585: 14-20.

Kawamura, Y. and T. Kusumi, 2020, Altruism Does Not Always Lead to a Good Reputation: A Normative Explanation, *Journal of Experimental Social Psychology*, 90: 104021.
Kawamura, Y., Sasaki, S. and T. Kusumi, 2022, Cultural Similarities and Differences in Lay Theories of Altruism: Replication of Carlson and Zaki (2018) in a Japanese Sample, *Asian Journal of Social Psychology*, 25: 571-576.
Lambarraa, F. and G. Riener, 2015, On the Norms of Charitable Giving in Islam: Two Field Experiments in Morocco, *Journal of Economic Behavior and Organization*, 118: 69-84.
Newman, G. E. and D. M. Cain, 2014, Tainted Altruism: When Doing Some Good is Evaluated as Worse than Doing No Good at All, *Psychologial Science*, 25: 648-655.
Parks, C. D. and A. B. Stone, 2010, The Desire to Expel Unselfish Members from the Group, *Journal of Personality and Social Psychology*, 99: 303-310.
Raihani, N. J., 2014, Hidden Altruism in a Real-world Setting, *Biology Letters*, 10: 20130884.

第 17 章　法律で寄付はどのように扱われるのか?

鵜尾雅隆, 2014,「日本の寄付市場の現状とこれからの可能性――寄付 10 兆円時代実現に向けた現状と課題」『ボランティア学研究』14: 71-78.
大村敦志, 2000,「現代における委任契約――『契約と制度』をめぐる断章」中田裕康・道垣内弘人編『金融取引と民法法理』有斐閣 : 111-113.
加藤永一, 1962,「寄付――一つの覚書」契約法大系刊行委員会編『契約法大系 II』有斐閣 : 8.
金井憲一郎, 2015,「三者間贈与の法的構造とその特質――英米法からみた寄付と公益信託に関する一考察」中央大学大学院法学研究科博士論文 : 1-18, 21-77.
金井憲一郎, 2023,「寄付の法的性質をめぐって」『信託フォーラム』第 19 号 : 76-77.
河上正二, 2014,「クラウドファンディングと信託(覚書)」水野紀子編『信託の理論と現代的展開』商事法務 : 54.
河上正二, 2023,「霊感商法関連新法について」『法学教室』514: 49-54.
神田秀樹・折原誠, 2019,『信託法講義 第 2 版』弘文堂 : 3-4, 61-63, 81-89.
来栖三郎, 1974,『契約法』有斐閣 : 224.
小出隼人, 2020,「寄付の法的構成に関する一考察――日独における寄付の法的構成に関する学説を手がかりに(2・完)」『法學』84 (2) : 199-275.

Journal of Service Research, 26 (2) : 283-299.

Okuyama, N. and N. Yamauchi, 2015, Giving in Japan: The Role of Philanthropy in Strengthening Civil Society, in *The Palgrave Handbook of Global Philanthropy*, Palgrave Macmillan UK, 404-425.

Ostrower, F., 1995, *Why the Wealthy Give: The Culture of Elite Philanthropy*, Princeton University Press.

Routley, C. and A. Sargeant, 2017, Bequest, In Memoriam, and Tribute Giving, in *Fundraising Principles and Practice*, SAGE Publications, 463-500.

Shapiro, R. A., 2018a, Asian Philanthropy Explained, in *Pragmatic Philanthropy: Asian Charity Explained*, Springer Nature, 1-15.

Shapiro, R. A., 2018b, Changing Laws or Taxing Changes: Policies in Flux, in *Pragmatic Philanthropy: Asian Charity Explained*, Springer Nature, 69-83.

Yang, Y. C., Boen, C., Gerken, K., Li, T., Schorpp, K. and K. M. Harris, 2016, Social Relationships and Physiological Determinants of Longevity Across the Human Lifespan, *Proceedings of the National Academy of Sciences*, 113 (3) : 578-583.

第16章　お人好しは好かれるのか?

Bereczkei, T., Birkas, B. and Z. Kerekes, 2007, Public Charity Offer as a Proximate Factor of Evolved Reputation-building Strategy: An Experimental Analysis of a Real-life Situation, *Evolution and Human Behavior*, 28: 277-284.

Bradley, A., Lawrence, C. and E. Ferguson, 2018, Does Observability Affect Prosociality? *Proceedings of the Royal Society B: Biological Sciences*, 285: 20180116.

Carlson, R. W. and J. Zaki, 2018, Good Deeds Gone Bad: Lay Theories of Altruism and Selfishness, *Journal of Experimental Social Psychology*, 75: 36-40.

Hardy, C. L. and M. Van Vugt, 2006, Nice Guys Finish First: The Competitive Altruism Hypothesis, *Personality and Social Psychology Bulletin*, 32: 1402-1413.

Hashimoto, K., Nishina, K. and A. Miura, 2023, Excessive Altruism and Its Underlying Motivation: Effects on Likability in Japan and the US. *Letters on Evolutionary Behaviorall Science*, 14: 48-52.

Herrmann, B., Thoni, C. and S. Gachter, 2008, Antisocial Punishment Across Societies, *Science*, 319: 1362-1367.

of Warm-Glow Giving, *The Economic Journal*, 100 (401) : 464-477.

Andreoni, J. and S. Smith, 2021, Economics of Philanthropic Tax Incentives, in *The Routledge Handbook of Taxation and Philanthropy*, OAPEN, 159-177.

Anik, L., Aknin, L. B., Norton, M. I. and E. W. Dunn, 2009, Feeling Good About Giving: The Benefits (and Costs) of Self-Interested Charitable Behavior, Harvard Business School Marketing Unit Working Paper (10-012) .

Appau, S. and S. A. Churchill, 2019, Charity, Volunteering Type, and Subjective Wellbeing, *Voluntas*, 30 (5) : 1118-1132.

Arrillaga-Andreessen, L., 2011, *Giving 2.0: Transform Your Giving and Our World*, Jossey-Bass.

Becker, G. S., 1974, A Theory of Social Interactions, *Journal of Political Economy*, 82 (6) : 1063-1093.

Chapman, C. M., Masser, B. M. and W. R. Louis, 2020, Identity Motives in Charitable Giving: Explanations for Charity Preferences from a Global Donor Survey, *Psychology and Marketing*, 37 (9) : 1277-1291.

Choi, N. G. and J. Kim, 2011, The Effect of Time Volunteering and Charitable Donations in Later Life on Psychological Wellbeing, *Ageing and Society*, 31 (4) : 590-610.

Eckel, C. C., Grossman, P. J. and R. M. Johnston, 2005, An Experimental Test of the Crowding Out Hypothesis, *Journal of Public Economics*, 89 (8) : 1543-1560.

Harbaugh, W. T., 1998, What Do Donations Buy?: A Model of Philanthropy Based on Prestige and Warm Glow, *Journal of Public Economics*, 67 (2) : 269-284.

Hart, D. J. and A. Robson, 2019, Does Charity Begin at Home? National Identity and Donating to Domestic Versus International Charities, *Voluntas*, 30 (4) : 865-880.

Kumar, S., Calvo, R., Avendano, M., Sivaramakrishnan, K. and L. F. Berkman, 2012, Social Support, Volunteering, and Health Around the World: Cross-National Evidence from 139 Countries, *Social Science and Medicine*, 74 (5) : 696-706.

Merchant, A., Ford, J. B. and A. Sargeant, 2010, "Don't Forget to Say Thank You": The Effect of an Acknowledgement on Donor Relationships, *Journal of Marketing Management*, 26 (7-8) : 593-611.

Minguez, A. and F. J. Sese, 2022, Periodic Versus Aggregate Donations: Leveraging Donation Frequencies to Cultivate the Regular Donor Portfolio,

西村慶友・石村知子，2017，「ふるさと納税の規定要因――インターネット調査による個票データを用いた計量分析」未公刊論文.

第 14 章　短期完結型のボランティアにはどのような特徴があるのか？

内閣府，2020，「令和元年度 市民の社会貢献に関する実態調査 報告書」，https://www.npo-homepage.go.jp/uploads/r-1_houkokusyo.pdf，アクセス日 2023 年 6 月 12 日 .

Maas, S. A., Meijs, L. C. P. M. and J. L. Brudney, 2021, Designing "National Day of Service" Projects to Promote Volunteer Job Satisfaction, *Nonprofit and Voluntary Sector Quarterly*, 50（4）: 866-888.

MacDuff, N., 1990, Episodic Volunteers: Reality for the Future, *Voluntary Action Leadership*（*Spring*）, 15-17.

Okada, A., Ishida, Y., Yamauchi, N., Grönlund, H., Zhang, C. and I. Krasnopolskaya, 2022, Episodic Volunteering in Sport Events: A Seven-Country Analysis, *Voluntas*, 33（3）: 459-471.

Smith, K. A., Baum, T., Holmes, K. and L. Lockstone-Binney, 2014, Introduction to Event Volunteering, Chapter One, in Smith, K. A., Lockstone-Binney, L., Holmes, K. and T. Baum eds., *Event Volunteering: International Perspectives on the Event Volunteering Perspectives*, Abingdon, Oxon: Routledge.

Taks, M., Chalip, L. and B. C. Green, 2015, Impacts and Strategic Outcomes from Non-mega Sport Events for Local Communities, *European Sport Management Quarterly*, 15（1）: 1-6.

第 15 章　寄付者は寄付からどのようなメリットを得るのか？

網中裕一・吉岡（小林）徹，2020，「日本におけるクラウドファンディングを通じた科学研究支援の動機」『研究 技術 計画』35（1）: 77-95.

副田義也，2003，『あしなが運動と玉井義臣――歴史社会学的考察』岩波書店.

野口友紀子，2017，「共同募金運動にみる寄付行為の意味づけ――社会化からファッション化へ」『社会福祉学』58（2）: 67-79.

Adena, M. and S. Huck, 2020, Online Fundraising, Self-Image, and the Long-Term Impact of Ask Avoidance, *Management Science*, 66（2）: 722-743.

Andreoni, J., 1989, Giving with Impure Altruism: Applications to Charity and Ricardian Equivalence, *Journal of Political Economy*, 97（6）: 1447-1458.

Andreoni, J., 1990, Impure Altruism and Donations to Public Goods: A Theory

福井文威，2018，『米国高等教育の拡大する個人寄付』東信堂.
福井文威, 2019,「アメリカの大学における基本財産――金融危機時に果たした役割」『高等教育研究』22: 71-91.
福井文威，2021，「大学とフィランソロピー――可能性と課題」『私立大学研究の到達点』私学高等教育研究所：114-117.
文部科学省，2022，『諸外国の教育統計』.
Cook, W. B., 1997, Fund Raising and the College Presidency in an Era of Uncertainty: From 1975 to the Present, *Journal of Higher Education*, 68（1）: 53-86.
Council for Advancement and Support of Education, 2004, *Select Government Matching Fund Programs: An Examination of Characteristics and Effectiveness.*
Council for Advancement and Support of Education, 2022, *Voluntary Support of Education, 2021.*
Drezner, N. D. and O. Pizmony-Levy, 2021, I Belong, Therefore, I Give? The Impact of Sense of Belonging on Graduate Student Alumni Engagement, *Nonprofit and Voluntary Sector Quarterly,* 50（4）: 753-777.
Indiana University Lilly Family School of Philanthropy, 2023, *Giving USA 2022.*
Japan Treasure Summit, 2020,『我が国の大学における寄附金獲得に向けた課題に係る調査研究』.
Ris, E. W., 2017, The Education of Andrew Carnegie: Strategic Philanthropy in American Higher Education, 1880-1919, *The Journal of Higher Education,* 88（3）: 401-429.

第13章　なぜ人々はふるさと納税をするのか？

総務省，2007，「ふるさと納税研究会報告書」，http://www.soumu.go.jp/main_sosiki/kenkyu/furusato_tax/，アクセス日 2023 年 6 月 10 日.
総務省，2022，「ふるさと納税に関する現況調査結果」，https://www.soumu.go.jp/main_sosiki/jichi_zeisei/czaisei/czaisei_seido/furusato/topics/20220729.html，アクセス日 2023 年 6 月 10 日.
内閣府政策統括官（共生社会政策担当），2005，「社会全体の子育て費用に関する調査研究」，https://www8.cao.go.jp/shoushi/shoushika/research/cyousa16/hiyo/，アクセス日 2023 年 6 月 10 日.
西村慶友・石村知子・赤井伸郎，2017，「ふるさと納税（寄付）のインセンティブに関する分析――個別自治体の寄付受け入れデータによる実証分析」『「地方創生」と地方における自治体の役割（日本地方財政学会研究叢書第 24 号)』150-178.

第 11 章　スポーツイベントで寄付は促進されるのか？

鵜尾雅隆，2014，『ファンドレイジングが社会を変える――非営利の資金調達を成功させるための原則』三一書房．
嶋根克己・藤村正之，2001，『非日常を生み出す文化装置』北樹出版．
醍醐笑部・阿部拓真，2022，「東京マラソンチャリティランナーの現状とファンドレイジングに関する研究」『スポーツ産業学研究』32（1）：1-17．
醍醐笑部・遠藤華英，2022，「女性チャリティランナーと寄付先団体のコミュニケーションに関する研究」『スポーツ産業学研究』32（3）：269-282．
Beard, J. G. and M. G. Ragheb, 1983, Measuring Leisure Motivation, *Journal of Leisure Research*, 15: 219-228.
Baumeister, R. F. and M. R. Leary, 1995, The Need to Belong: Desire for Interpersonal Attachments as a Fundamental Human Motivation, *Psychological Bulletin*, 117（3）：497-529.
Daigo, E. and K. Filo, 2020, Using a Sport Event to Create a Sense of Community: Charity Sport Event Manager Perspectives, *Event Management*, 24（1）：57-74.
Daigo, E. and K. Filo, 2021, Exploring the Value Sponsors Co-create at a Charity Sport Event: a Multiple Stakeholder Perspective of Sport Value, *Sport Management Review*, DOI: 10.1080/14413523.2021.1975401.
Daigo, E. and S. Sakuno, 2021, Research on Local Problem-focused Charity Sport Event: Multi-stakeholder Perspective and Social Impact Logic Model, *International Journal of Sport and Health Science*, 19: 10-21.
Filo, K., Funk, D. C. and D. O'Brien, 2008, It's Really Not about the Bike: Exploring Attraction and Attachment to the Events of the Lance Armstrong Foundation, *Journal of Sport Management*, 22（5）：501-525.

第 12 章　なぜ人々は大学に寄付をするのか？

網倉章一郎，2004，「英国チャリティに関する租税制度――2000 年のチャリティ税制改革の位置付け」『公益法人』33: 9-14.
国立大学協会，2022，『データで見る国立大学』．
日本私立学校振興・共済事業団，2022，『令和 3 年度 学校法人の寄付・外部資金調達の取組みに係るアンケート報告』日本私立学校振興・共済事業団私学経営情報センター私学情報室．

Relationship with Giving Behavior, *Nonprofit and Voluntary Sector Quarterly*, 37 (3) : 468-491.

Sieg, H. and J. Zhang, 2012, The Importance of Managerial Capacity in Fundraising: Evidence from Land Conservation Charities, *International Journal of Industrial Organization*, 30 (6) : 724-734.

Sneddon, J. N., Evers, U. and J. A. Lee, 2020, Personal Values and Choice of Charitable Cause: An Exploration of Donors' Giving Behavior, *Nonprofit and Voluntary Sector Quarterly*, 49 (4) : 803-826.

van Teunenbroek, C., Bekkers, R. and B. Beersma, 2020, Look to Others Before You Leap: A Systematic Literature Review of Social Information Effects on Donation Amounts, *Nonprofit and Voluntary Sector Quarterly*, 49 (1) : 53-73.

Thornton, J., 2006, Nonprofit Fund-Raising in Competitive Donor Markets, *Nonprofit and Voluntary Sector Quarterly*, 35 (2) : 204-224.

Venable, B. T., Rose, G. M., Bush, V. D. and F. W. Gilbert, 2005, The Role of Brand Personality in Charitable Giving: An Assessment and Validation, *Journal of the Academy of Marketing Science*, 33 (3) : 295-312.

Waters, R. D. and N. T. J. Tindall, 2011, Exploring the Impact of American News Coverage on Crisis Fundraising: Using Media Theory to Explicate a New Model of Fundraising Communication, *Journal of Nonprofit and Public Sector Marketing*, 23 (1) : 20-40.

Wiepking, P. and R. Bekkers, 2012, Who Gives? A Literature Review of Predictors of Charitable Giving, Part Two: Gender, Family Composition, and Income, *Voluntary Sector Review*, 3 (2) : 217-245.

Wiepking, P., Handy, F., Park, S., Neumayr, M., Bekkers, R., Breeze, B., de Wit, A., Einolf, C. J., Gricevic, Z., Scaife, W., Bethmann, S., Breen, O. B., Kang, C., Katz, H., Krasnopolskaya, I., Layton, M. D., Mersianova, I., Lo, K., Osili, U., Pessi, A. B., Sivesind, K. H., Yamauchi, N. and Y. Yang, 2021, Global Philanthropy: Does Institutional Context Matter for Charitable Giving? *Nonprofit and Voluntary Sector Quarterly*, 50 (4) : 697-728.

De Wit, A. and R. Bekkers, 2017, Government Support and Charitable Donations: A Meta-Analysis of the Crowding-Out Hypothesis, *Journal of Public Administration Research and Theory*, 27 (2) : 301-319.

Wright, K., 2001, Generosity vs. Altruism: Philanthropy and Charity in the United States and United Kingdom, *Voluntas*, 12 (4) : 399-416.

Hierarchical Models, Cambridge University Press.
Gneezy, U., Keenan, E. A. and A. Gneezy, 2014, Avoiding Overhead Aversion in Charity, *Science*, 346 (6209) : 632-635.
Goswami, I. and O. Urminsky, 2016, When Should the Ask Be a Nudge? The Effect of Default Amounts on Charitable Donations, *Journal of Marketing Research*, 53 (5) : 829-846.
Kamatham, S. H., Pahwa, P., Jiang, J. and N. Kumar, 2021, Effect of Appeal Content on Fundraising Success and Donor Behavior, *Journal of Business Research*, 125: 827-839.
Khodakarami, F., Petersen, J. A. and R. Venkatesan, 2015, Developing Donor Relationships: The Role of the Breadth of Giving, *Journal of Marketing*, 79 (4) : 77-93.
Knowles, S. and M. Servátka, 2015, Transaction Costs, the Opportunity Cost of Time, and Procrastination in Charitable Giving, *Journal of Public Economics*, 125: 54-63.
Krasteva, S. and P. Saboury, 2021, Informative Fundraising: The Signaling Value of Seed Money and Matching Gifts, *Journal of Public Economics*, 203: 104501.
Lee, S. and T. H. Feeley, 2016, The Identifiable Victim Effect: A Meta-Analytic Review, *Social Influence*, 11 (3) : 199-215.
Li, H., Liang, J., Xu, H. and Y. Liu, 2019, Does Windfall Money Encourage Charitable Giving? An Experimental Study, *Voluntas*, 30 (4) : 841-848.
Ma, J., Ebeid, I. A., de Wit, A., Xu, M., Yang, Y., Bekkers, R. and P. Wiepking, 2023, Computational Social Science for Nonprofit Studies: Developing a Toolbox and Knowledge Base for the Field, *Voluntas*, 34 (1) : 52-63.
Neumayr, M. and F. Handy, 2019, Charitable Giving: What Influences Donors' Choice Among Different Causes? *Voluntas*, 30 (4) : 783-799.
Nwakpuda, E. I., 2020, Major Donors and Higher Education: Are STEM Donors Different from Other Donors? *Nonprofit and Voluntary Sector Quarterly*, 49 (5) : 969-988.
Nyman, J., Pilbeam, C., Baines, P. and S. Maklan, 2018, Identifying the Roles of University Fundraisers in Securing Transformational Gifts: Lessons from Canada, *Studies in Higher Education*, 43 (7) : 1227-1240.
Peloza, J. and P. Steel, 2005, The Price Elasticities of Charitable Contributions: A Meta-Analysis, *Journal of Public Policy and Marketing*, 24 (2) : 260-272.
Sargeant, A., Ford, J. B. and J. Hudson, 2008, Charity Brand Personality: The

第10章　分野によって寄付行動に違いがあるのはなぜか？

善教将大・坂本治也，2017，「何が寄付行動を促進するのか――Randomized Factorial Survey Experiment による検討」『公共政策研究』17: 96-107.

牧野成史，2011，「マルチレベル分析の考え方」『組織科学』44（4）：14-25.

渡邉文隆，2022，「寄付市場の成長ドライバー・断片化・公正性――SCP パラダイムと市場の質理論の視点から」『ノンプロフィット・レビュー』22（1）：33-48.

Andreoni, J. and A. A. Payne, 2011, Is Crowding Out Due Entirely to Fundraising? Evidence from a Panel of Charities, *Journal of Public Economics*, 95（5-6）：334-343.

Andreoni, J. and J. M. Rao, 2011, The Power of Asking: How Communication Affects Selfishness, Empathy, and Altruism, *Journal of Public Economics*, 95（7）：513-520.

Bekkers, R. and P. Wiepking, 2011, Who Gives? A Literature Review of Predictors of Charitable Giving Part One: Religion, Education, Age, and Socialisation, *Voluntary Sector Review*, 2（3）：337-365.

Berenson, M., Levine, D., Szabat, K. A. and T. C. Krehbiel, 2012, *Basic Business Statistics: Concepts and Applications*, Pearson Higher Education AU.

Body, A. and B. Breeze, 2016, What Are "Unpopular Causes" and How Can They Achieve Fundraising Success? *International Journal of Nonprofit and Voluntary Sector Marketing*, 21（1）：57-70.

De Bruyn, A. and S. Prokopec, 2013, Opening a Donor's Wallet: The Influence of Appeal Scales on Likelihood and Magnitude of Donation, *Journal of Consumer Psychology*, 23（4）：496-502.

Chapman, C. M., Masser, B. M. and W. R. Louis, 2019, The Champion Effect in Peer-to-Peer Giving: Successful Campaigns Highlight Fundraisers More Than Causes. *Nonprofit and Voluntary Sector Quarterly*, 48（3）：572-592.

Dees, J. G., 2012, A Tale of Two Cultures: Charity, Problem Solving, and the Future of Social Entrepreneurship, *Journal of Business Ethics*, 111（3）：321-334.

Dodgson, M. and D. Gann, 2020, *Philanthropy, Innovation and Entrepreneurship: An Introduction*, Springer International Publishing.

Frumkin, P., 2008, *Strategic Giving: The Art and Science of Philanthropy*, University of Chicago Press.

Gelman, A. and J. Hill, 2006, *Data Analysis Using Regression and Multilevel/*

内閣府，2021，「移植医療に関する世論調査」，https://survey.gov-online.go.jp/r03/r03-ishoku/index.html，アクセス日 2023 年 6 月 30 日．

箱井英寿・高木修，1987，「援助規範意識の性別，年代，および，世代間の比較」『社会心理学研究』3（1）：28-36.

Andreasen, A. R., 2002, Marketing Social Marketing in the Social Change Marketplace, *Journal of Public Policy and Marketing*, 21（1）: 3-13.

Batson, C. D., 2011, *Altruism in Humans*, First Edition, Oxford University Press.（菊池章夫・二宮克美訳，2012，『利他性の人間学——実験社会心理学からの回答』新曜社.）

Cleveland, S. E. and D. L. Johnson, 1970, Motivation and Readiness of Potential Human Tissue Donors and Nondonors, *Psychosomatic Medicine*, 32（3）: 225-231.

Morgan, S. and J. K. Miller, 2011, Communicating about Gifts of Life: The Effect of Knowledge, Attitudes, and Altruismon Behavior and Behavioral Intentions Regarding Organ Donation, *Journal of Applied Communication Research*, 30（2）: 163-178.

Parisi, N. and L. Katz, 1986, Attitude towards Posthumous Organ Donation and Commitment to Donate, *Health Psychology*, 5（6）: 27-32.

Pessemier, E. A., Bemmaor, A. C. and D. M. Hanssens, 1977, Willingnes to Supply Human Body Parts: Some Empirical Results, *Journal of Consumer Reseach*, 4: 131-140.

Radecki, C. M. and J. Jaccard, 1997, Psychological Aspects of Organ Donation: A Critical Review and Synthesis of Individual and Next-of-kin Donation Decisions, *Health Psychology*, 16（2）: 183-195.

第９章　寄付を集める人が考えるべき倫理とは何か？

Breeze, B., 2017, *The New Fundraisers: Who Organises Charitable Giving in Contemporary Society?* Bristol, UK: Policy Press.

MacQuillin, I., 2022a, Normative Fundraising Ethics: A Review of the Field, *Journal of Philanthropy and Marketing*, e1740.

MacQuillin, I., 2022b, Don't Ask, Don't Get: The Ethics of Fundraising（Chapter 4）, in Hyde, F. and S. L. Mitchell eds., *Charity Marketing: Contemporary Issues, Research and Practice*, Routledge.

Series.（菊池章夫訳, 1999,『共感の社会心理学――人間関係の基礎』川島書店.）
Sandel, M. J., 2010, *Justice: What's the Right Thing to Do?* Farrar, Straus and Giroux.（鬼澤忍訳，2011，『これからの「正義」の話をしよう――いまを生き延びるための哲学』早川書房.）

第７章　ギビングサークルとは何か？

シンガー，ピーター，2015，『あなたが世界のためにできるたったひとつのこと――〈効果的な利他主義〉のすすめ』関美和訳，NHK 出版.
細海真二・ジョン，ロブ，2022，『迷走するグローバル資本主義のゆくえ――博愛資本主義という考え方』関西学院大学出版会.
Bearman, J. E., 2007, More Giving Together: An Updated Study of the Continuing Growth and Powerful Impact of Giving Circles and Shared Giving, Forum of Regional Associations of Grantmakers, 1.
Eikenberry, A. E., 2009, *Giving Circles: Philanthropy, Voluntary Association, and Democracy*（*Philanthropic and Nonprofit Studies*）, Bloomington: Indiana University Press.
John, R., 2014, Giving Circles in Asia: Newcomers to the Asian Philanthropy Landscape, *The Foundation Review*, 6（4）: 86.
John, R., 2017, Circles of Influence: The Impact of Giving Circles in Asia, In Entrepreneurial Social Finance in Asia, Working Paper No. 6（pp. 9-16, 66）, Asia Centre for Social Entrepreneurship and Philanthropy.
John, R., 2018, Asian Giving Circles Come of Age, *Alliance for Philanthropy and Social Investment Worldwide*, 23（1）: 20-23.
Philanthropy Together, n.d., Recasting the Role of Community Foundations, https://philanthropytogether.org/，アクセス日 2023 年 6 月 30 日.

第８章　ソーシャルマーケティングとは何か？

瓜生原葉子，2021，『行動科学でより良い社会をつくる――ソーシャルマーケティングによる社会課題の解決』文眞堂.
瓜生原葉子，2022，「ソーシャルマーケティングとソーシャルグッドに関する考察」『同志社商学』74（1）: 1-22.
小田亮，2011，『利他学』新潮社.
桜井茂男，1988，「大学生における共感と援助行動の関係――多次元共感測定尺度を用いて」『奈良教育大学紀要』37: 149-153.

合情報学部松本渉研究室.
松本渉，2016，「日本・米国・韓国における社会貢献の意識と行動の国際比較――二種類のモードからなる市民社会調査の連鎖的な比較」『情報研究』43: 43-64.

第5章　NPOはどのように寄付を集めているのか？

石田祐，2008，「NPO法人における財源多様性の要因分析――非営利組織の存続性の視点から」『ノンプロフィット・レビュー』8（2）：49-58.
田中弥生・馬場英朗・渋井進，2010，「財務指標から捉えた民間非営利組織の評価――持続性の要因を探る」『ノンプロフィット・レビュー』10（2）：111-121.
馬場英朗・石田祐・奥山尚子，2010，「非営利組織の収入戦略と財務持続性――事業化か，多様化か？」『ノンプロフィット・レビュー』10（2）：101-110.
山内直人・馬場英朗・石田祐，2007，「NPO法人財務データベースの構築から見える課題と展望」『公益法人』36（4）：4-10.
山内直人・馬場英朗・石田祐，2008，「NPO法人の財政実態と会計的課題――『NPO法人財務データベース』構築への取組みから」『非営利法人研究学会誌』10: 73-88.
Salamon, L. M., 1987, Of Market Failure, Voluntary Failure, and Third-Party Government: Toward a Theory of Government-Nonprofit Relations in the Modern Welfare State, *Journal of Voluntary Action Research*, 16（1-2）：29-49.

第6章　どうすれば共感ベースの寄付を増やすことができるのか？

こまちぷらす公式ホームページ, https://comachiplus.org/, アクセス日 2023年7月9日.
瀬上倫弘，2021，「NPO法人のファンドレイジングにおける『共感メカニズム』についての考察――横浜市の事例研究からみた共感媒介要素と地域性」横浜市立大学博士論文，横浜市立大学リポジトリ，https://ycu.repo.nii.ac.jp/records/2532.
瀬上倫弘・米田佐知子，2022，「子育てをまちの力でプラスに――横浜市戸塚区こまちぷらすの取組み」『ノンプロフィット・レビュー』21（1＋2）：145-150.
竹田青嗣，2010，『完全解読 カント「実践理性批判」』講談社.
内閣府，2018，「平成29年度特定非営利活動法人に関する実態調査報告書」，https://www.npo-homepage.go.jp/uploads/h29_houjin_houkoku.pdf，アクセス日 2023年9月21日.
中島義道，1997，『カントの人間学』講談社.
Davis, M. H., 1996, *Empathy: A Social Psychological Approach*, Social Psychology

の関係をめぐって」斎藤友里子・三隅一人編『現代の階層社会3――流動化のなかの社会意識』東京大学出版会：309-323.
仁平典宏，2017，「政治変容――新自由主義と市民社会」坂本治也編『市民社会論――理論と実証の最前線』法律文化社：158-177.
仁平典宏，2019，「社会保障――ネオリベラル化と普遍主義化のはざまで」小熊英二編『平成史【完全版】』河出書房新社：287-387.
仁平典宏，2020，「オリンピックボランティア批判の様態と起動条件――『やりがい搾取』をめぐって」石坂友司・井上洋一編『未完のオリンピック――変わるスポーツと変わらない日本社会』かもがわ出版：91-112.
仁平典宏，2021，「NPO 不信の構造――計量データの二次分析と新聞記事分析を通じて」『ノンプロフィット・レビュー』21（1）：79-94.
仁平典宏・山下順子編，2011，『労働再審〈5〉ケア・協働・アンペイドワーク――揺らぐ労働の輪郭』大月書店.
三谷はるよ，2016，『ボランティアを生みだすもの――利他の計量社会学』有斐閣.
山口一男，2008，「過剰就業（オーバー・エンプロイメント）――非自発的な働きすぎの構造，要因と対策」『Research Digest』0030: 1-43.
Berigan, N. and K. Irwin, 2011, Culture, Cooperation, and the General Welfare, *Social Psychology Quarterly*, 74（4）: 341-360.
Charities Aid Foundation, 2022, *World Giving Index 2022: A Global View of Giving Trends*.
Hackl, F., Halla, M. and G. J. Pruckner, 2012, Volunteering and the State, *Public Choice*, 151（3/4）: 465-495.

第４章　日本人の社会貢献意識は低いのか？

全国社会福祉協議会地域福祉部／全国ボランティア・市民活動振興センター，2022，「全国の社会福祉協議会が把握するボランティア数の現況及び推移」，https://www.zcwvc.net/wp/wp-content/uploads/2022/07/ ボランティア数推移 -2022 年 7 月現在 .pdf，アクセス日 2023 年 7 月 5 日.
内閣府大臣官房政府広報室，2020，『社会意識に関する世論調査 令和 2 年 1 月調査』内閣府大臣官房政府広報室.
松本渉，2007，「ボランティア活動や非営利組織への参加と就労観――JGSS-2005 を用いたデータ分析」大阪商業大学比較地域研究所・東京大学社会科学研究所編『日本版 General Social Surveys 研究論文集［6］JGSS で見た日本人の意識と行動〈JGSS Research Series No.3〉』大阪商業大学比較地域研究所：83-94.
松本渉，2011，『市民の政治参加と社会貢献の国際比較――総合報告書』関西大学総

有斐閣.
坂本治也，2021，「新自由主義は市民社会の活性化をもたらすのか――自己責任意識と市民的参加の実証分析」『選挙研究』37（5）：1-17.
坂本治也・秦正樹・梶原晶，2020，「NPO への参加はなぜ忌避されるのか――コンジョイント実験による忌避要因の解明」『年報政治学』2020- Ⅱ：303-327.
白波瀬達也，2015，『宗教の社会貢献を問い直す――ホームレス支援の現場から』ナカニシヤ出版.
善教将大，2019，「市民社会への参加の衰退？」後房雄・坂本治也編『現代日本の市民社会――サードセクター調査による実証分析』法律文化社：239-251.
内閣府政府広報室，2023，『「社会意識に関する世論調査」の概要』，https://survey.gov-online.go.jp/r04/r04-shakai/gairyaku.pdf，アクセス日 2023 年 6 月 13 日.
前田健太郎，2014，『市民を雇わない国家――日本が公務員の少ない国へと至った道』東京大学出版会.
村田ひろ子，2019，「日本人が政府に期待するもの――ISSP 国際比較調査『政府の役割』から」『放送研究と調査』69（7）：90-101.
Bekkers, R. and P. Wiepking, 2011, Who Gives? A Literature Review of Predictors of Charitable Giving Part One: Religion, Education, Age and Socialisation, *Voluntary Sector Review*, 2（3）：337-365.
Brooks, A. C., 2003, Religious Faith and Charitable Giving, *Policy Review*, 121: 39-50.
Chopik, W. J., O'Brien, E. and S. H. Konrath, 2017, Differences in Empathic Concern and Perspective Taking Across 63 Countries, *Journal of Cross-Cultural Psychology*, 48（1）：23-38.
Giving USA Foundation, 2022, *Giving USA: The Annual Report on Philanthropy for the Year 2021*, Giving USA Foundation.
Haerpfer, C., Inglehart, R., Moreno, A., Welzel, C., Kizilova, K., Diez-Medrano J., Lagos, M., Norris, P., Ponarin, E. and B. Puranen eds., 2022, *World Values Survey: Round Seven-Country-Pooled Datafile Version 3.0*, Madrid, Spain and Vienna, Austria: JD Systems Institute and WVSA Secretariat.

第３章　日本人はなぜ寄付やボランティアを冷笑するのか？

佐藤忠男，1962，『斬られ方の美学』筑摩書房.
仁平典宏，2011a，『「ボランティア」の誕生と終焉――〈贈与のパラドックス〉の知識社会学』名古屋大学出版会.
仁平典宏，2011b，「階層化／保守化の中の『参加型市民社会』――ネオリベラリズムと

参考文献一覧

第 1 章　日本人はどれくらい寄付をしているのか？

駒崎弘樹，2010，『「社会を変える」お金の使い方――投票としての寄付 投資としての寄付』英治出版.

佐々木周作・奥山尚子，2023，「日本の寄付統計」日本寄付財団 Academic Research on Donations, https://nippon-donation.org/papers/1468/，アクセス日 2023 年 5 月 31 日.

内閣府，2020，「令和元年度市民の社会貢献に関する実態調査報告書」，https://www.npo-homepage.go.jp/uploads/r-1_houkokusyo.pdf，アクセス日 2023 年 6 月 12 日.

日本ファンドレイジング協会編，2021，『寄付白書 2021』日本ファンドレイジング協会.

Bekkers, R. and P. Wiepking, 2011, Who Gives? A Literature Review of Predictors of Charitable Giving Part One: Religion, Education, Age and Socialisation, *Voluntary Sector Review*, 2（3）: 337-365.

Charities Aid Foundation, 2016, *Gross Domestic Philanthropy: An International Analysis of GDP, Tax and Giving*, https://www.cafonline.org/docs/default-source/about-us-policy-and-campaigns/gross-domestic-philanthropy-feb-2016.pdf，アクセス日 2023 年 6 月 2 日.

Charities Aid Foundation, 2022, *World Giving Index 2022: A Global View of Giving Trends*, https://www.cafonline.org/docs/default-source/about-us-research/caf_world_giving_index_2022_210922-final.pdf，アクセス日 2023 年 6 月 6 日.

Wiepking, P. and R. Bekkers, 2012, Who Gives? A Literature Review of Predictors of Charitable Giving Part Two: Gender, Family Composition and Income, *Voluntary Sector Review*, 3（2）: 217-245.

第 2 章　日本人はなぜ寄付をしないのか？

稲場圭信・櫻井義秀編，2009，『社会貢献する宗教』世界思想社.

NHK 放送文化研究所編，2020，『現代日本人の意識構造 第 9 版』NHK 出版.

蒲島郁夫・境家史郎，2020，『政治参加論』東京大学出版会.

坂本治也，2010，『ソーシャル・キャピタルと活動する市民――新時代日本の市民政治』

今井 紀明（いまい のりあき）▶実務者の挑戦③

認定NPO法人D×P理事長，株式会社SOLIO代表取締役，佐賀女子短期大学客員教授，Newspicksプロピッカー。経済困窮，家庭事情などで孤立しやすい10代が頼れる先をつくるべく，登録者1万名を超えるLINE相談「ユキサキチャット」で全国から相談に応じる。また，大阪ミナミの繁華街で家出している子たちの支援拠点「ミナミユースセンター」で支援を実施している。10代の声を聴いて伝えることを使命に，SNSなどで発信を続けている。

岸本 幸子（きしもと さちこ）▶実務者の挑戦④

公益財団法人パブリックリソース財団代表理事・専務理事。東京大学教養学部卒業，ニュースクール大学院ノンプロフィットマネジメント修士。全米最大手のコミュニティ財団「ニューヨーク・コミュニティ・トラスト」でフェローとして勤務。帰国後，2000年パブリックリソースセンター，2013年パブリックリソース財団を設立し，現職。個人や企業からの寄付を優れたNPOや社会起業家につなぎ，より良い社会を創ることを通じて，日本の寄付文化の推進に取り組んでいる。

水越 康介（みずこし こうすけ） ▶第19章

東京都立大学経済経営学部教授。神戸大学大学院経営学研究科博士後期課程修了。博士（商学）。専門はマーケティング論。特に，デジタル分野とソーシャル分野について研究。主な著書に『ソーシャルメディア・マーケティング』（日本経済新聞出版，2018年）、『応援消費――社会を動かす力』（岩波書店，2022年），『マーケティングをつかむ 第3版』（共著，有斐閣，2023年）など。

村主 悠真（むらぬし ゆうま） ▶実務者の挑戦①

一般財団法人日本寄付財団代表理事。一般財団法人村主現代芸術文化財団代表理事。19歳，大阪大学在学中に起業，5年間で約10社を連続で売却し，24歳でファンドを設立。活動を海外に広げ，事業のバイアウトを繰り返す。30歳から社会貢献活動を開始。国内外の貧困問題を中心に寄付活動を拡大。複数の一般社団法人やNPO法人の運営に関わり，38歳から複数の財団を設立。世界の最大公益化を目指して活動を続ける。

鵜尾 雅隆（うお まさたか） ▶実務者の挑戦②

認定NPO法人日本ファンドレイジング協会代表理事。大学院大学至善館副学長・教授。JICA，外務省，NPOなどを経て2008年NPO向け戦略コンサルティング企業（株）ファンドレックス創業，2009年，課題解決先進国を目指して，社会のお金の流れを変えるため，日本ファンドレイジング協会を創設，2012年から現職。主な著書に『寄付をしてみようと思ったら読む本』（共著，日経BPマーケティング，2018年），『ファンドレイジングが社会を変える』（三一書房，2014年），『NPO実践マネジメント入門』（共著，東信堂，2022年），『Global Fundraising』（共著，John Wiley & Sons，2013年），『寄付白書』（共著，日本ファンドレイジング協会，2017年），『社会投資市場形成に向けたロードマップ』（共著，日本ファンドレイジング協会，2014年），『社会的インパクトとは何か』（監訳，英治出版，2015年）などがある。

河村 悠太（かわむら ゆうた） ▶第16章

大阪公立大学大学院現代システム科学研究科准教授。京都大学大学院教育学研究科博士後期課程修了。博士（教育学）。専門は社会心理学。主な著書に『利他行動の促進・抑制――評判への関心に基づく検討』（ナカニシヤ出版，2022年），『未来思考の心理学――予測・計画・達成する心のメカニズム』（共訳，北大路書房，2021年）など。

小出 隼人（こいで はやと） ▶第17章

西南学院大学法学部准教授。東北大学大学院法学研究科博士後期課程修了。博士（法学）。主な論文に「寄付の法的構成に関する一考察――日独における寄付の法的構成に関する学説を手がかりに（1）・（2・完）」（『法學』84巻1号, 2020年, 75-136頁,『法學』84巻2号，2020年，29-105頁），「寄付における信託法上の信託の成立に関する一考察」（『いのちとくらし研究所報』77号，2022年，82-90頁）など。

小田切 康彦（こたぎり やすひこ） ▶第18章

徳島大学大学院社会産業理工学研究部准教授。同志社大学大学院総合政策科学研究科博士課程（後期課程）修了。博士（政策科学）。専門は公共政策学，地方自治論，市民社会論等。主な著書に『行政－市民間協働の効用――実証的接近』（法律文化社, 2014年),『市民社会論――理論と実証の最前線』（分担執筆，法律文化社，2017年），*Handbook on Asian Public Administration*（分担執筆, Edward Elgar Publishing, 2023）など。

醍醐 笑部（だいご えべ） ▶第11章

筑波大学体育系助教。早稲田大学大学院スポーツ科学研究科博士後期課程修了。博士(スポーツ科学)。専門はスポーツ経営学。観客の観戦能力に関する研究，スポーツと寄付に関する研究を軸に，幅広い分野との共同研究に取り組む。チャリティスポーツイベントに関する研究活動では，日本財団 CANPAN・NPO フォーラムでの講師を務めたほか，2019 年度笹川スポーツ研究助成優秀研究賞を受賞。

福井 文威（ふくい ふみたけ） ▶第12章

鎌倉女子大学学術研究所教授。東京大学大学院教育学研究科博士課程修了。博士（教育学）。専門は高等教育政策論，アメリカ大学史。政策研究大学院大学助教授，コロンビア大学ティーチャーズカレッジフルブライト研究員，内閣府科学技術政策フェロー，名古屋大学高等教育研究センター客員准教授などを経て現職。主な著書に『米国高等教育の拡大する個人寄付』(東信堂, 2018年), *Handbook of Higher Education in Japan*(分担執筆, Amsterdam University Press, 2021）など。

西村 慶友（にしむら よしとも） ▶第13章

日本公共政策研究機構客員研究員。英国国立ウェールズ経営大学院 MBA。大阪大学大学院国際公共政策研究科博士後期課程修了。博士(国際公共政策)。「ふるさと納税」「地域交通」「MaaS」「PTA」をテーマに研究する傍ら，民間企業に勤務し，自治体向けのふるさと納税支援事業を立ち上げるなど，地方創生に関連した新規事業の企画開発に従事。現在は公共交通事業を営む民間企業に勤務し，MaaS（Mobility as a Service）事業の立ち上げに従事。

瓜生原 葉子（うりゅうはら ようこ） ▶第8章

同志社大学商学部教授，同・ソーシャルマーケティング研究センター長。神戸大学大学院経営学研究科修了。MBA, 博士（経営学）。専門はソーシャルマーケティング，行動変容マネジメント，組織行動論。日本学術会議連携会員，公益社団法人日本臓器移植ネットワーク理事などを兼務。主な著書に『行動科学でより良い社会をつくる――ソーシャルマーケティングによる社会課題の解決』（文眞堂, 2021年),『医療の組織イノベーション――プロフェッショナリズムが移植医療を動かす』（中央経済社，2012年）など。

岡田　彩（おかだ あや） ▶第9章, 第14章

東北大学大学院情報科学研究科准教授。Ph.D（国際公共政策・米国University of Pittsburgh)。専門は市民社会論，NPO・NGO論。主な著書・論文に “Episodic Volunteering in Sport Events: A Seven-Country Analysis”（共著，*Voluntas*, Vol.33 (3), 2022), “Nonprofit Education in Japan: Trace of Expansion and New Directions”（共著，*Journal of Nonprofit Education and Leadership*, Vol.12 (3), 2022),『入門ソーシャルセクター――新しいNPO/NGOのデザイン』（分担執筆，ミネルヴァ書房，2020年), “The State of Nonprofit Sector Research in Japan: A Literature Review”（共著，*Voluntaristics Review*, Vol.2 (3), 2017）など。

渡邉 文隆（わたなべ ふみたか） ▶第10章, 第15章

信州大学社会基盤研究所特任講師，京都大学研究員。京都大学大学院経営管理教育部博士後期課程修了。博士（経営科学)。専門は非営利組織のマーケティング，寄付・ファンドレイジング。民間企業のマーケティング担当者，京都大学iPS細胞研究所基金室長，iPS財団社会連携室長を経て，現在は寄付募集のアドバイスと研究に従事。文部科学省「国立研究開発法人による資金調達活動活性化のための人材育成手法開発に関する調査」有識者委員（2020～2021年)。

石田　祐（いしだ ゆう）▶第5章

関西学院大学人間福祉学部教授，認定NPO法人杜の伝言板ゆるる代表理事，日本NPO学会会長。大阪大学大学院国際公共政策研究科博士後期課程修了。博士（国際公共政策）。関心領域はNPOのマネジメントとリーダーシップ，公共サービス供給と公共政策，理論と実践の融合のための実務者と研究者のコミュニティづくり。主な論文に "Local Charitable Giving and Civil Society Organizations in Japan"（共著，*Voluntas*，2015），"Why Businesses Give: A Case of Foundation's Long-Term Disaster Relief"（共著，*Journal of Disaster Research*，2021）など。

瀬上 倫弘（せがみ ともひろ）▶第6章

横浜市立大学客員研究員。横浜市立大学大学院都市社会文化研究科博士後期課程単位修得退学。博士(学術)。博士論文は「NPO法人のファンドレイジングにおける『共感メカニズム』についての考察――横浜市の事例研究からみた共感媒介要素と地域性」。研究テーマは非営利活動促進のための経済，政策，組織に関する考察とその体系化。NPO法人の役員や，非営利組織の評価業務にも従事。認定ファンドレイザー。

細海 真二（ほそみ しんじ）▶第7章

活水女子大学健康生活学部教授。関西学院大学大学院経営戦略研究科博士後期課程修了。博士（先端マネジメント），MBA。専門は官民パートナーシップ論，組織経営論。民間企業入職後，旧西ドイツ，フランス駐在はじめ海外部門を歩む。欧州ベンチャーフィランソロピー協会（EVPA）初代事務局長ロブ・ジョン博士と実証研究に従事。主な著書に『迷走するグローバル資本主義のゆくえ――博愛資本主義という考え方』（共著，関西学院大学出版会，2022年）など。

[編著者]

坂本 治也（さかもと はるや） ▶はじめに, 第1章, 第2章

関西大学法学部教授，日本寄付財団寄付研究センター長。大阪大学大学院法学研究科博士後期課程単位修得退学。博士（法学）。専門は政治過程論，市民社会論。主な著書に『ソーシャル・キャピタルと活動する市民——新時代日本の市民政治』（有斐閣，2010年），『市民社会論——理論と実証の最前線』（編著，法律文化社, 2017年),『現代日本の市民社会——サードセクター調査による実証分析』（共編著，法律文化社，2019年）など。

[執筆者]

仁平 典宏（にへい のりひろ） ▶第3章

東京大学大学院教育学研究科教授。博士（教育学）。専門は社会学。主な著書に『「ボランティア」の誕生と終焉——〈贈与のパラドックス〉の知識社会学』（名古屋大学出版会, 2011年), 『教育学年報11～14』（共編著，世織書房，2019～2023年), 『市民社会論——理論と実証の最前線』（分担執筆，法律文化社, 2017年），『現代日本の市民社会——サードセクター調査による実証分析』（分担執筆，法律文化社，2019年），『平成史【完全版】』（分担執筆，河出書房新社，2019年）など。

松本　渉（まつもと わたる） ▶第4章

関西大学総合情報学部教授。東京大学大学院新領域創成科学研究科修了。博士(国際協力学)。専門は社会調査, 非営利組織論。主な著書に『東アジア国民性比較——データの科学』(分担執筆, 勉誠出版，2007年)，『Excelではじめる社会調査データ分析』（共著，丸善出版，2011年)，『社会調査の方法論』（丸善出版，2021年）など。

日本の寄付を科学する
——利他のアカデミア入門

2023年12月4日　初版第1刷発行
2024年2月25日　初版第2刷発行

編著者——坂　本　治　也
発行者——大　江　道　雅
発行所——株式会社 明石書店
〒101-0021　東京都千代田区外神田6-9-5
電話 03（5818）1171　FAX 03（5818）1174
https://www.akashi.co.jp/
装　幀　　清水肇（prigraphics）
印　刷　　株式会社 文化カラー印刷
製　本　　協栄製本 株式会社
ISBN 978-4-7503-5664-8

（定価はカバーに表示してあります）

コミュニティの幸福論 助け合うことの社会学
桜井政成
◉2200円

コロナ禍における日米のNPO
増大するニーズと悪化する経営へのチャレンジ
柏木宏編著
◉2400円

未来を切り拓く 女性たちのNPO活動 日米の実践から考える
金谷千慧子、柏木宏
◉2400円

福祉NPO・社会的企業の経済社会学 商業主義化の実証的検討
桜井政成
◉4200円

増補改訂版 日本ボランティア・NPO・市民活動年表
大阪ボランティア協会ボランタリズム研究所監修
石田易司、岡本仁宏、永岡正己、早瀬昇、牧口明、牧里毎治、目加田説子、山岡義典編
◉15000円

市民社会政策論 3・11後の政府・NPO・ボランティアを考えるために
田中弥生
◉2300円

NGO・NPOと「企業協働力」 CSR経営論の本質
長坂寿久
◉2800円

NGO・NPOの地理学
埴淵知哉
◉5000円

住民力 超高齢社会を生き抜く地域のチカラ
宮城 孝
◉1800円

泥の菩薩【増補新版】仏教NGOの開拓者、有馬実成
大菅俊幸
◉2500円

フェアトレードビジネスモデルの新たな展開 SDGs時代に向けて
長坂寿久編著
◉2600円

フードバンク 世界と日本の困窮者支援と食品ロス対策
佐藤順子編著
◉2500円

全国データ SDGsと日本 誰も取り残されないための人間の安全保障指標
NPO法人「人間の安全保障」フォーラム編
高須幸雄編著
◉3000円

子ども食堂をつくろう! 人がつながる地域の居場所づくり
NPO法人豊島子どもWAKUWAKUネットワーク編著
◉1400円

公正社会のビジョン 学際的アプローチによる理論・思想・現状分析
水島治郎、米村千代、小林正弥編
◉3800円

マイクロファイナンス事典
ベアトリス・アルメンダリズ、マルク・ラビー編
笠原清志監訳 立木勝訳
◉25000円

〈価格は本体価格です〉